标准

篆刻篆书字典

牛窪梧十编

天津人民美术出版社

图书在版编目（C I P）数据

标准篆刻篆书字典 /（日）牛窪梧十编. 一天津：天津人民美术出版社，2005.5
ISBN 7-5305-2896-3

Ⅰ.标...　Ⅱ.牛...　Ⅲ.①汉字一篆刻一字典②篆书一法书一字典　Ⅳ.J292-61

中国版本图书馆CIP数据核字（2005）第040565号

责任编辑：刘建平
技术编辑：李宝生
翻　　译：陈晓梅

Originally published in Japan in 1987 by 二玄社
该字典原名《篆刻篆书字典》，牛窪梧十著，由日本株式会社二玄社授权天津人民美术出版社独家翻译出版。

天津人民美術出版社出版发行
天津市和平区马场道150号
邮编:300050　电话:(022)23283867
出版人:刘建平
河北海顺印业包装有限公司印刷　新华书店天津发行所经销
2005年 5 月第1版　2005年 5 月第1次印刷
开本:880×1230 毫米 1/32 印张: 8.3215　印数:1－5000

　图字: 02-2005-9　**定价: 27.00 元**

序

学习篆书、篆刻，首先要以《说文解字》为基础，其次还必须掌握从甲骨文发现以来，经过飞速演变的新生文字。显而易见，如果突然给初学者一本专业的字典，恐怕也是不切实际的。在准备篆刻之前，要对字体本身进行研究。而研究是一件困难枯燥的事情，因此，半途而废的人有很多，就不足为奇了。

本书被称为『篆刻爱好者之书』，是篆刻入门的姐妹篇。本书也是按照篆刻初学者的要求及愿望编纂出来的，可以安心使用的简明易懂的字典。从内容上讲，本书包含了国家的规范汉字3327字，每个字都选择了最标准的小篆、印篆和金文一一列举。此外，还特别加上了古鉩的字体范例，供大家参考。

如果该字例找不到与其相对应的小篆、印篆或金文，则参照先贤留下的文字说明进行大胆的造字。尤其是金文，这种情况比较多见。考虑到全书风格的统一，所有的文字都是手写的。本书的基调大致如下：清朝吴让之、赵之谦的小篆，汉印的印篆和西周的金文。以上两点即为本书的特征。

实际操作要比想像中困难的多。姑且不论检索上万字的辛苦，单就写每一个字时都感觉自己技术不精的痛苦，就不是常人所能够想像的，经常是写着写着就要放下笔去查阅书籍。后

来，我的书篆有幸受到了西川靖盦和小林斗盦先生的指导，但也不及白川静先生以文字学为中心自学的成果。这次请我编纂篆书字典这件事。对我来讲多少有些始料未及。一想到像我这种才疏学浅之辈，要从事如此严谨的工作。便产生了些许退缩之心。

幸得二玄社编辑部的各位同仁从当初本书的筹划阶段开始一直到最后的文字校验工作，都投入了极大的热情和精力，在此，我深表感谢。另外，还要对于在我工作遇到困难停滞不前的时候，给我无微不至的关怀和鼓励的西嶋慎一总编和其助手饭滨裕先生表示诚挚的感谢。

本书的编辑工作持续了十年之久，这和我们大家坚持不懈的意志密不可分。而本书能有今天的成功，和多方面的大力支持也是紧密相连的，说不定再过十年还能有更加优秀的作品产生呢。最后，我们也欢迎书法界同仁以及广大读者能对本书提出批评、意见和建议，以便本字典继续修订，使之日臻完善。

昭和六十一年十一月

牛窪梧十

凡例

一、标准篆刻篆书字典收录了小篆、印篆、金文、古鉨等最典型的字形为范例。

一、字头的排列原则上以康熙字典为基础。

一、字头一般都加注了常用读音的片假名，以及训读（表意义）的平假名。（译者注：对于中文来讲，没有音读和训读之分。）训读的旁边适当收录了与字头意思相近的文字、异体字以及常用汉字。

一、有些小篆、印篆有多种不同的字形，我们一般选取的是与现在通用的字体相近的字形。

一、除了古鉨之外的三种字体，如果没有字例，就按照先贤留下的文字说明进行造字，这些字并没有特殊的标记。

一、为了显示书法艺术的博大精深，同一部首的文字也变换了多种手写的方法。

一、为了方便读者使用，我们在卷首和卷末还特别加注了部首索引和总画索引。

○小篆、印篆、金文、古鉢各有各的时代特征。本书将几种字体进行编辑组合，便于读者使用。

○对于古鉢，原则上来讲和金文是不存在时代差异的，所以同时使用的情况也是存在的。

标准

篆刻篆书字典

一部 一丁七万丈三上下不与丑且世丘

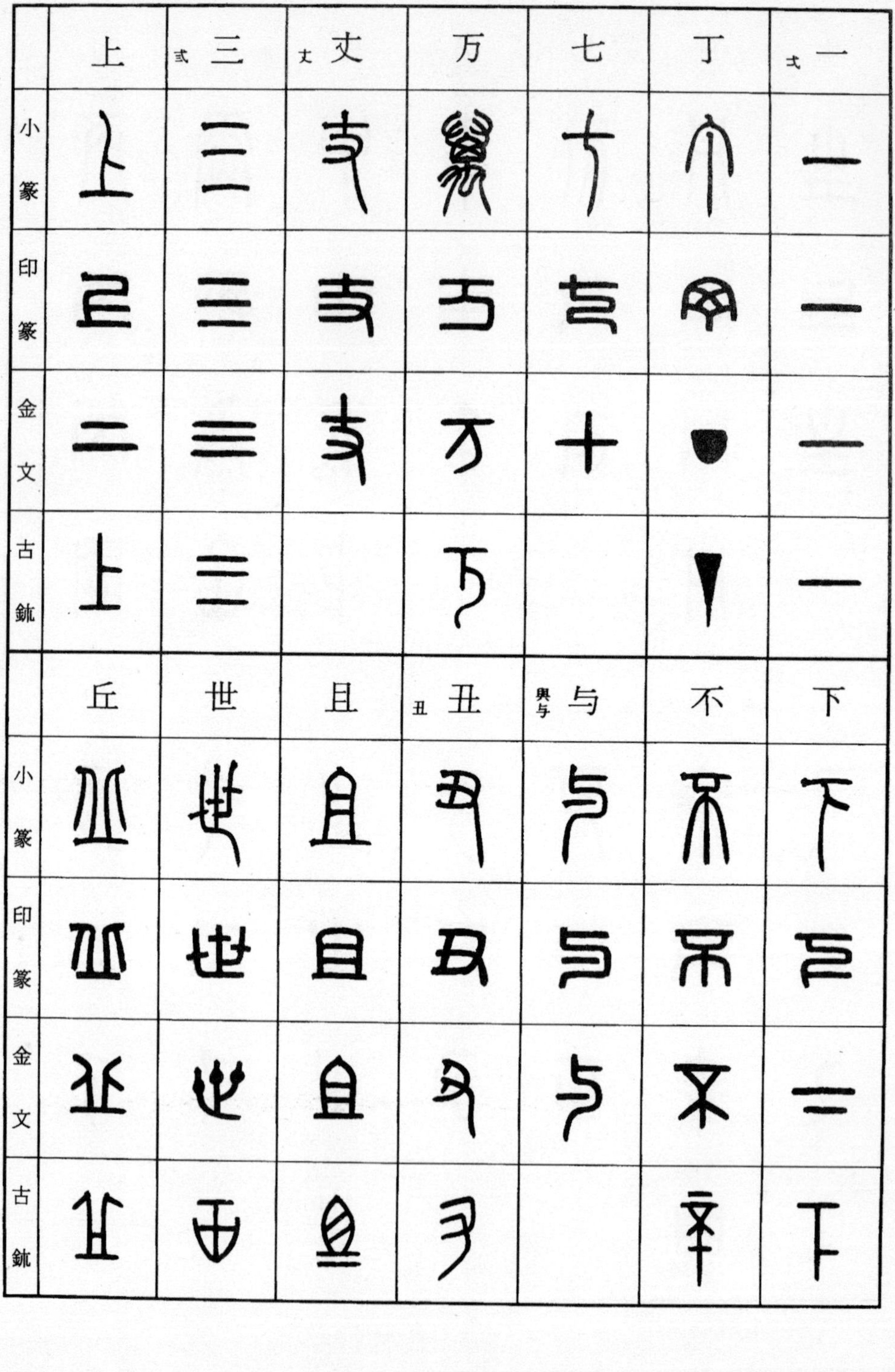

	丙	丞	中	串	丸	丹	主
小篆 / 印篆 / 金文 / 古鉨		丞			凡 丸		

	乃	久	之	乎	乏	乘	乙
小篆 / 印篆 / 金文 / 古鉨			㞢	乎	乏	乘	

乙部 九 也 乳 乾 亂

亅部 了 予 事

二部 二 于 云 互 五 井

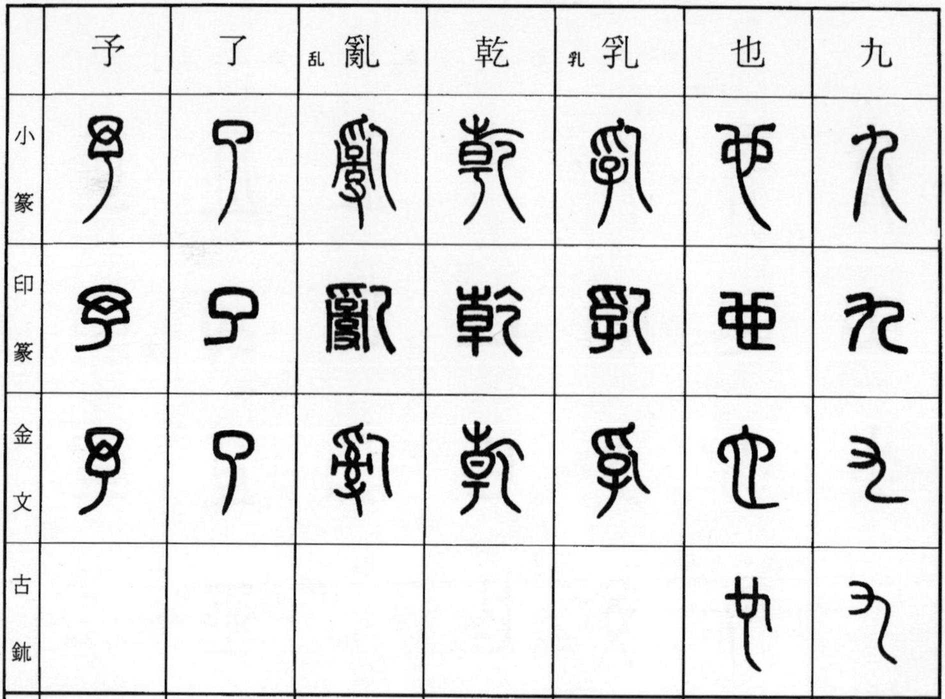

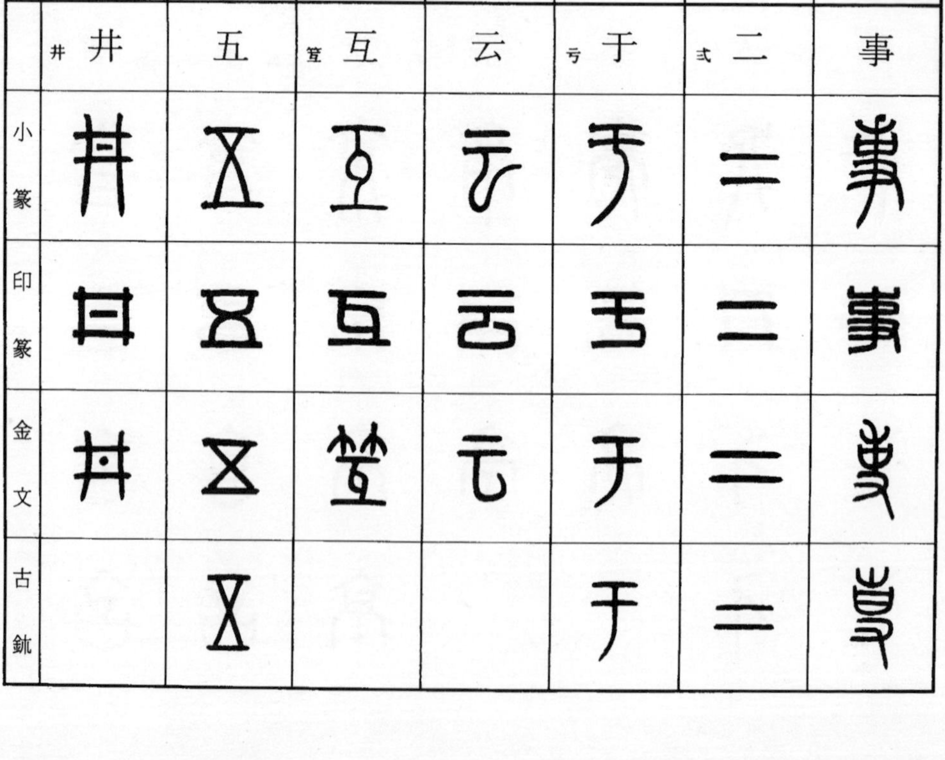

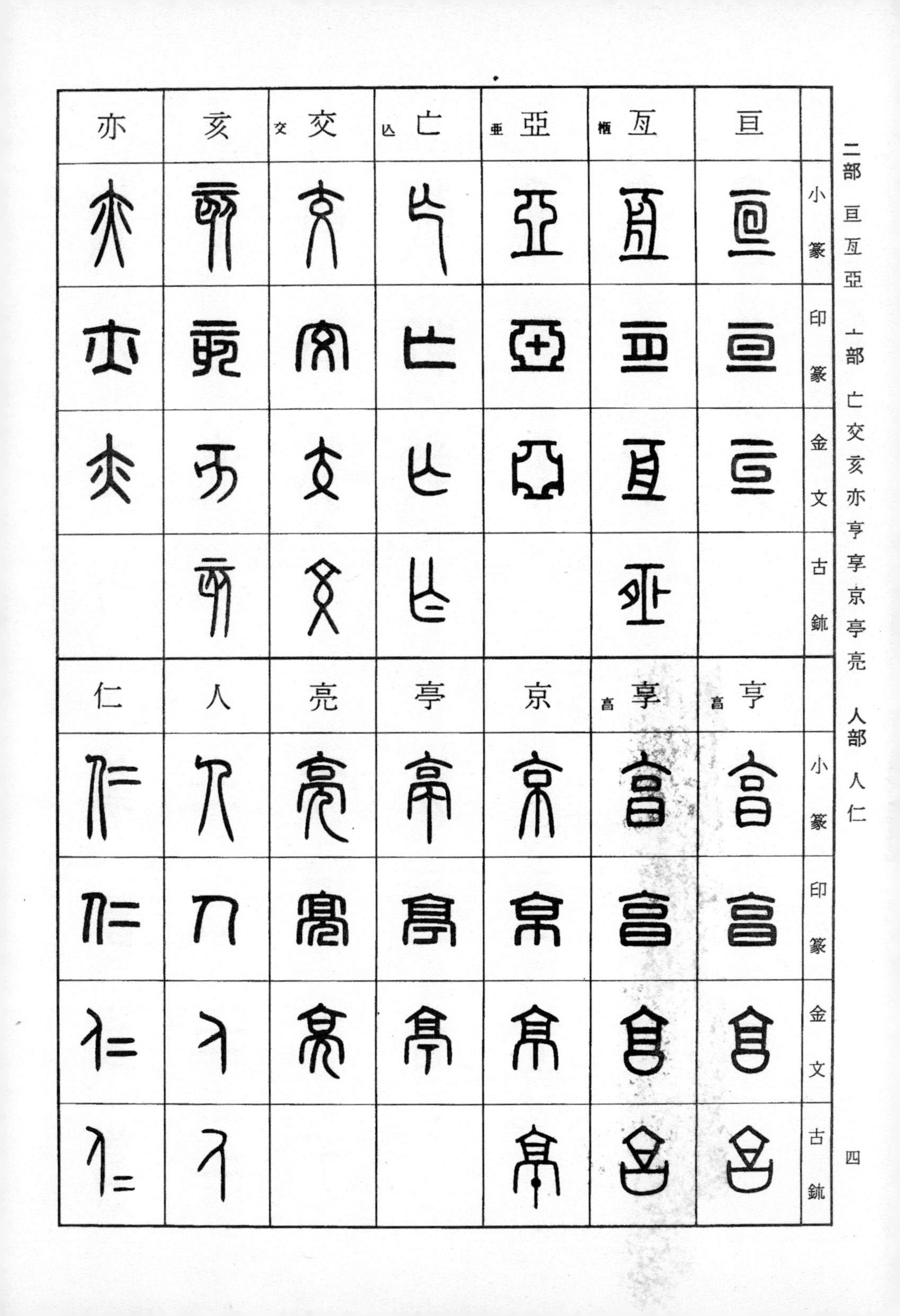

	亘	亙 恆	亞 亜	亡 亾	交 交	亥	亦
小篆							
印篆							
金文							
古鉥							

	亨 亯	享 亯	京	亭	亮	人	仁
小篆							
印篆							
金文							
古鉥							

	仙	付	佗 他	仕	介	今	仇
小篆							
印篆	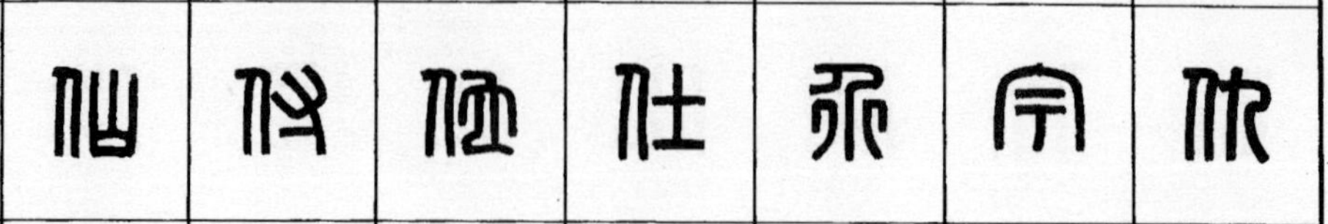						
金文							
古鉨			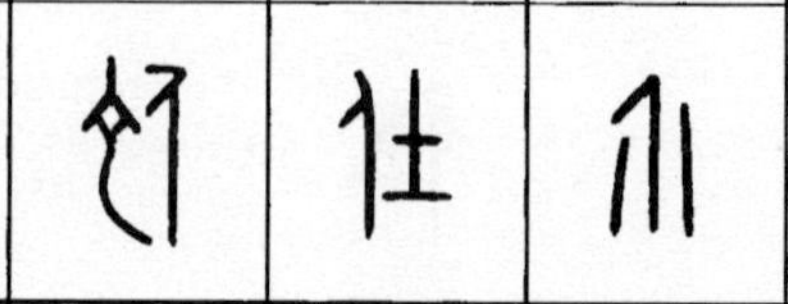				

	任	件	仲	仰	㠯 以	令	代
小篆							
印篆							
金文	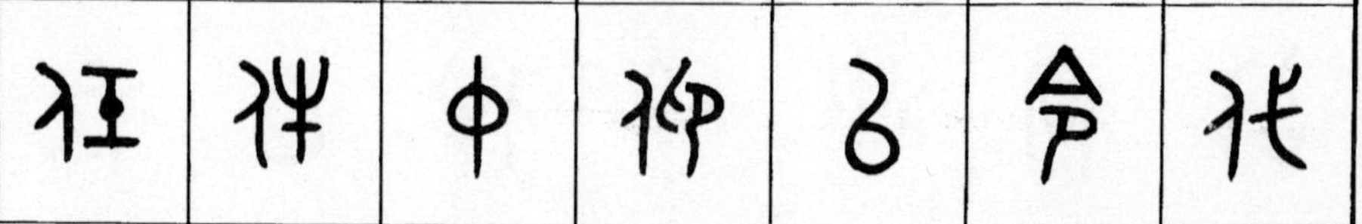						
古鉨	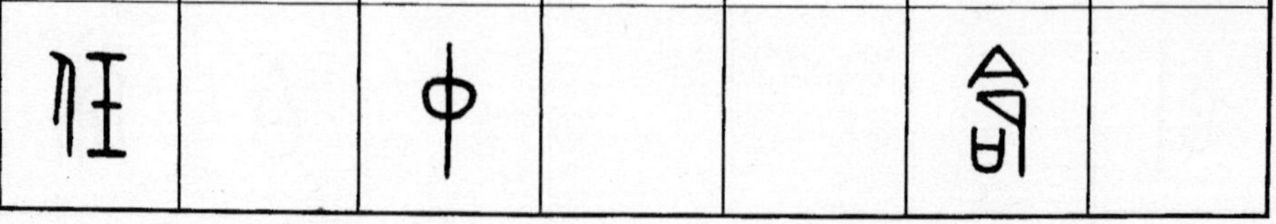						

伐	伏	伎	伍	伊	企	俩 仿	

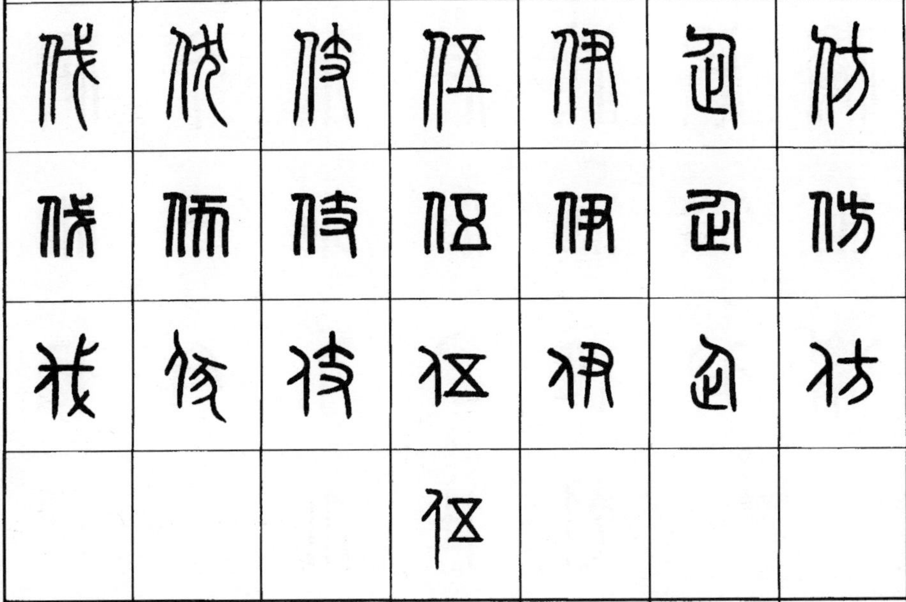

							小篆
							印篆
							金文
							古鉥

佀 似	伺	伸	伶	伴 伴	伯	休	

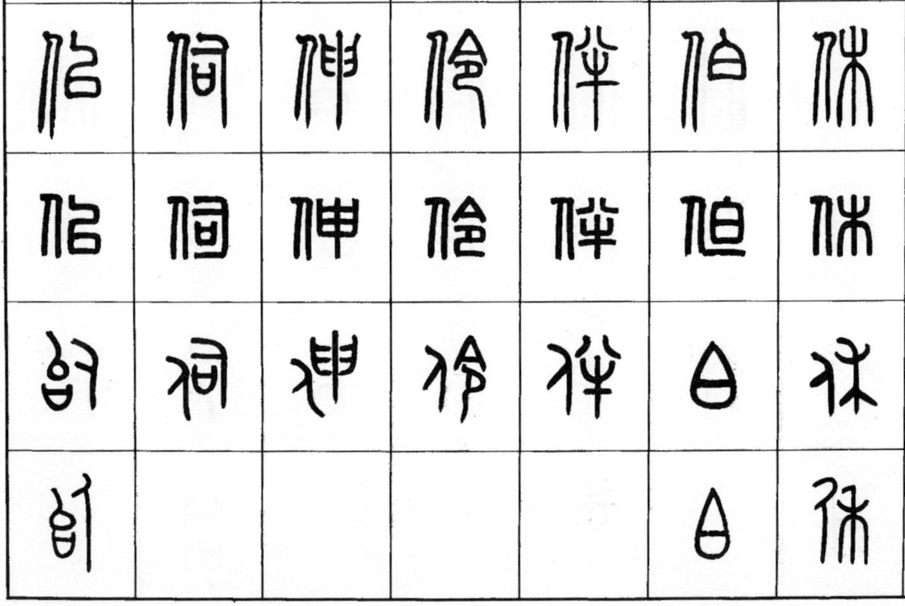

							小篆
							印篆
							金文
							古鉥

	佑	佐	住 住	低	位	但	佃
小篆							
印篆							
金文							
古鉢							

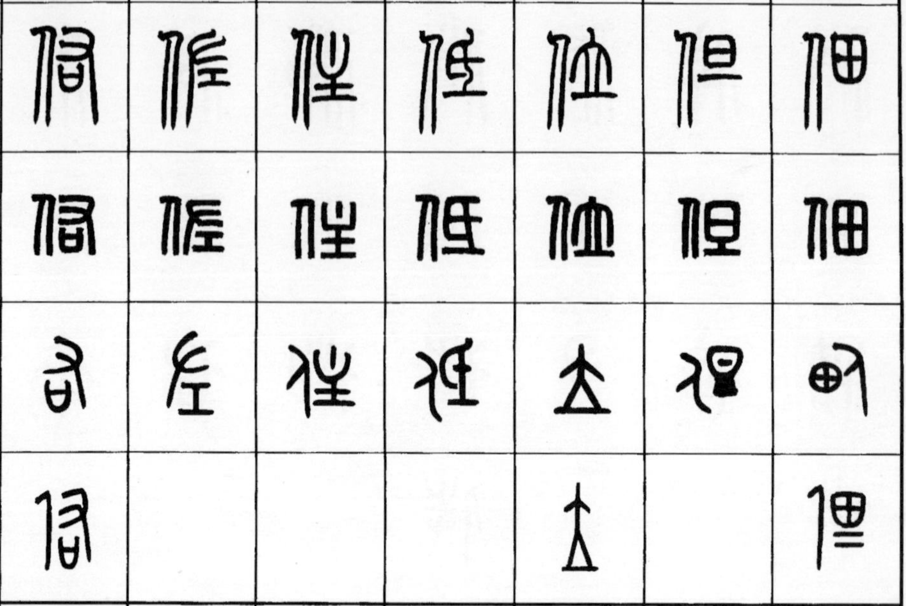

	使 使	佳	佩	作	仏 佛	余	何
小篆							
印篆							
金文							
古鉢							

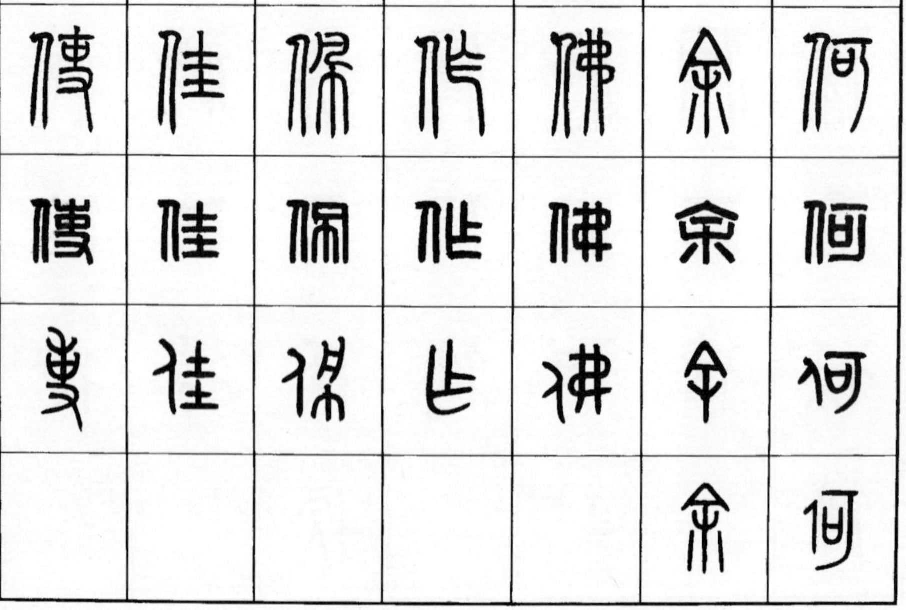

	來（来）	侈	例	侍	侑	侔	供
小篆							
印篆							
金文							
古鉨							

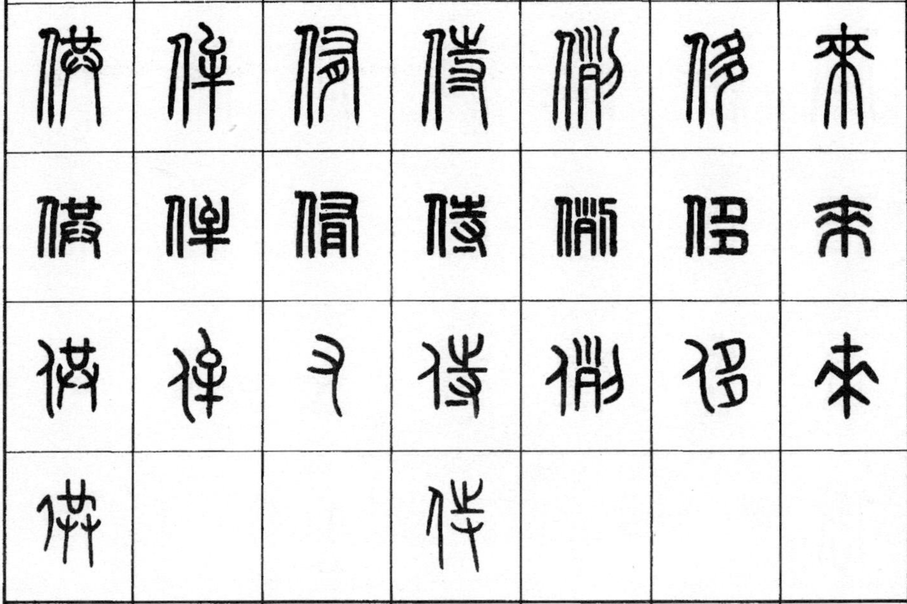

	依	侮（侮）	侯（矦）	侵（侵）	侶	便	係
小篆							
印篆							
金文							
古鉨							

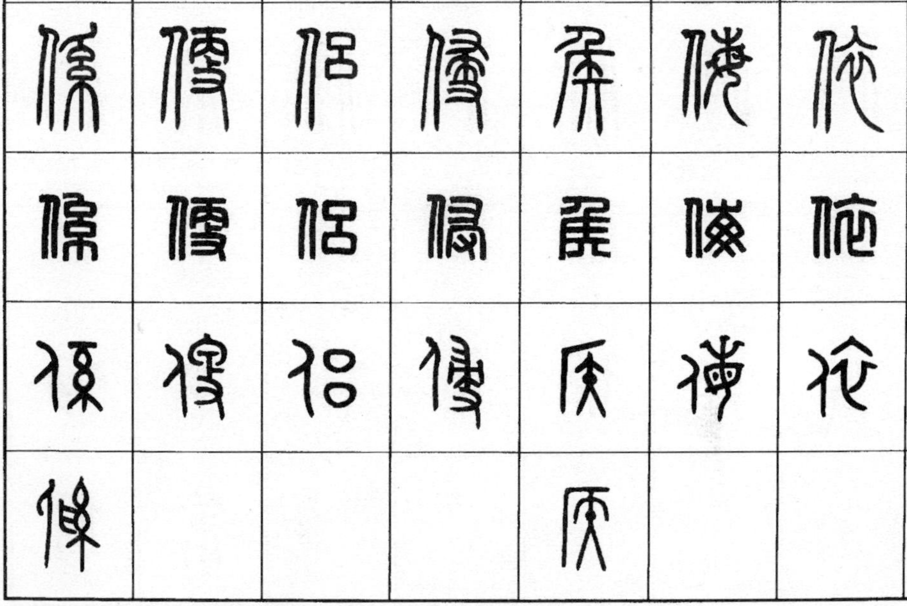

	修	信	保	俗	俊 俊	俄	促
小篆							
印篆							
金文							
古鉨							

	倂 併	俸	俶	俵	俳	俱	俯 頫 俛
小篆							
印篆							
金文							
古鉨							

借	偶	倚	候 候	倒	倍	倉	
							小篆
							印篆
							金文
							古鉢

偃	倭	倬	倫	劵 倦	值	倡	
							小篆
							印篆
							金文
							古鉢

<table>
<tr><th></th><th>健</th><th>停</th><th>偕</th><th>偏</th><th>偉 偉</th><th>偈 偈</th><th>仮 假</th></tr>
<tr><td>小篆</td><td colspan="7"></td></tr>
<tr><td>印篆</td><td colspan="7"></td></tr>
<tr><td>金文</td><td colspan="7"></td></tr>
<tr><td>古鉢</td><td></td><td></td><td></td><td></td><td></td><td></td><td></td></tr>
</table>

<table>
<tr><th></th><th>備</th><th>傘</th><th>傑 傑</th><th>傍</th><th>偶</th><th>偵</th><th>側</th></tr>
<tr><td>小篆</td><td colspan="7"></td></tr>
<tr><td>印篆</td><td colspan="7">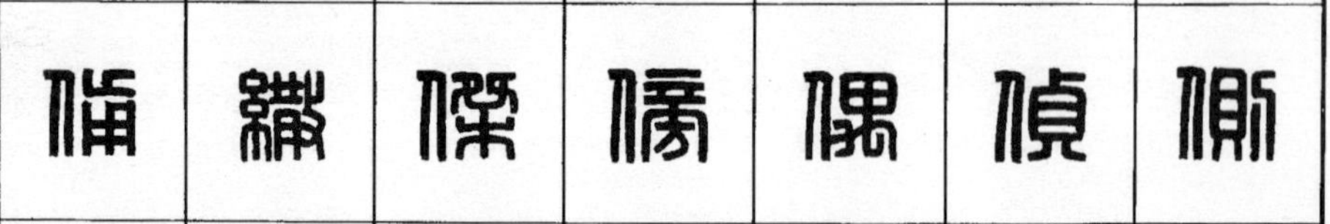</td></tr>
<tr><td>金文</td><td colspan="7"></td></tr>
<tr><td>古鉢</td><td></td><td></td><td></td><td></td><td></td><td></td><td></td></tr>
</table>

	催	傭	傲	傳 伝	債	傷	傾
小篆							
印篆							
金文							
古鉨							

	僅	僊	像	僕	僞 偽	僧 僧	僭 僣
小篆							
印篆							
金文							
古鉨							

人部 儐僻儀億儒償優儻儼 儿部 允元兄充兆

	優	償	儒	億 億	儀	僻	価 儐
小篆							
印篆							
金文							
古鉨							

	[illegible] 兆	充	兄	元	允	儼	儻
小篆							
印篆							
金文							
古鉨							

	先	光	克	免 免	兒 児	兔 兎兔	兜

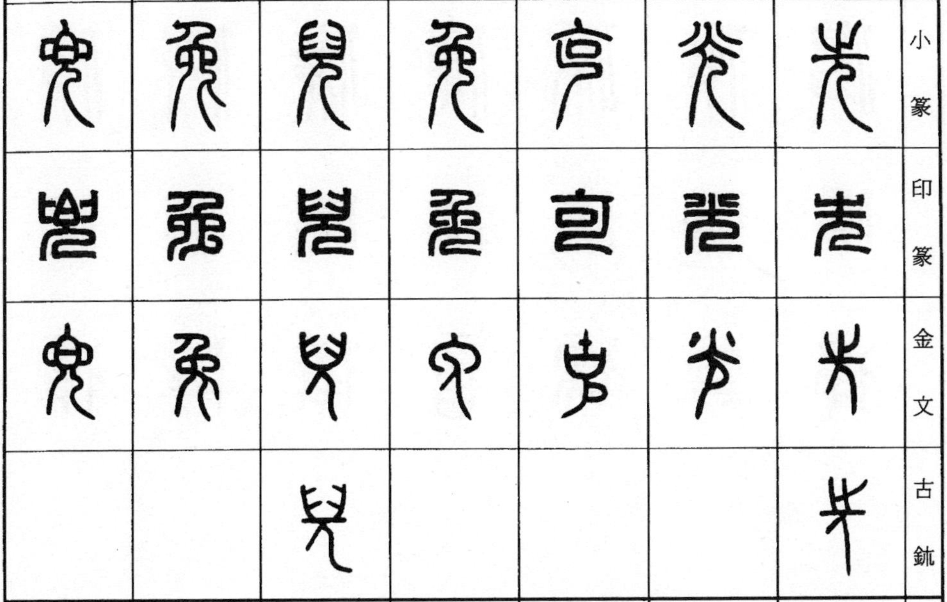

	兢 兢	入	內 内	全 仝全	兩 両	八 八	公 公

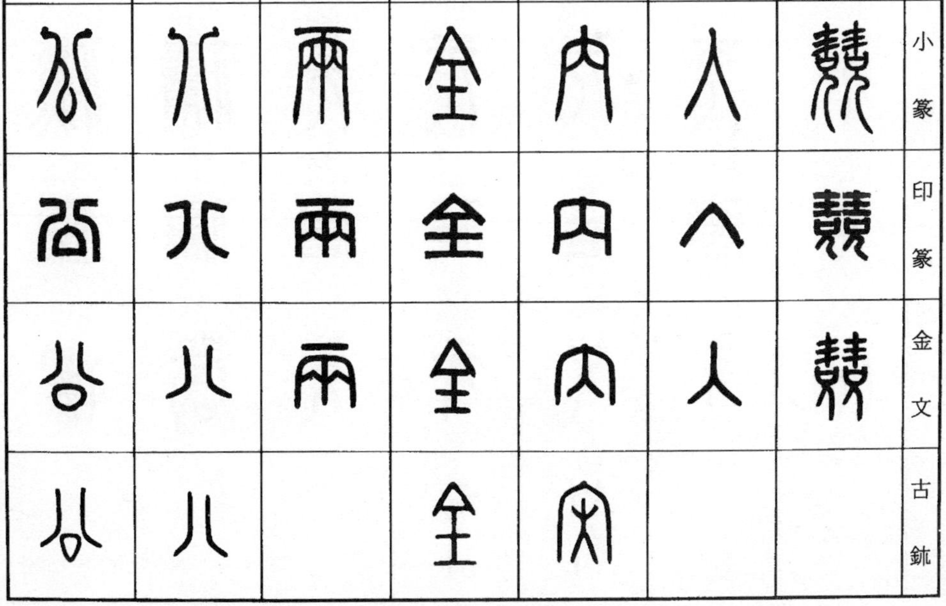

（行目：小篆、印篆、金文、古鉩）

六 兮 共 兵 其 具 典

小篆 / 印篆 / 金文 / 古鉨

兼（兼） 冊（册） 再（再） 冑 冒（冒） 冠 冢（塚）

小篆 / 印篆 / 金文 / 古鉨

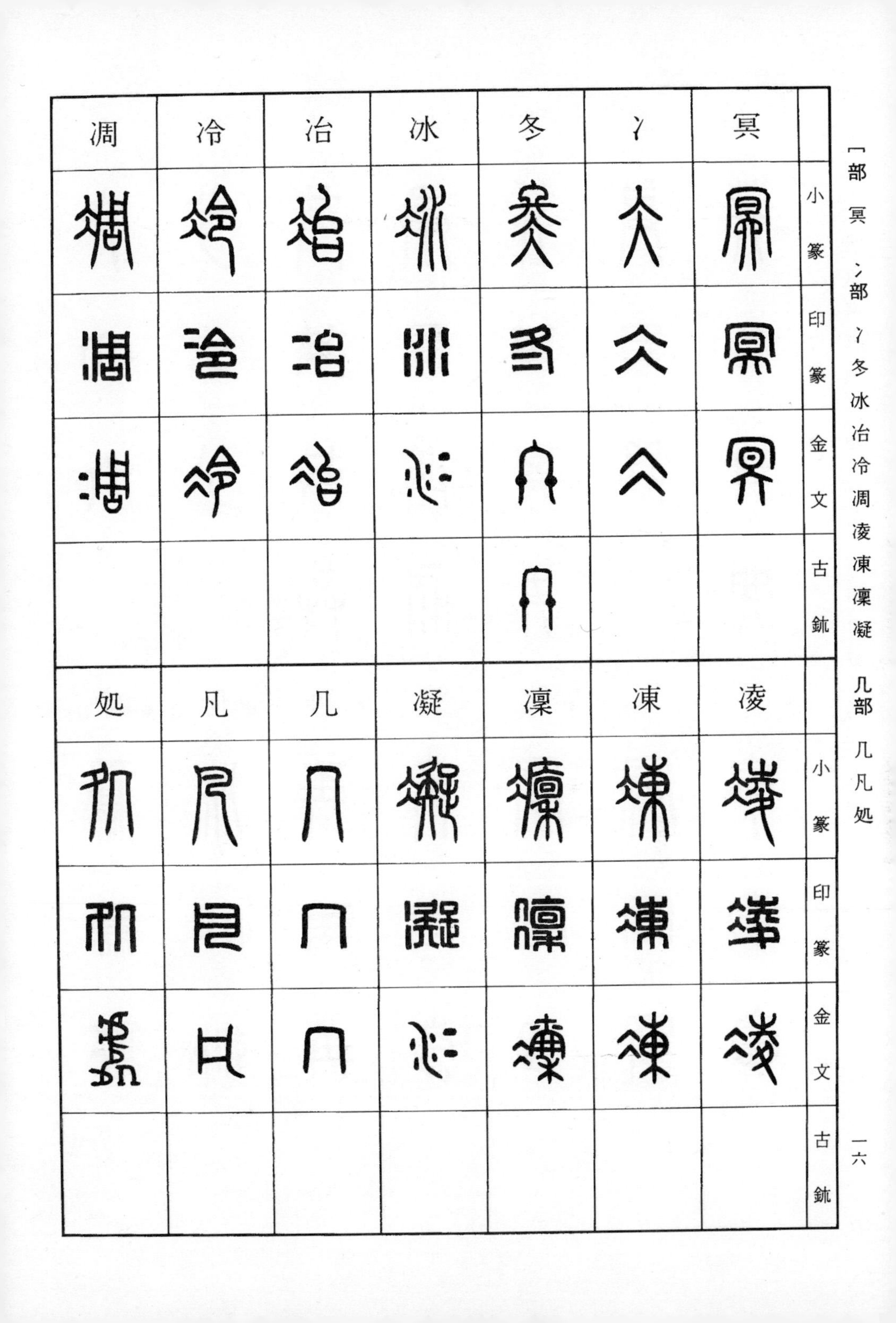

凋	冷	冶	冰	冬	冫	冥	
							小篆
							印篆
							金文
							古鉨

処	凡	几	凝	凜	凍	凌	
							小篆
							印篆
							金文
							古鉨

	切	分 分	刄 刃	刀 刀	凾 肣 函	出	凶
小篆							
印篆	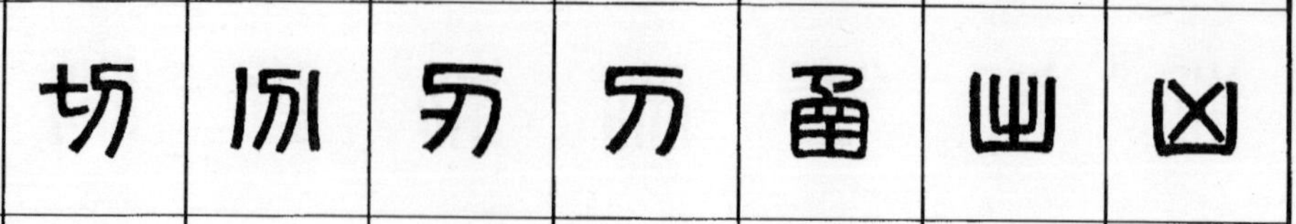						
金文							
古鉨	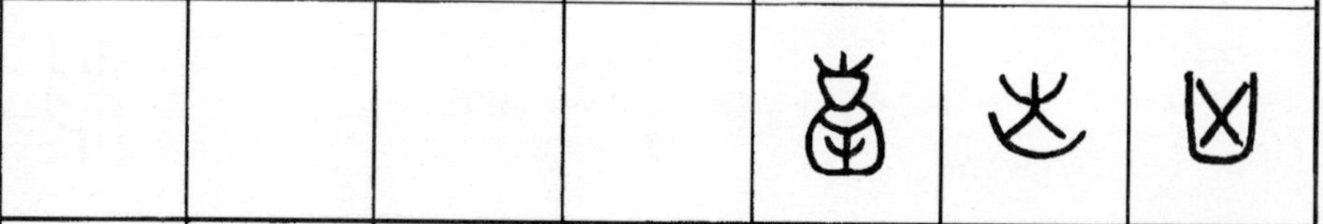						

	𠛁 別	判 判	初	列 列	刑 㓝 刑	刊	刈
小篆							
印篆	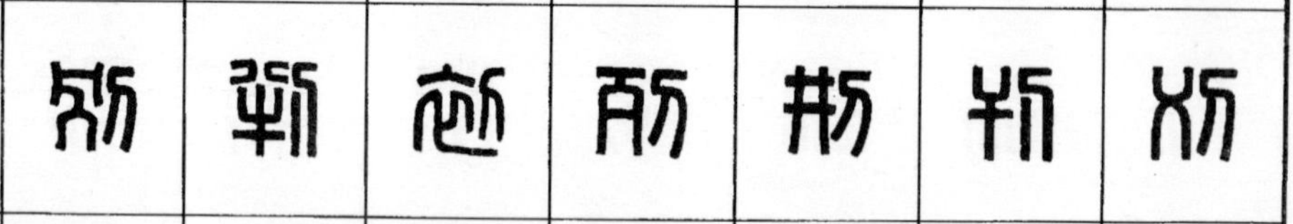						
金文							
古鉨	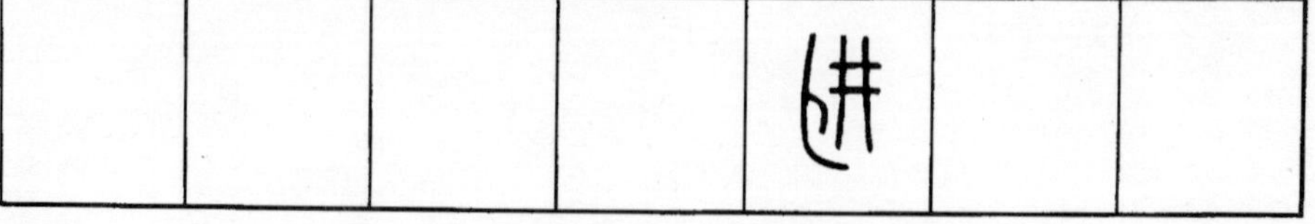						

	物 利	到	利 制	刷	劵 券	刹 剎	刾剌 刺
小篆							
印篆							
金文							
古鉥							

	刻	則	削 削	歬前 前	剖	剛 剛	剝
小篆			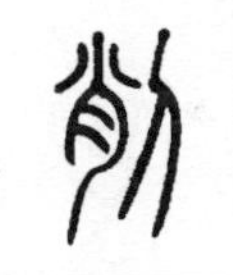				
印篆							
金文				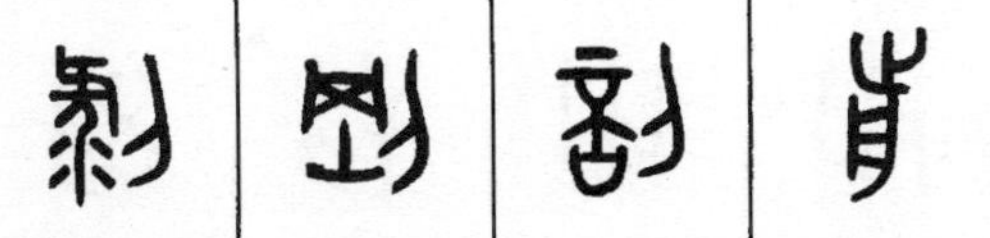			
古鉥							

刀部　剪副割創劇劈劉劍劑

力部　力功加劣助

	鐂 劉	劈	劇 劇	刅 刱 創	割 割	副	制 剪
小篆							
印篆							
金文							
古鉨							

	助	劣	加	功	力	剤 劑	劒 剣 劍
小篆							
印篆							
金文							
古鉨							

	努（怒）	劫	劾	勁	勃	勅（勑 敕）	勇（勈）
小篆							
印篆							
金文							
古鉥							

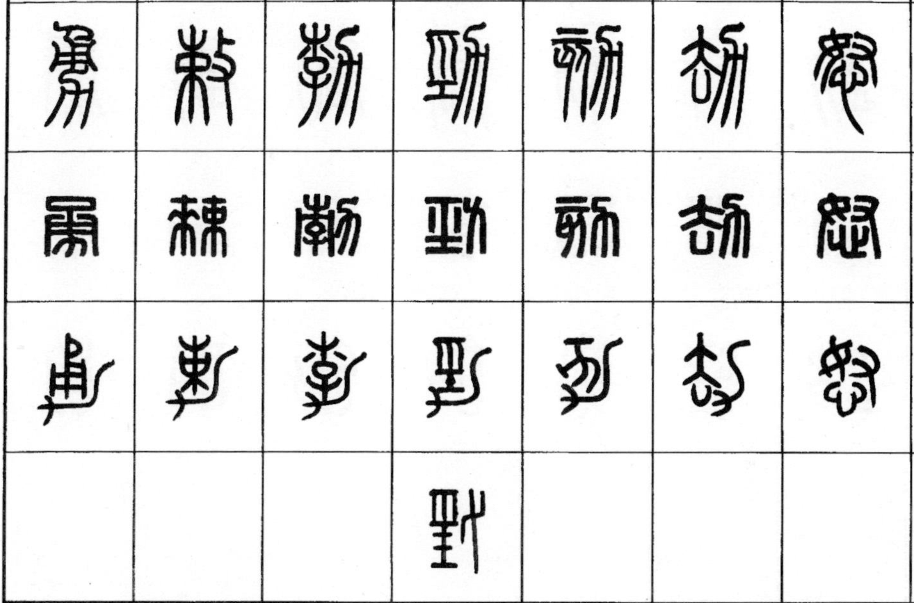

	勉	勒	動（動）	勘	務	勝（艕 勝）	勞（労）
小篆							
印篆							
金文							
古鉥							

力部 募勢勤勳勵勸

勹部 勹勿匃包匈

匕部 化北匙

	勹 勹	勧 勸	励 勵	勛 勲 勳	勤 勤	勢	募
小篆							
印篆							
金文							
古鉨							

	匙	北	化 化	胷 匈	包 包	匄 匃	勿
小篆							
印篆							
金文							
古鉨							

	匠	匡 匩筐	匪	匹 疋	匿	區 区	十
小篆							
印篆							
金文							
古鉥							

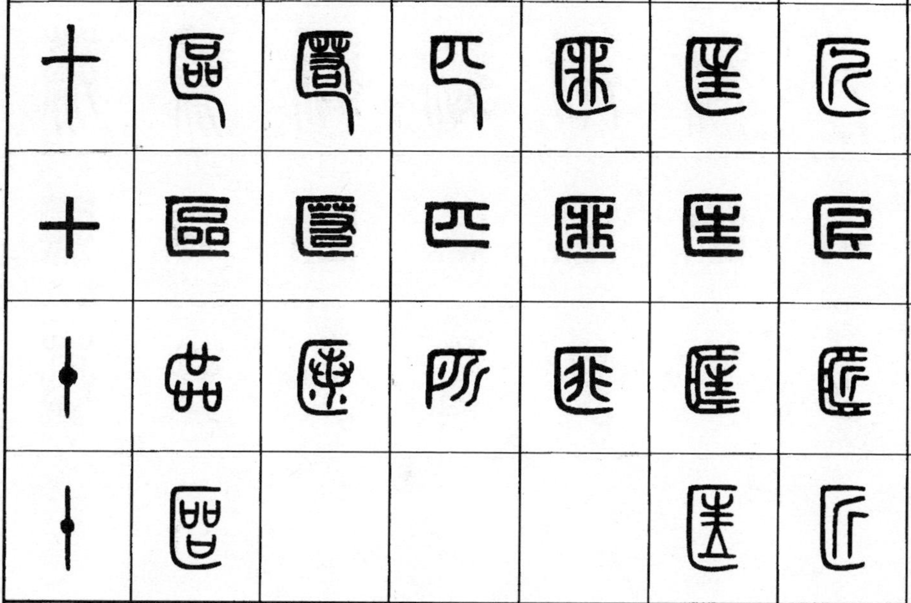

	千	廿 廿	卅 卅	升	午	半 半	卉 卉
小篆							
印篆							
金文							
古鉥							

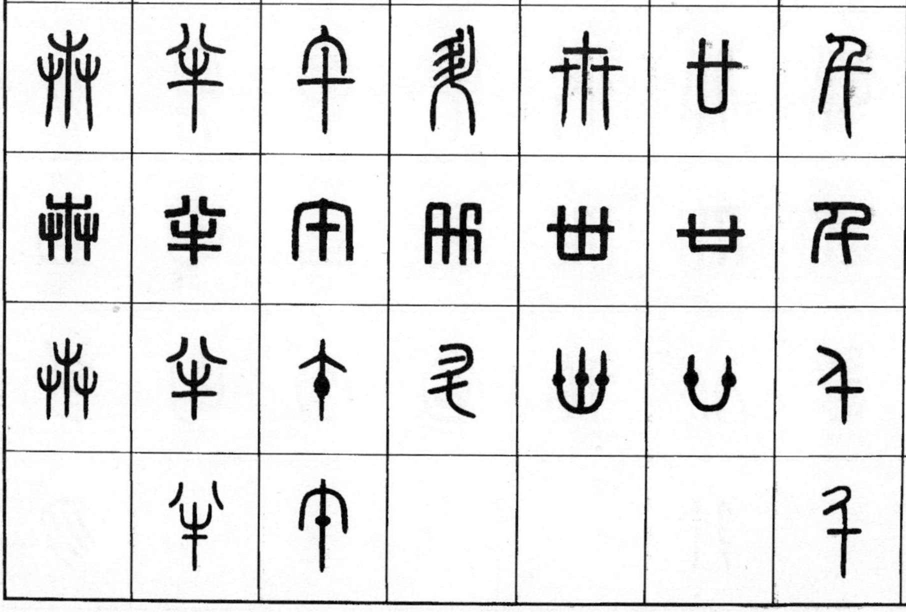

	卜	愽 博	峯 南	叶 協	卓	卆 卒	卑 卑

	卷 卷	卵	危 危	印	夘 卯	卦	占

	卸	却 卻	即 卽	卿 卿 卿	厂	厄	厓
小篆							
印篆							
金文							
古鉨							

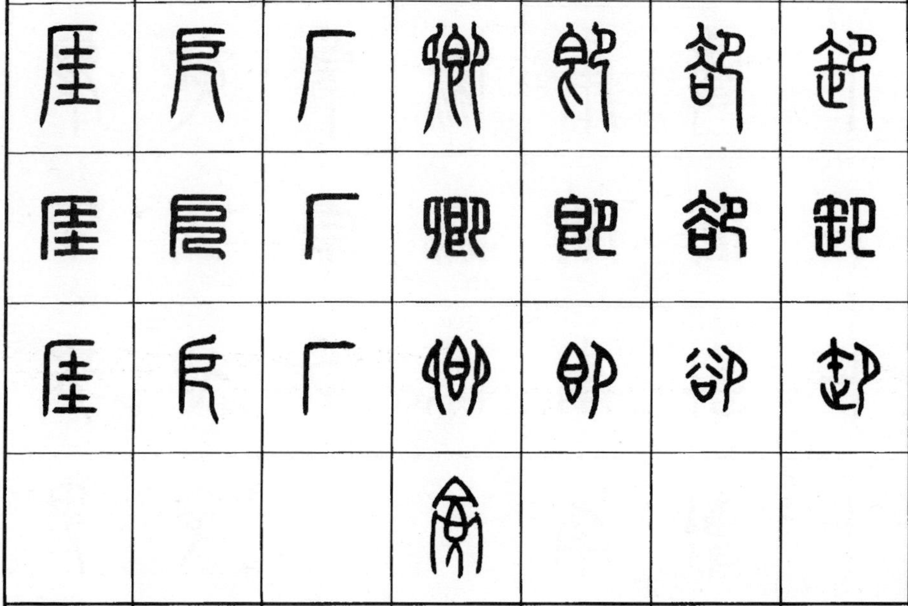

	厚 厚	邍 原	氒 厥	厭	厲	去	参 參
小篆							
印篆							
金文							
古鉨							

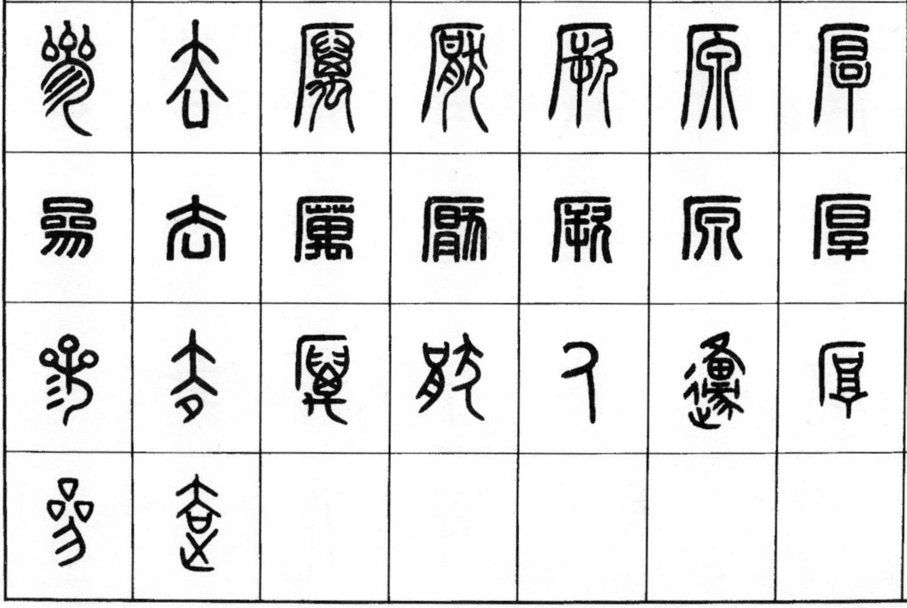

又部 又叉及友反叔取受叛叟叡叢 口部 口古

	取	叔	反	㕛 友	及 及	叉	又 又
小篆							
印篆							
金文							
古鉩							

	古	口	叢	睿 叡	叜 叟	叛	受
小篆							
印篆							
金文							
古鉩							

句（勾）	只	召	可	台	叱	史（史）

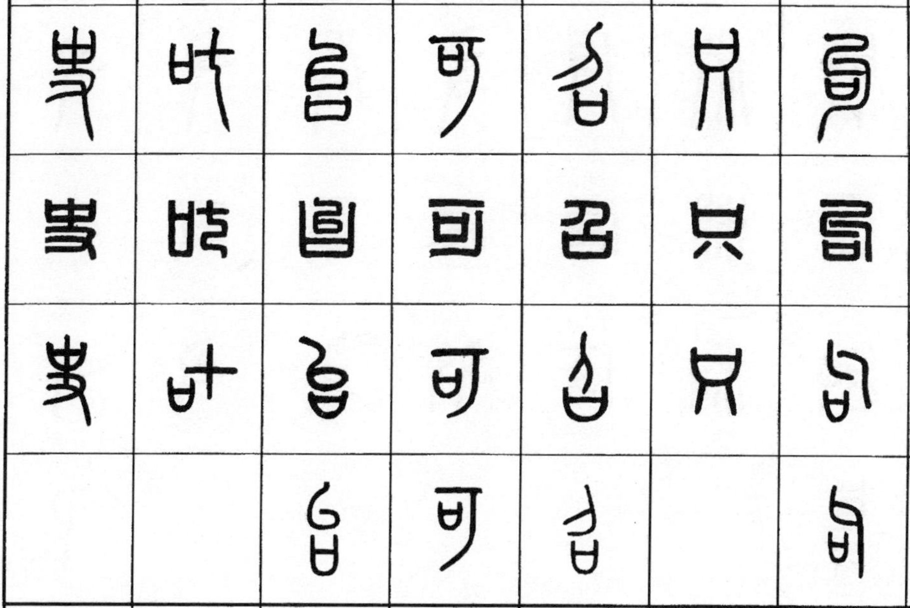

小篆　印篆　金文　古鉥

右	号（號）	司	各	合	吉（吉）	同

小篆　印篆　金文　古鉥

	名	后	吏（叓）	吐	向	君	吝（㖁𢘆悋恡）
小篆							
印篆							
金文							
古鉨							

	吞	吟（唫訡）	吠	否	含	呈	吳（吴）
小篆							
印篆							
金文							
古鉨							

味	周 周	膂 呂	吿 告	吾	吹	吸 吸	

小篆 印篆 金文 古鉥

詠 咏	[illegible] 咎	咊 和	咄	咀	命	吁 呼	

小篆 印篆 金文 古鉥

	㦲 哉	品	哀	咽	咸	咫	咨
小篆							
印篆							
金文							
古鉢							

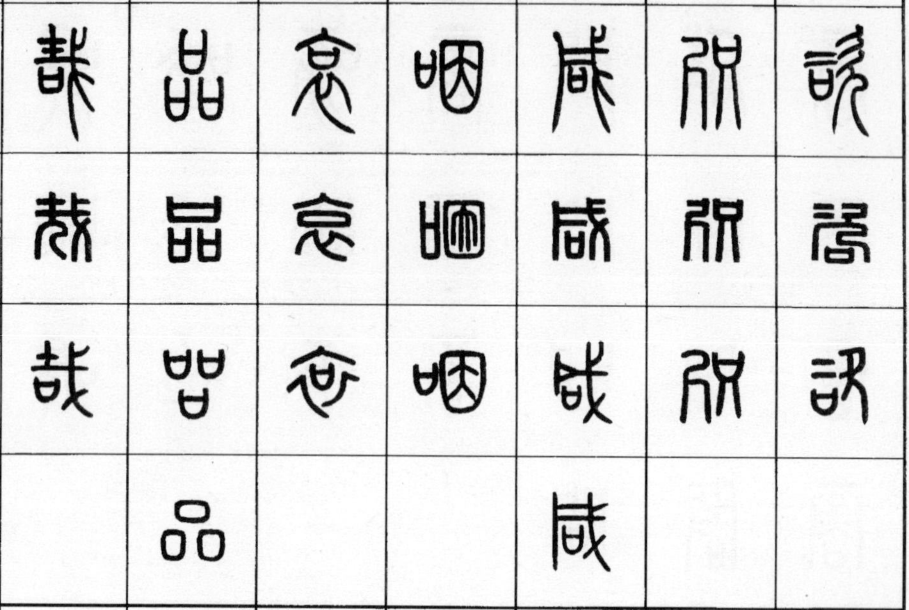

	唱	唯	唐 唐	唇	嚞 悊 哲	哭	員
小篆							
印篆							
金文							
古鉢							

	喉	唾	啄	商（賔商）	問	啓（启啟）	啻
小篆							
印篆							
金文							
古鉥							

	啼（嗁）	善（譱善）	喚	喜	喝	喪（[illegible]）	喫（喫）
小篆							
印篆							
金文							
古鉥							

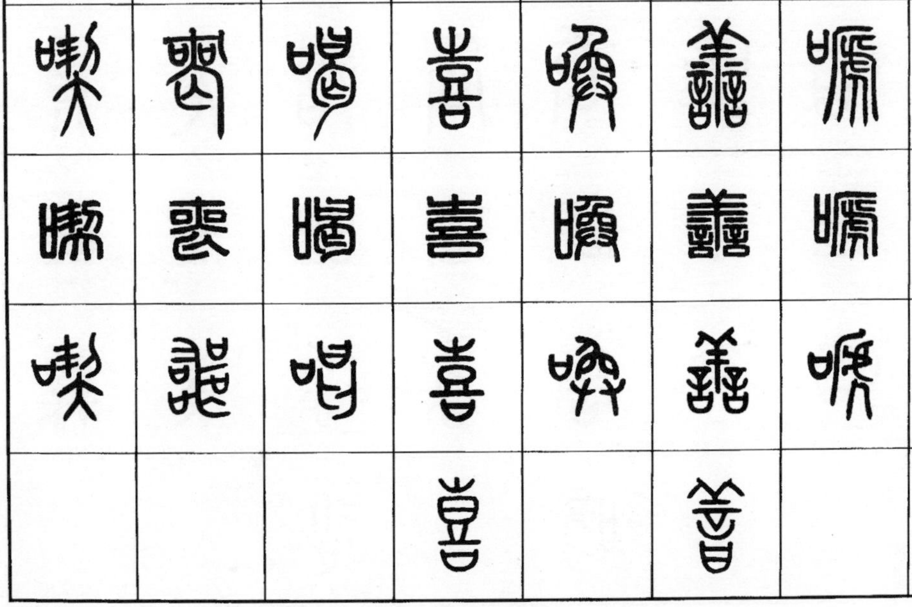

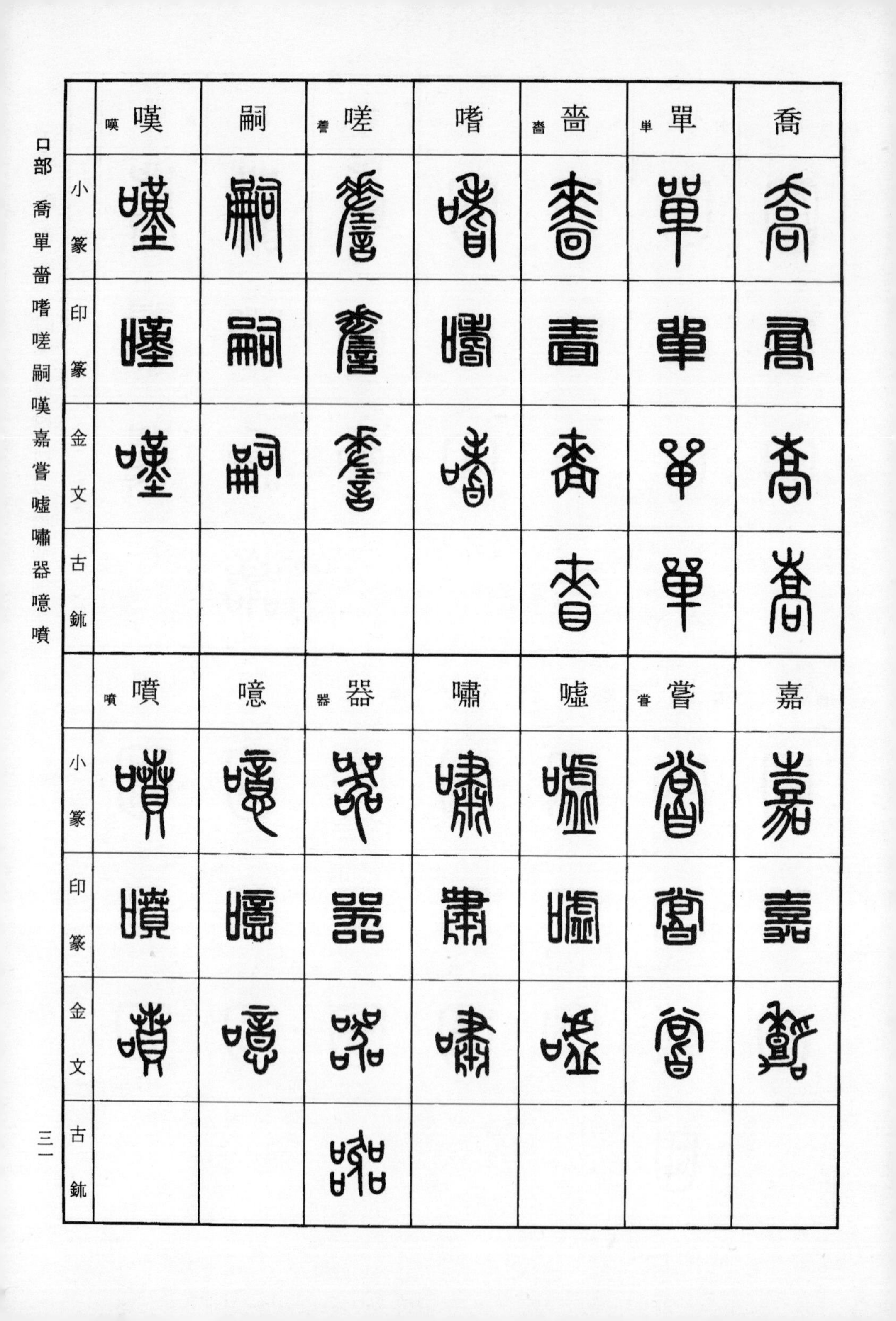

	嘆 嘆	嗣	[illegible] 嗟	嗜	嗇 嗇	単 單	喬
小篆							
印篆							
金文							
古鉨							

	噴 噴	噫	器 器	嘯	噓	甞 嘗	嘉
小篆							
印篆							
金文							
古鉨							

囙 因	囬 回	罒 四	囚	囊	嚻 囂	厳 嚴	
							小篆
							印篆
							金文
							古鉨

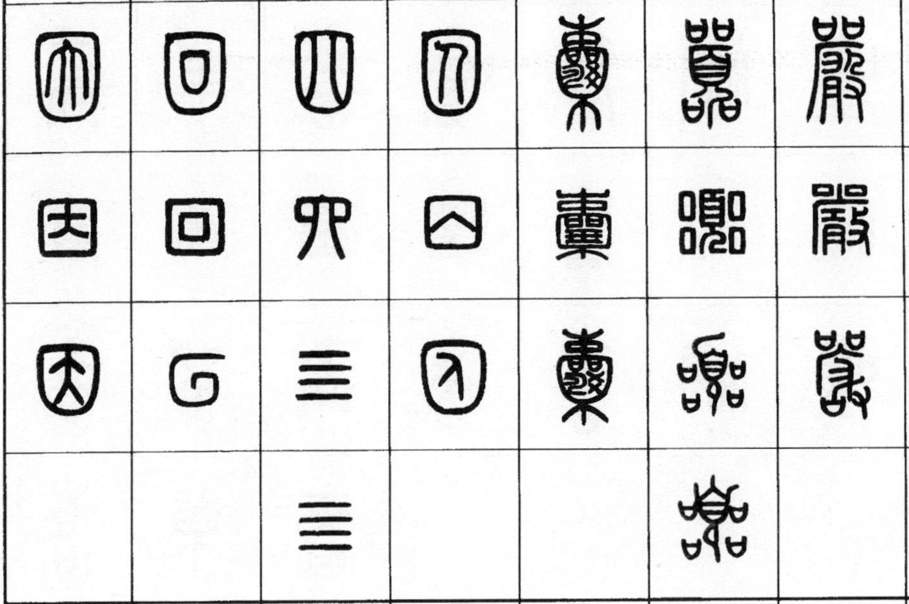

囲 圍	国 國	圏 圈	圃	[illegible] 囿	固	困	
							小篆
							印篆
							金文
							古鉨

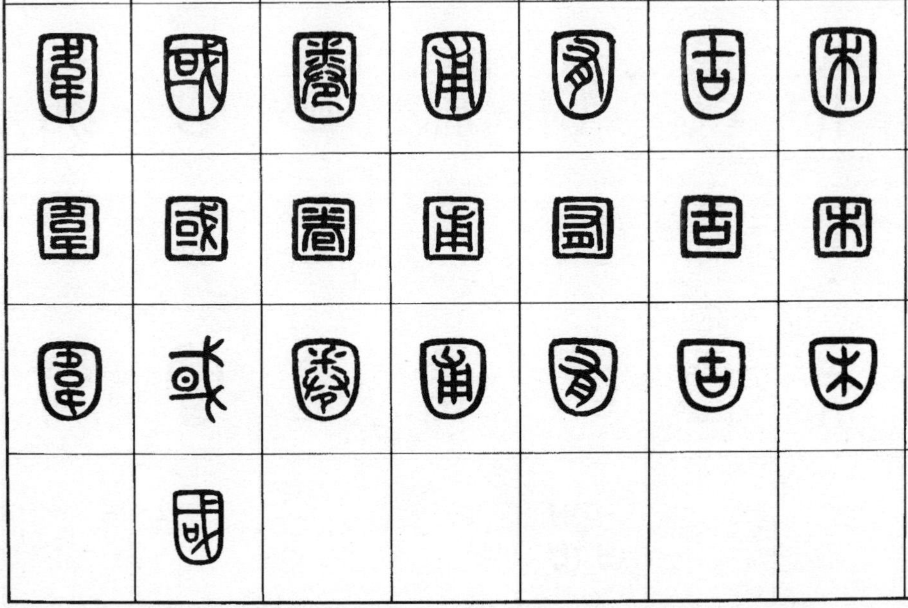

	在	土	圜	团 團	図 圖	円 圓	園
小篆							
印篆							
金文							
古鈢							

	坡	坙 㘴 座 坐	坎	坊	均	墬 地	珪 圭
小篆							
印篆							
金文							
古鈢							

	坤	坦	坪 坪	坼 ⿰土㡿	垂 𡍮	型 坓	垢
小篆							
印篆							
金文							
古鉥							

	垣	埋 薶	城 𩫖 城	域	埴	埶	執
小篆							
印篆							
金文							
古鉥							

	堅	坣 堂	堀	掃 埽	埼	基	培
小篆							
印篆							
金文							
古鉥							

	墖塔 塔	凷 塊	場	報	堯	堪	堤
小篆							
印篆							
金文							
古鉥							

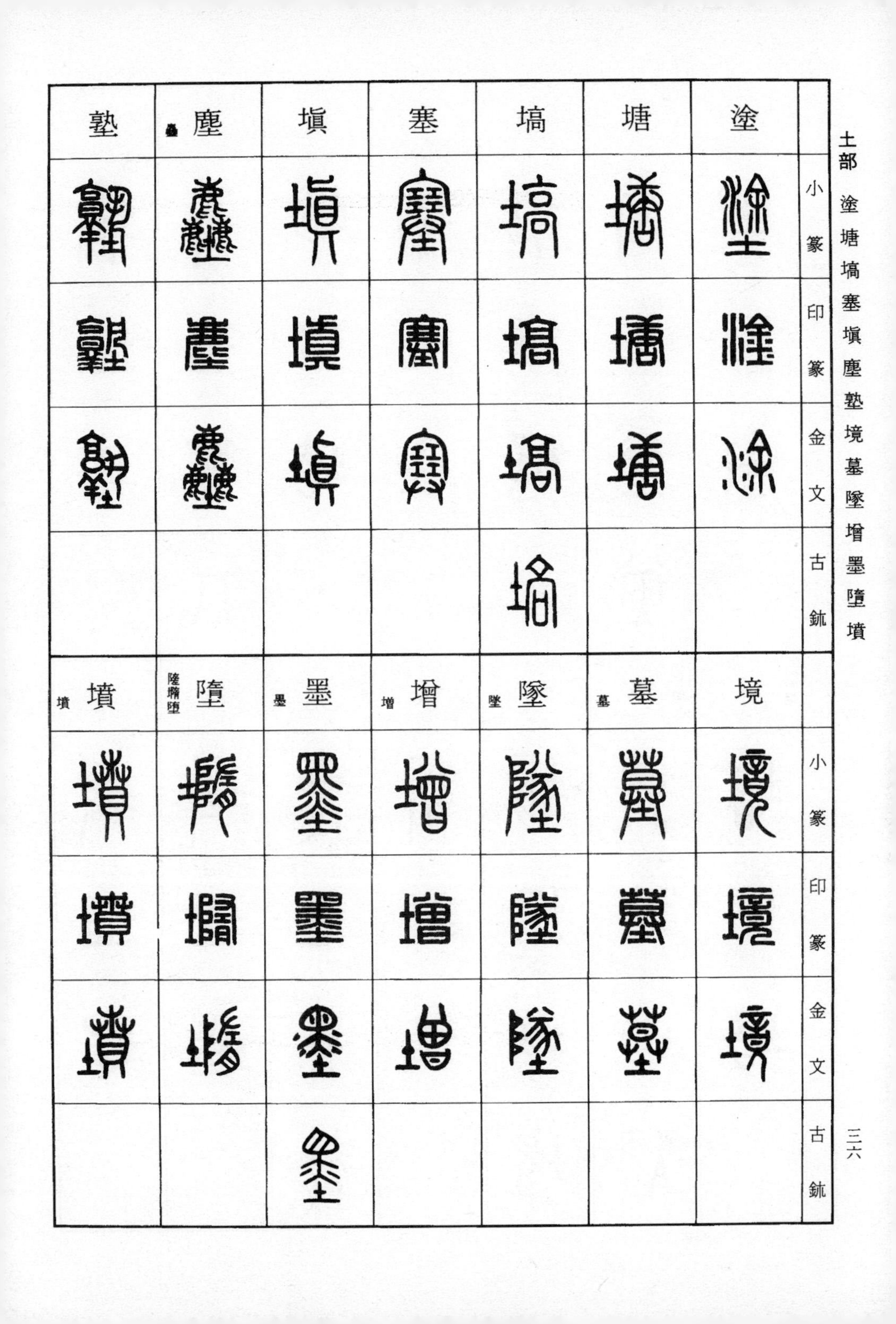

	塗	塘	塙	塞	塡	塵 [illegible]	塾
小篆							
印篆							
金文							
古鈢							

	境	墓 墓	隊 墜	增 增	墨 墨	隓 隓墯陏	墳 墳
小篆							
印篆							
金文							
古鈢							

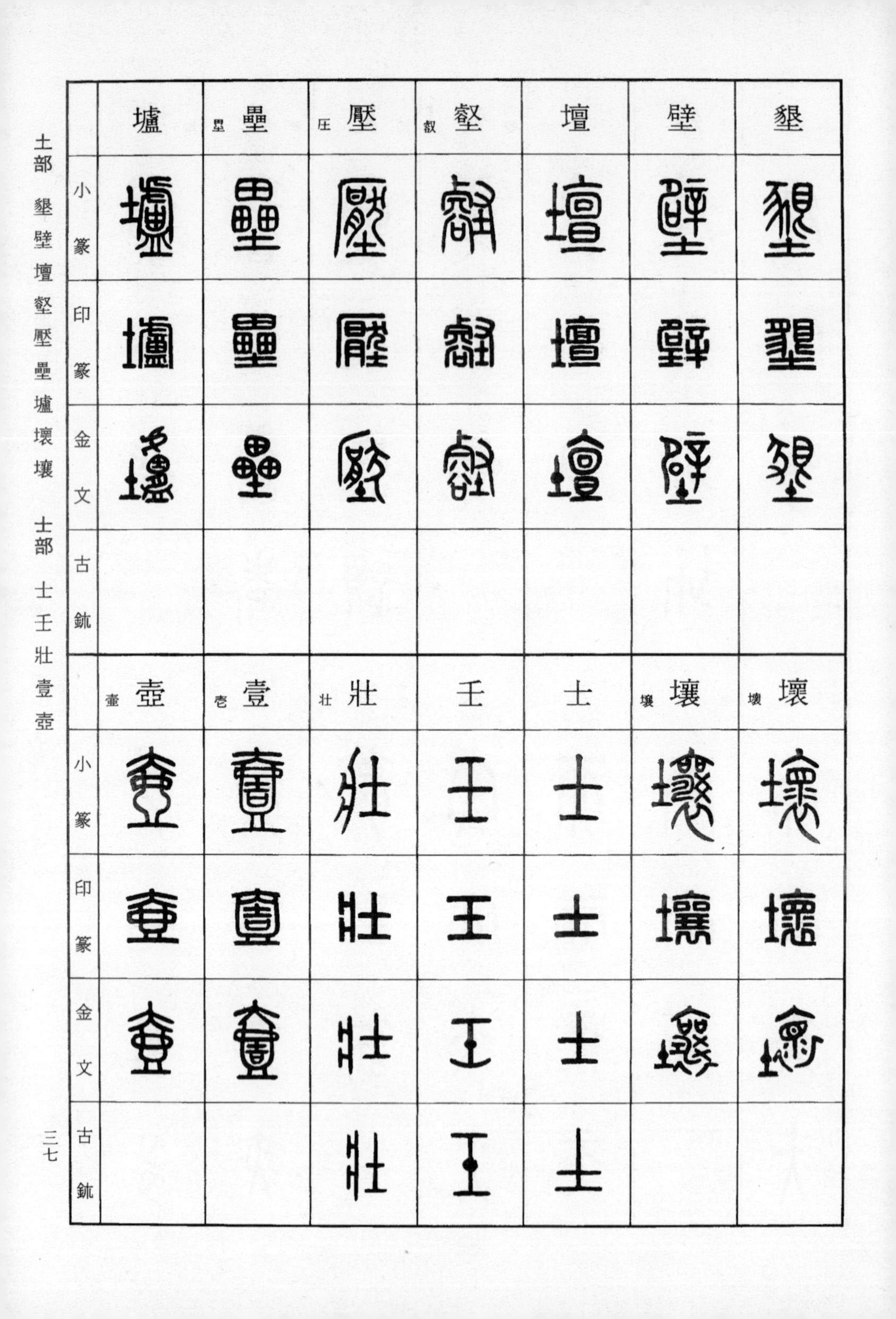

	墾	壁	壇	叡 壑	压 壓	垒 壘	壚
小篆							
印篆							
金文							
古鉨							

	壊 壞	壌 壤	士	壬	壮 壯	壱 壹	壷 壺
小篆							
印篆							
金文							
古鉨							

	壻（婿）	壽（寿）	夏（夏）	夔（夔）	夕	外	夙（殅）
小篆							
印篆							
金文							
古鈢							

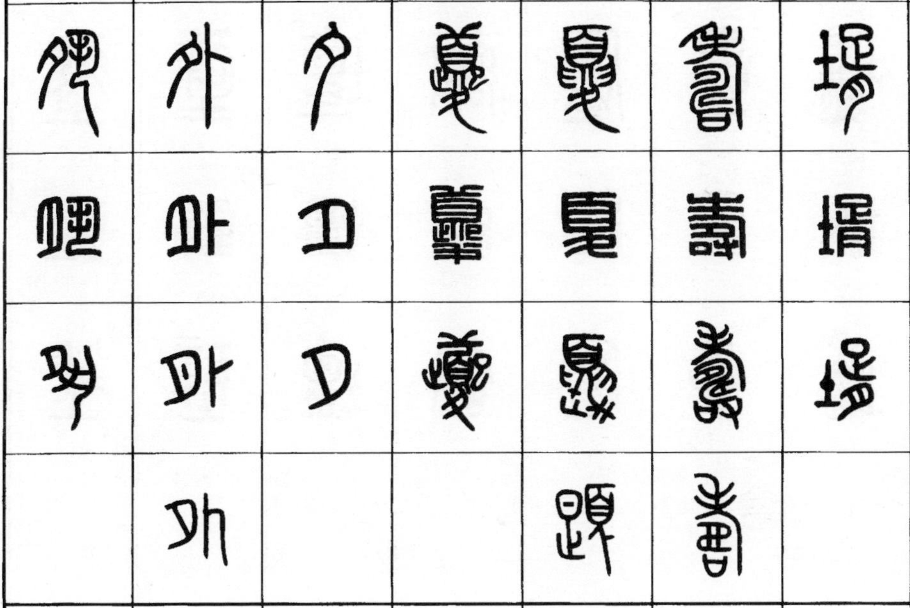

	多	夜	夢（㝱 夣）	大	天	太（夳）	夫
小篆							
印篆							
金文							
古鈢							

	天	央	失	夷	夾	奄	奇 奇
小篆							
印篆							
金文							
古鉥							

	奈 柰	奉	奎	奏	契 契	奔 奔	奕
小篆							
印篆							
金文							
古鉥							

獎 𤟌獎	奪 𡙁	奥 𢍜奥	奢 奓	奠	奚	奘	
							小篆
							印篆
							金文
							古鉩

妄	妃	如	好 敀	奴	女	奮	
							小篆
							印篆
							金文
							古鉩

	妊	妖 ([illegible])	妙 (妙)	妝 (粧)	妣 ([illegible])	妥 (妥)	妨
小篆							
印篆							
金文							
古鉩							

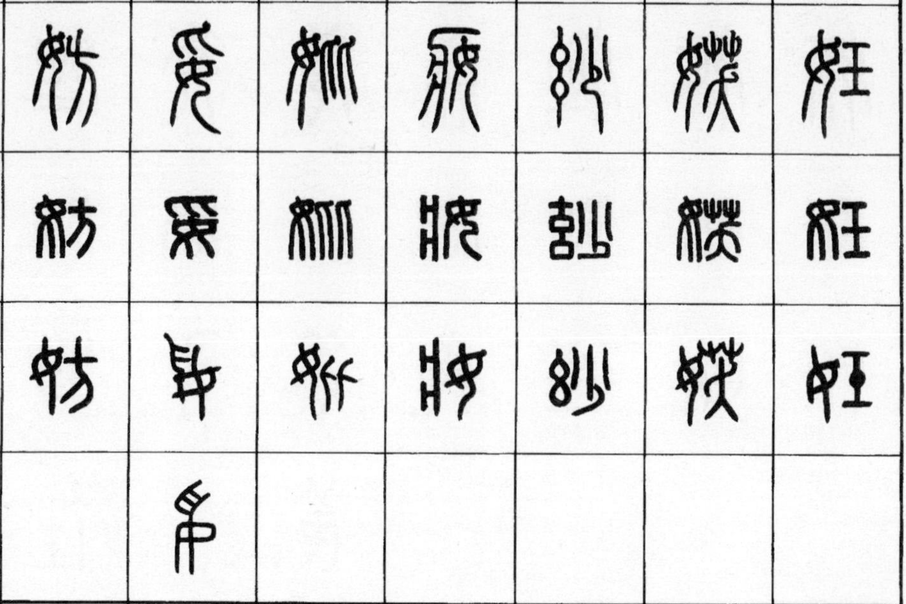

	妹	妻	妾	姊 (姉)	始	姐	姑
小篆							
印篆							
金文							
古鉩							

	姓	委	姜	姦	姪	姫 姬	姸 妍
小篆							
印篆							
金文							
古鈢							

	姻	姿 姿	威	娑	娛 娱	娥	婆
小篆							
印篆							
金文							
古鈢							

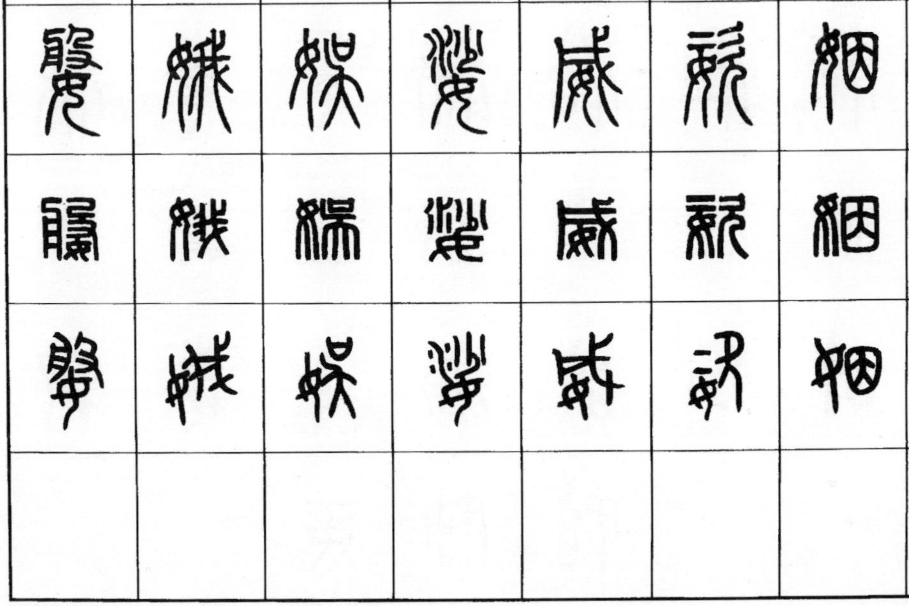

婉	婚	婦	媒	媚	媛	媧	

婦

小篆 / 印篆 / 金文 / 古鉨

媿	嫁	嫋	嫌	嫡	嬴	嬪	

愧 嬴

小篆 / 印篆 / 金文 / 古鉨

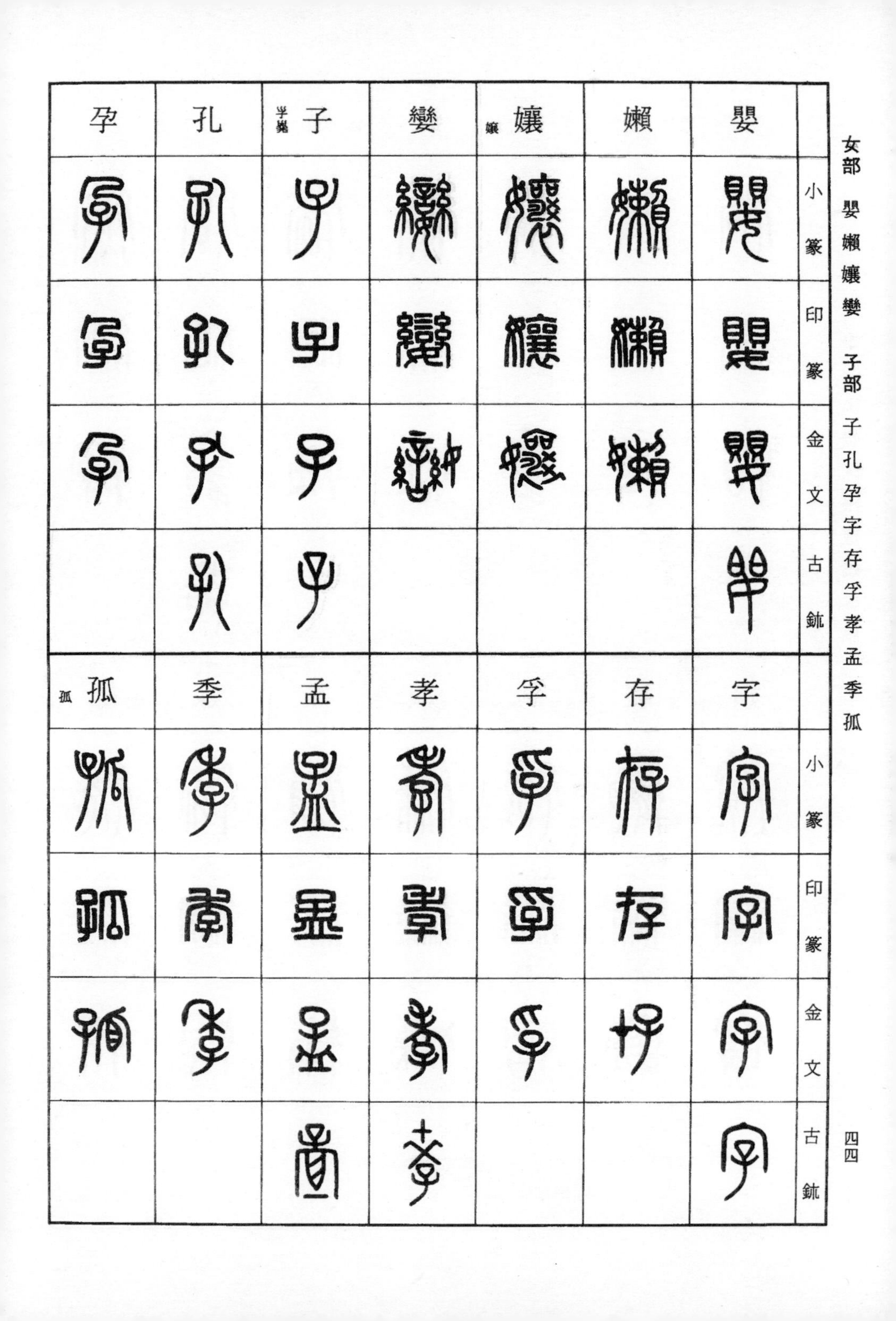

	嫛	嬾	孃 孃	孌	子 孚樂	孔	孕
小篆							
印篆							
金文							
古鉥							

	字	存	孚	孝	孟	季	孤 孤
小篆							
印篆							
金文							
古鉥							

	蛇 它	冗 穴	孺	学 學	孶 孳	孰	孫
小篆							
印篆							
金文							
古鉥							

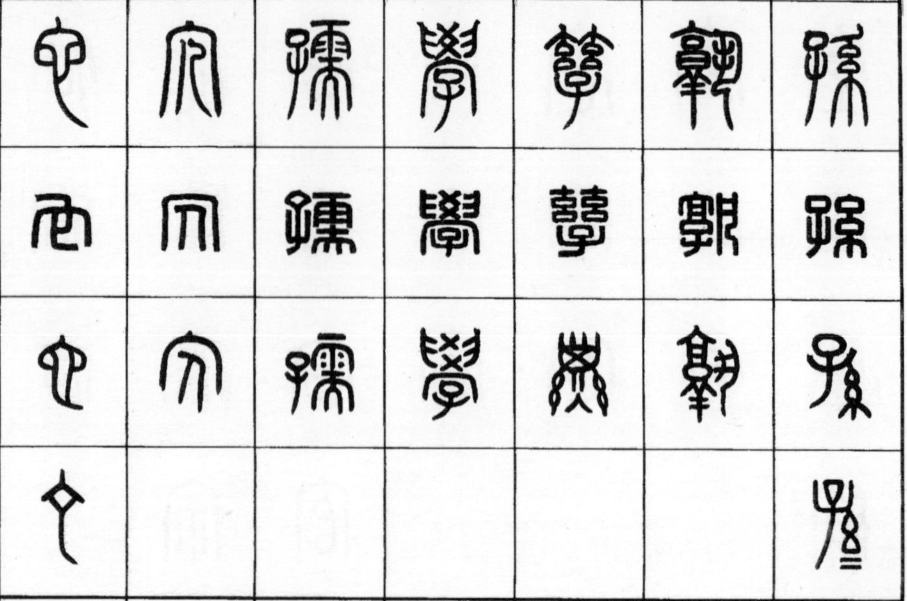

	宏	完	宋	安	守	宇	宅
小篆							
印篆							
金文							
古鉥							

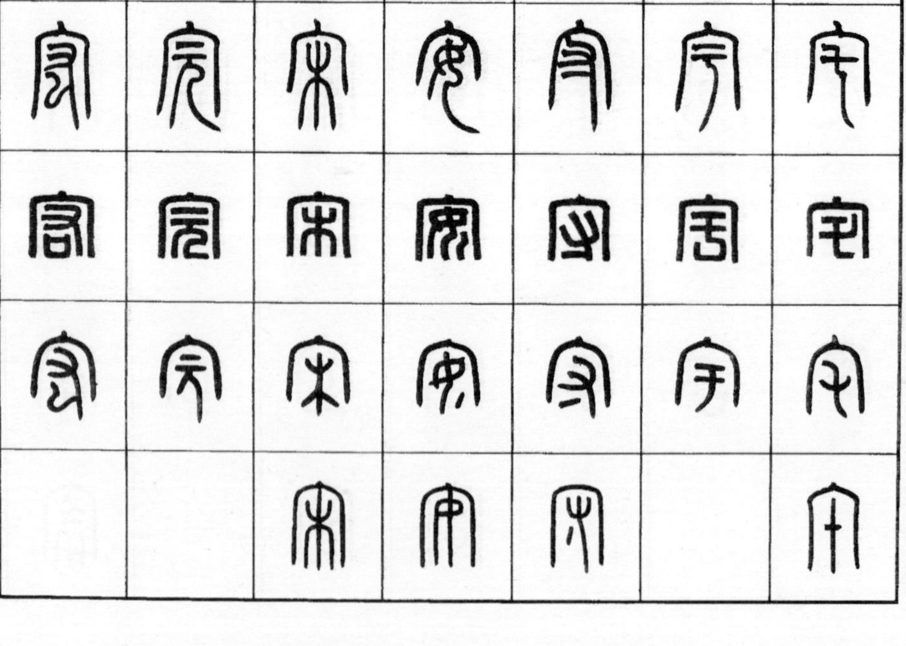

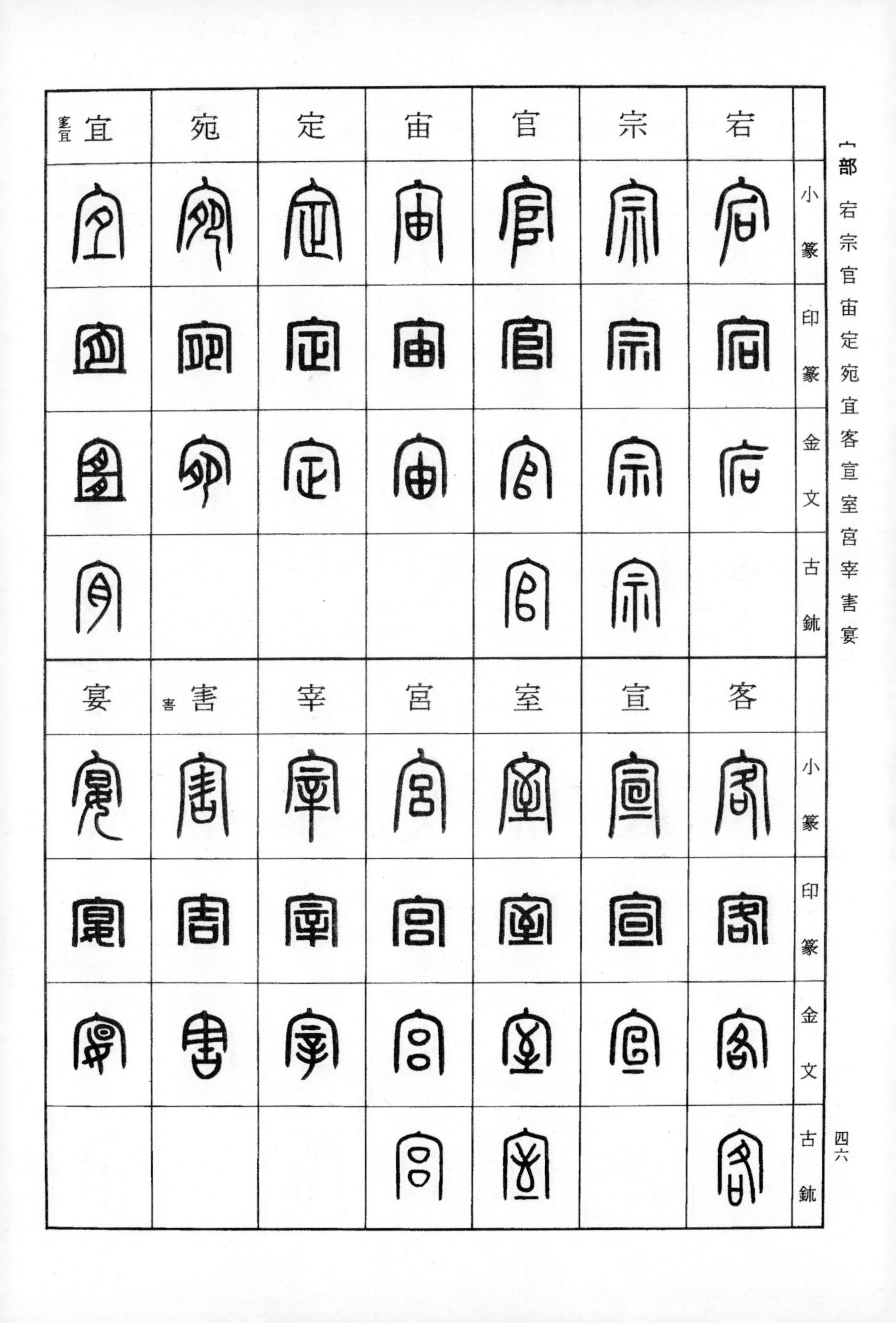

⿱宀⿱多且 宜	宛	定	宙	官	宗	宕	
							小篆
							印篆
							金文
							古鉥

宴	害 害	宰	宮	室	宣	客	
							小篆
							印篆
							金文
							古鉥

	寅	寄	宋 寂	宿 宿	容	家	宵
小篆							
印篆							
金文							
古鉨							

	詧 察	寓	寒 寒	寐	冨 富	冦 寇	密
小篆							
印篆							
金文							
古鉨							

審 宷	寧 寕寗	實 実	寥 廖	寤	寑 寢寝	寡	
							小篆
							印篆
							金文
							古鉨

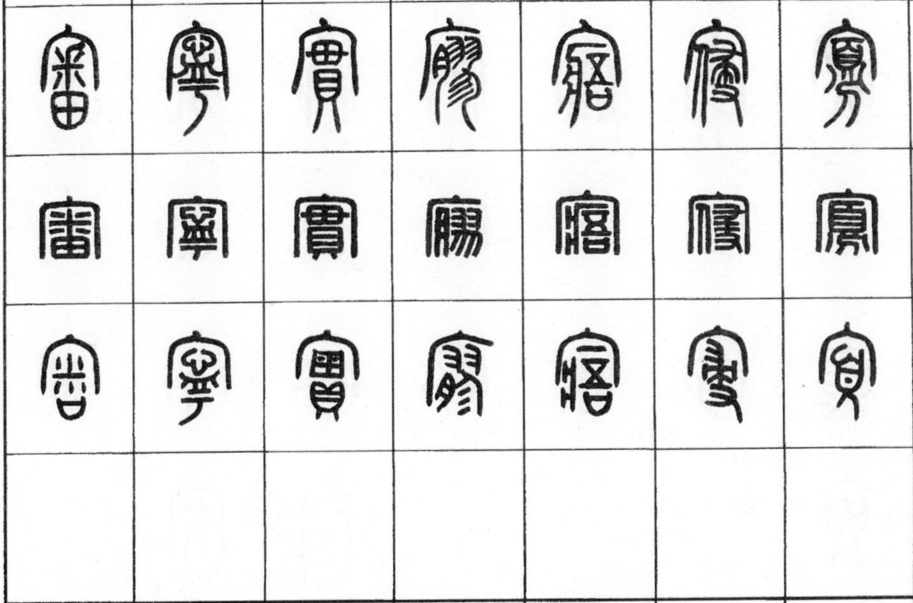

寸	寶 寳宝	寵	寰	寮 寮	寬 寛	寫 写	
							小篆
							印篆
							金文
							古鉨

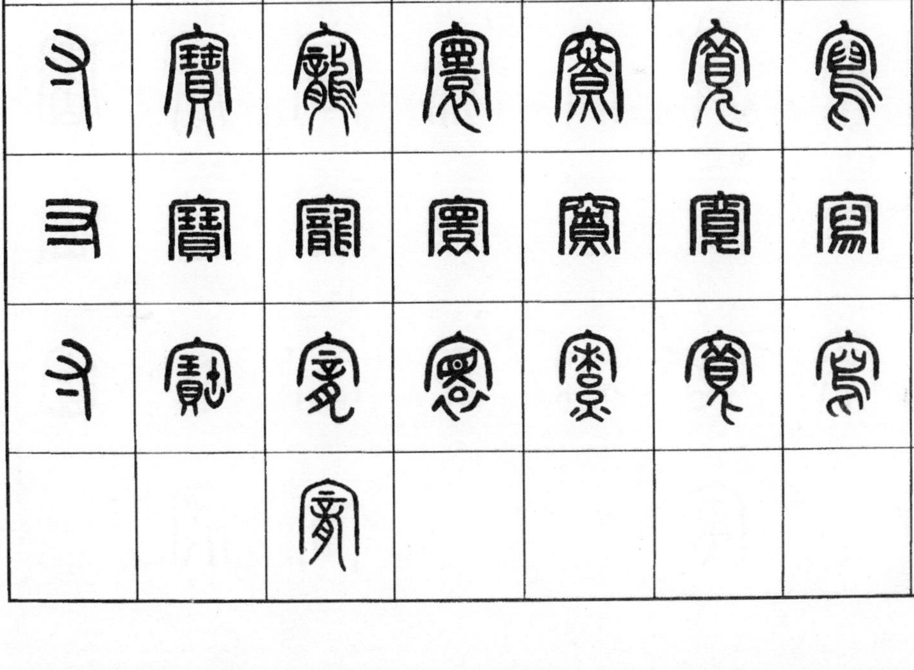

	尊 尊	尉	専 專	将 將	射	封	寺
小篆							
印篆							
金文							
古鉥							

	匙 匙	尚 尚	少	小	導 導	对 對	㝷尋 尋
小篆							
印篆							
金文							
古鉥							

尼	屄	尺	尹	尢 就	尨	尤	

小篆 / 印篆 / 金文 / 古鉨

屑 屑	屋	屈	届 屆	凥 居	局	尾	

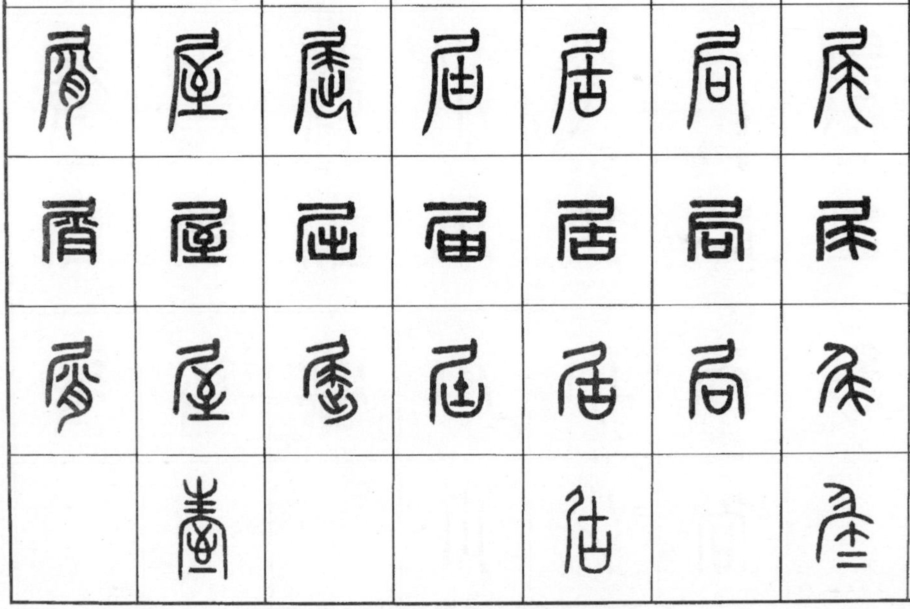

小篆 / 印篆 / 金文 / 古鉨

	屯	属 屬	履 履	层 層	屠	屏 屛	㞡 展
小篆							
印篆							
金文							
古鉥							
	岱	岬	岫	冈 岡	岑	郊 岐	山
小篆	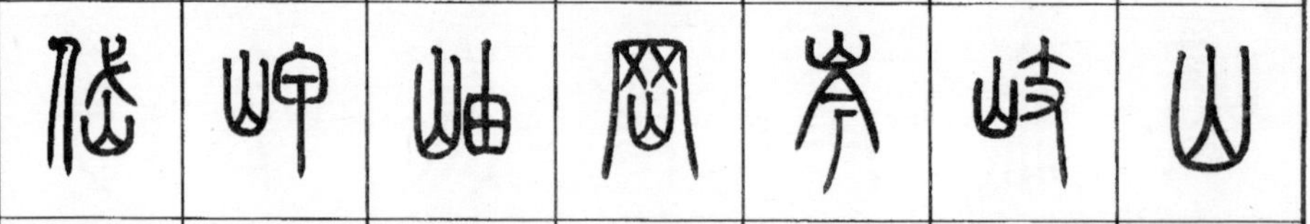						
印篆	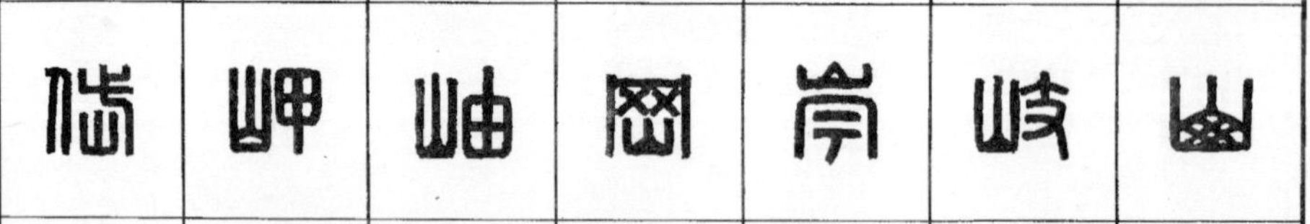						
金文	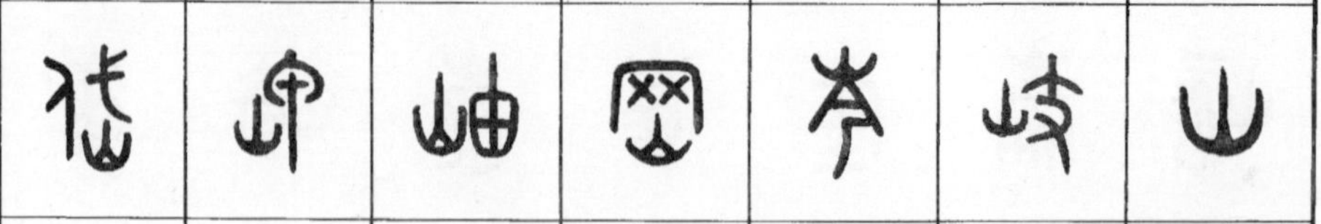						
古鉥							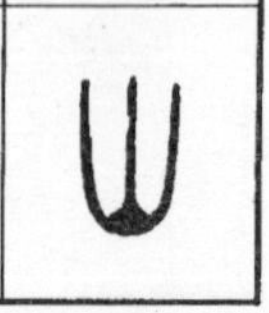

	岳	岸	峨 峩	峯 峰	島 嶋	峻 陖	崇
小篆							
印篆							
金文							
古鉥							

	崋	崎	崑 崐	崔	崖 崕	崙 崘	崛
小篆							
印篆							
金文	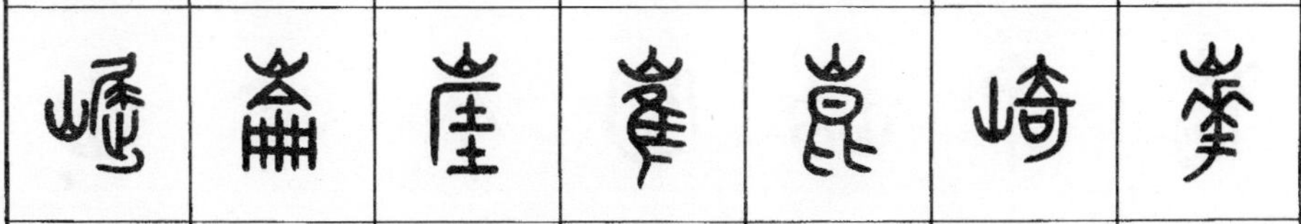						
古鉥							

山部 崩嵐嵒嵩嵬嵯嶸嶺嶽巒巖 巛部 川州巡

	嶸	嵯	嵬	嵩	嵒（嵒 岩）	嵐	崩（[illegible] [illegible]）
小篆							
印篆							
金文							
古鉩							

	巡（巡）	州	川	巖（巗 巌 岩）	巒	嶽	嶺
小篆							
印篆							
金文							
古鉩							

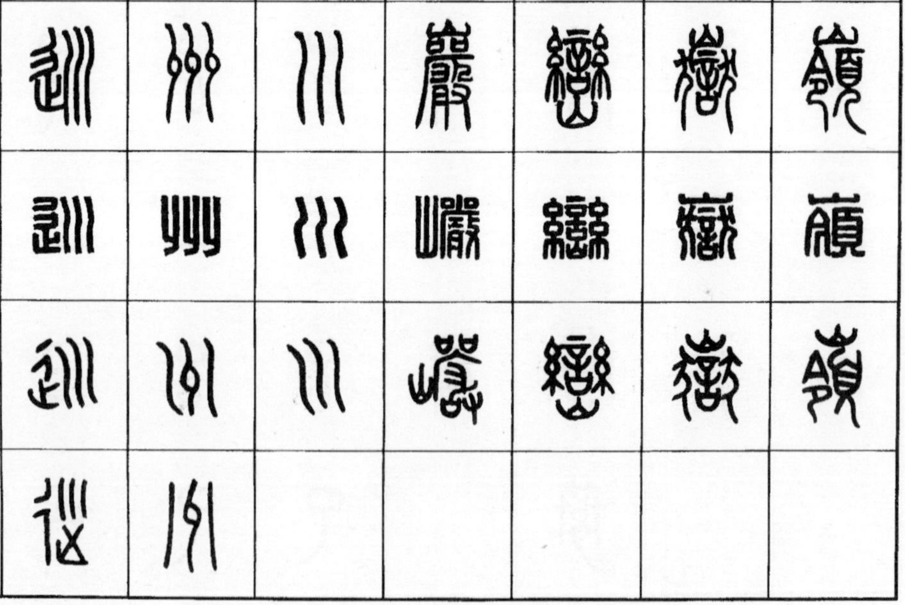

巢 巢	工	左	巧	巨 榘巨	巫 覡	差

小篆 印篆 金文 古鉨

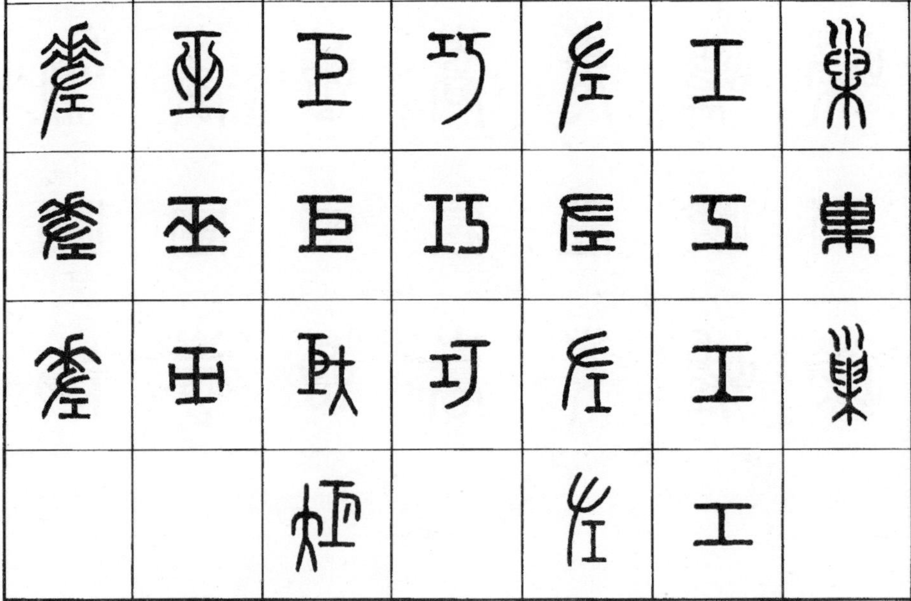

己 乇	已	巳	巴	巷 𨞙䢽	巽 巺	巾

小篆 印篆 金文 古鉨

巾部 市市布帆希帖帛帝帥師席帳帶帷

	韍 市	市	布	颿 帆	希	帖	帛
小篆							
印篆							
金文							
古鉥							

	帝 帝	帥	師	席	帳	帶 帶	帷
小篆							
印篆							
金文							
古鉥							

干	幣 幣	幡	幕 幕	幅	帽 帽	常	
							小篆
							印篆
							金文
							古鉨

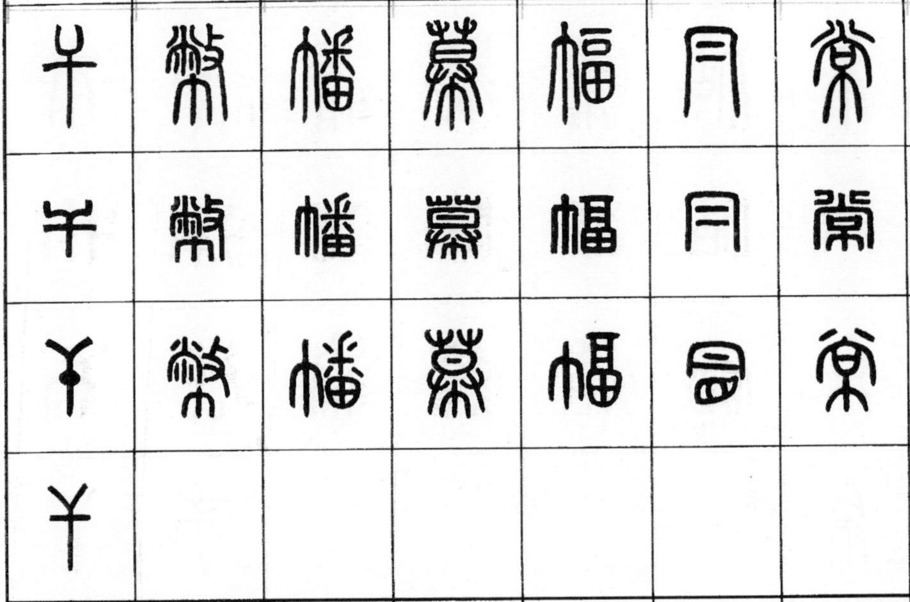

幼	幻	幹 榦	幸 㚔	幷 幷	年 秊	平 平	
							小篆
							印篆
							金文
							古鉨

幺部 幽幾

广部 庇序底庖店庚府度庫庭庵庶

	坫 店	庖	底	序	庇	幾	幽

	庻 庶	盦 庵	庭 庭	庫	度	府	庚

	康 糠穅	庸 𤰆	廂	廉 㢘	廊 郞	廏 廐	廚 厨
小篆							
印篆							
金文							
古鉨							

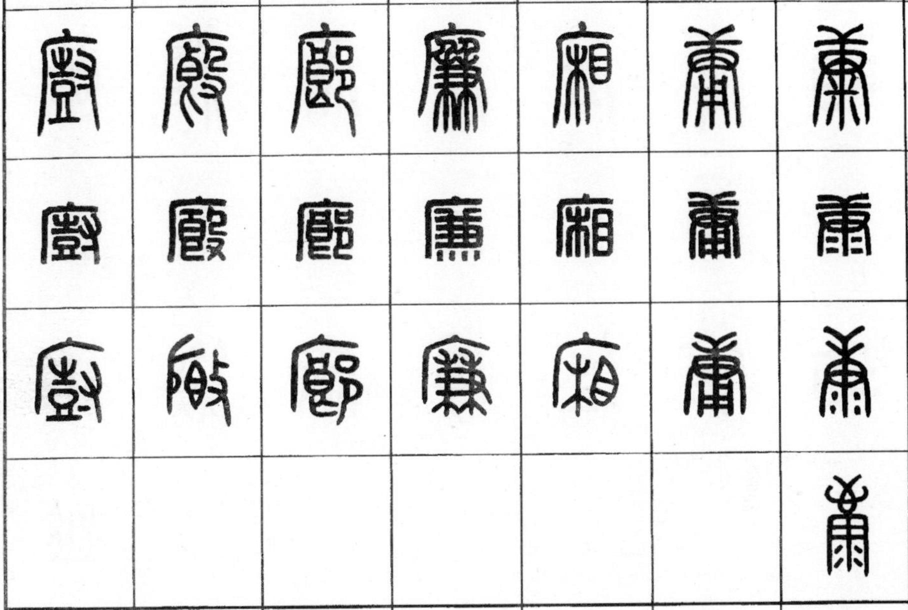

	廟 庿	廢 废	廣 広	廩 亩	廬	廳 庁	延 㢟
小篆							
印篆							
金文							
古鉨							

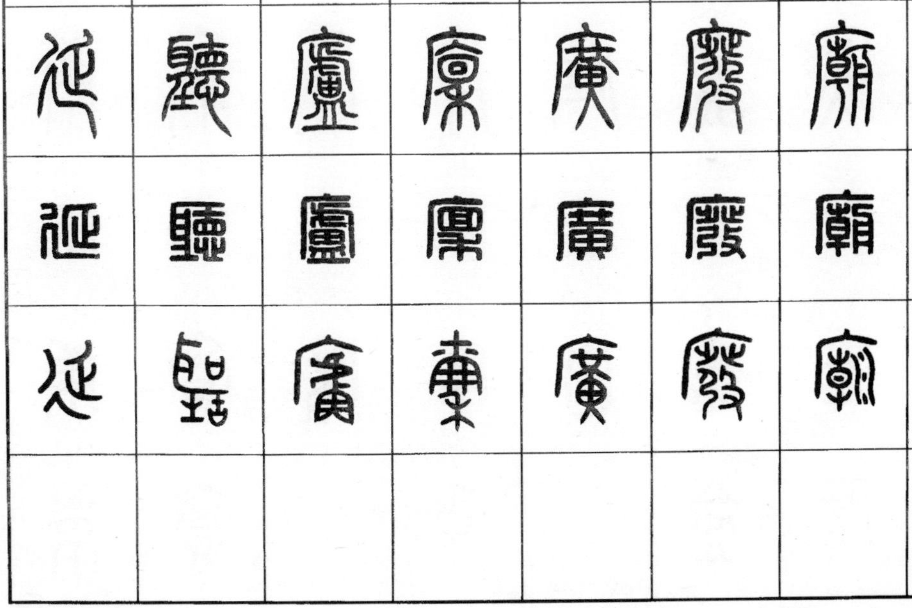

廴部 廷建 廾部 弄 弋部 式 弓部 弓弔引弗弘弛弟弦弧弩

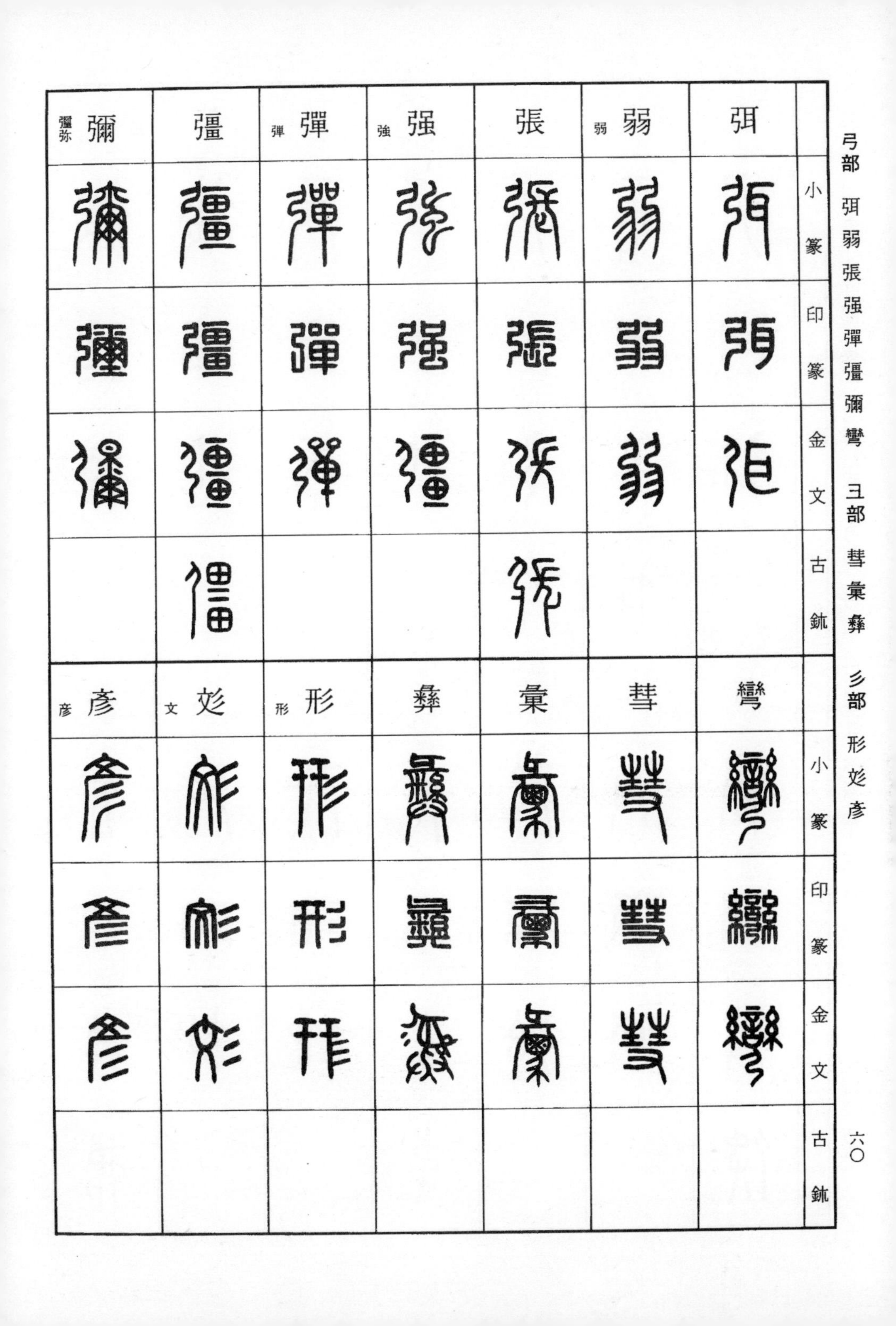

	弫	弱 弱	張	强 強	彈 弹	彊	彌 瓕 弥
小篆							
印篆							
金文							
古鉨							

	彎	彗	彙	彝	形 形	彣 文	彥 彦
小篆							
印篆							
金文							
古鉨							

彡部 彩彫彬彪彭彰影 彳部 役彼往征待律後

字	小篆 · 印篆 · 金文 · 古鉩
彩 彩	
彫 彫	
彬 份斌	
彪	
彭	
彰	
影 景	
役	
彼	
往 徍往	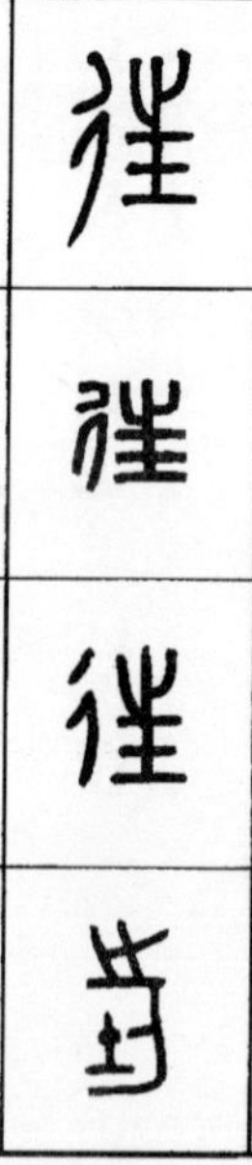
征 延	
待	
律	
後 逡後	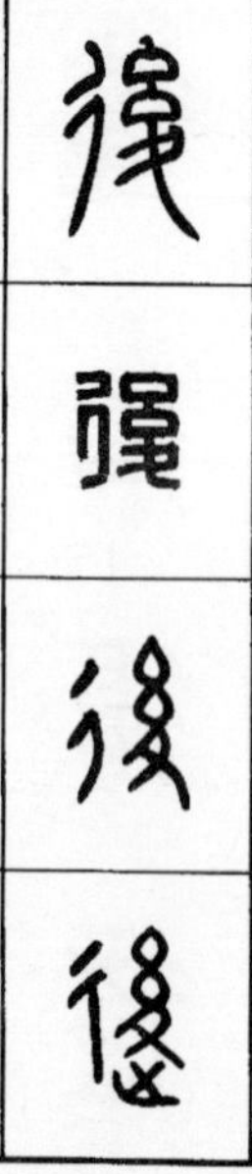

徧	馭御 御	从從 從	㝵 得	赴 徒	径 徑	徐	
							小篆
							印篆
							金文
							古鉨

徽	徹 徹	悳德 德	徵 徵	𢼸 微	循	复 復	
							小篆
							印篆
							金文
							古鉨

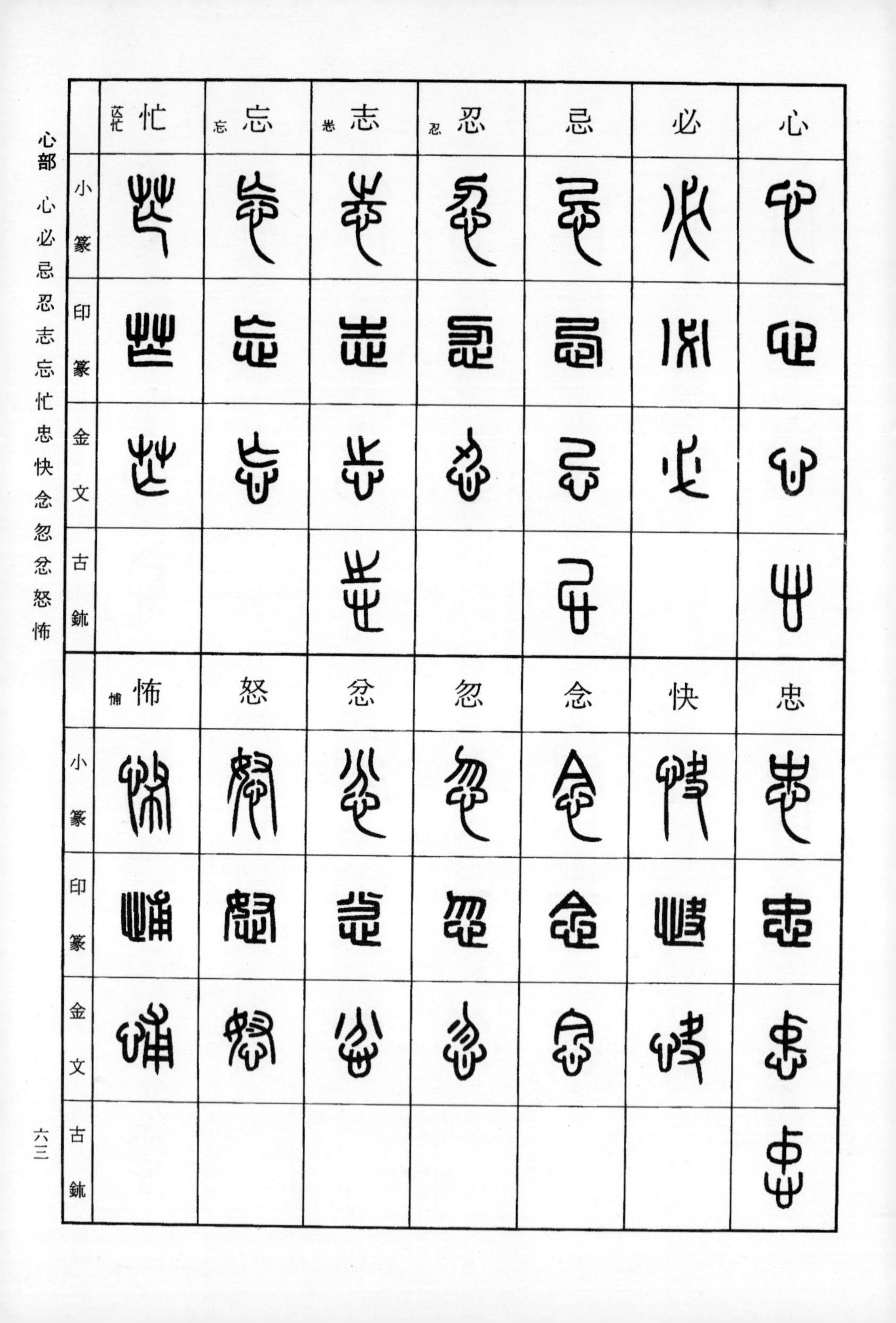

	𢖽忙	忘 忘	𢖽 志	忍 忍	忌	必	心
小篆							
印篆							
金文							
古鉥							

	悑 怖	怒	忿	忽	念	快	忠
小篆							
印篆							
金文							
古鉥							

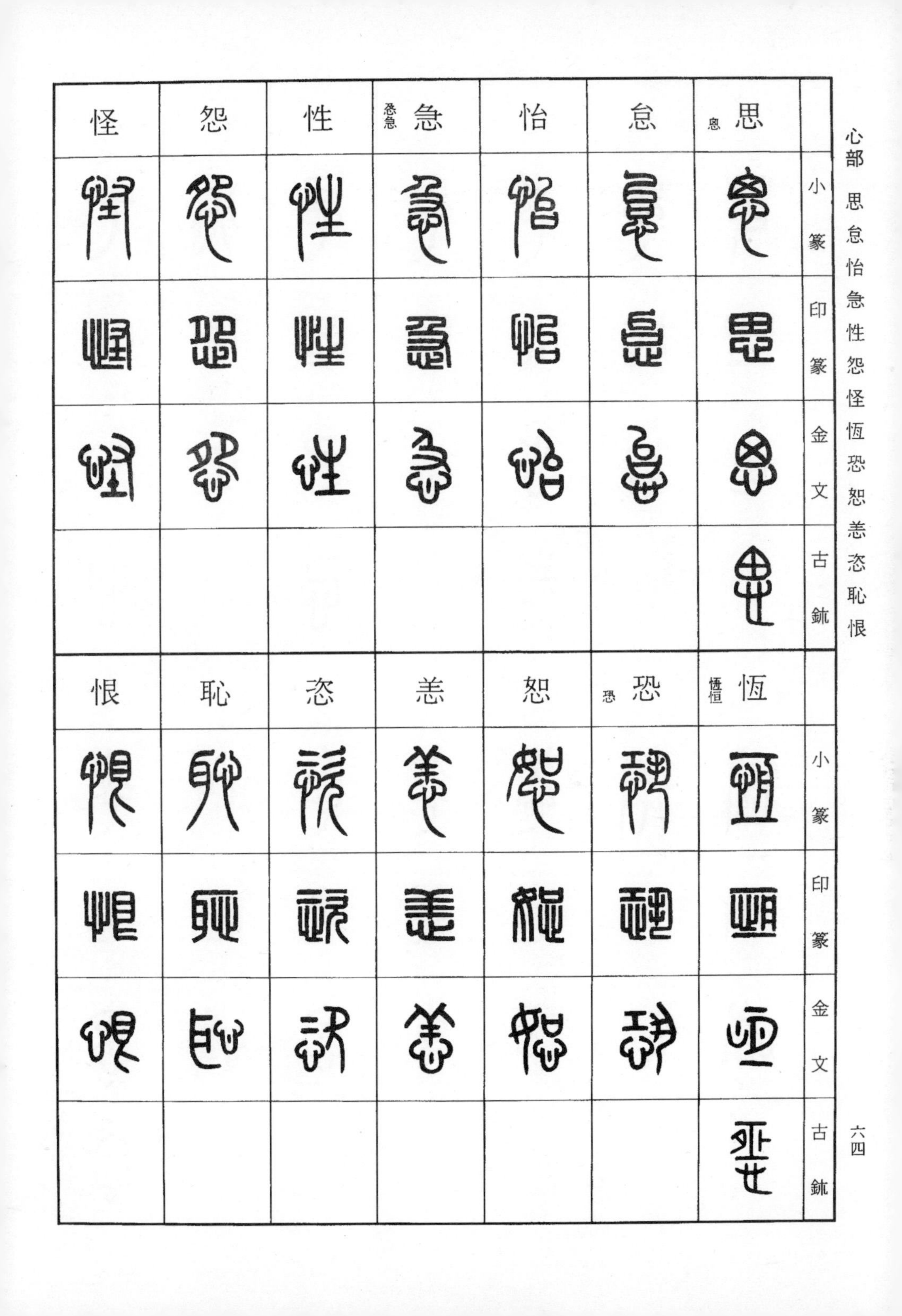

	思（恖）	怠	怡	急（㤂急）	性	怨	怪
小篆							
印篆							
金文							
古鉨							

	恆（恆恒）	恐（恐）	恕	恙	恣	恥	恨
小篆							
印篆							
金文							
古鉨							

	悌	悉	說悅 悅	息	恭 恭	恬	恩
小篆							
印篆							
金文							
古鉨							

	悵	悴	悲	患	悠	悟	悔 悔
小篆							
印篆							
金文							
古鉨							

惟	惜 惜	惑	情 情	悽	悼	悶	
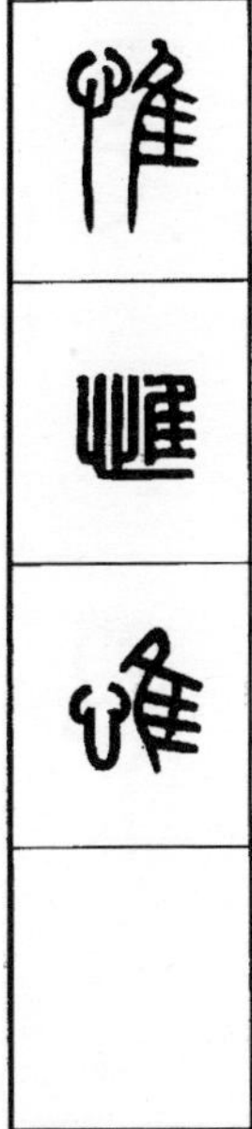		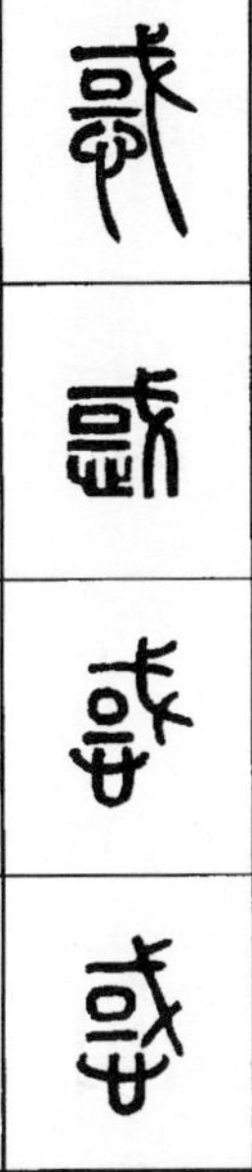		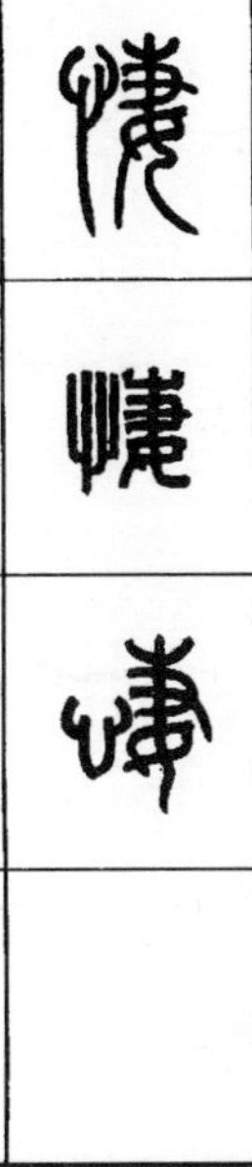	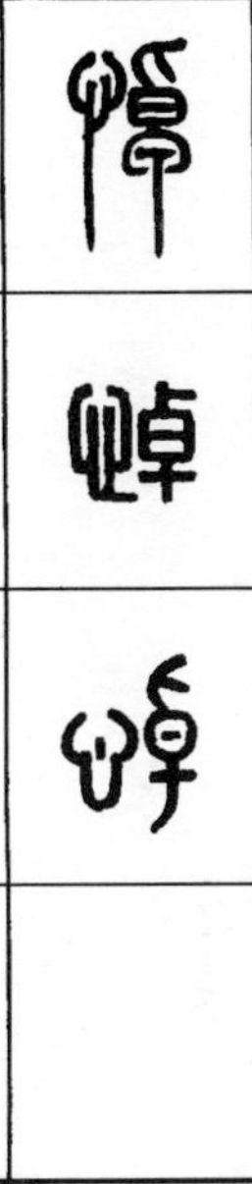	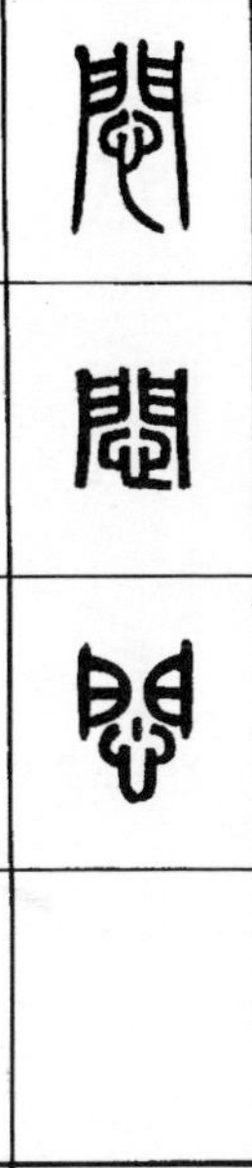	小篆 印篆 金文 古鉨

愁 愁	惻	惹	想	憜 惰	悪 惡	恵 惠	
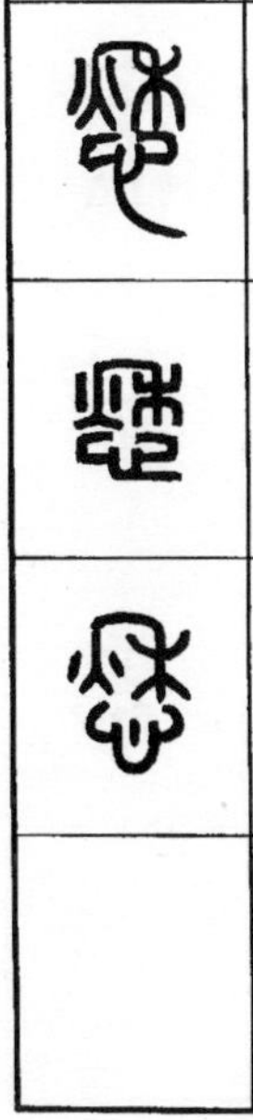	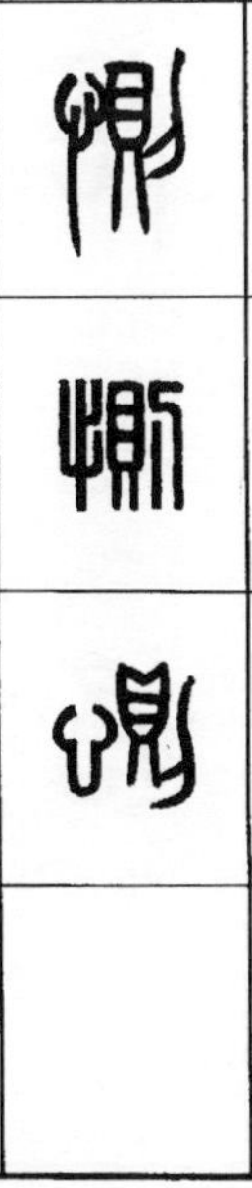		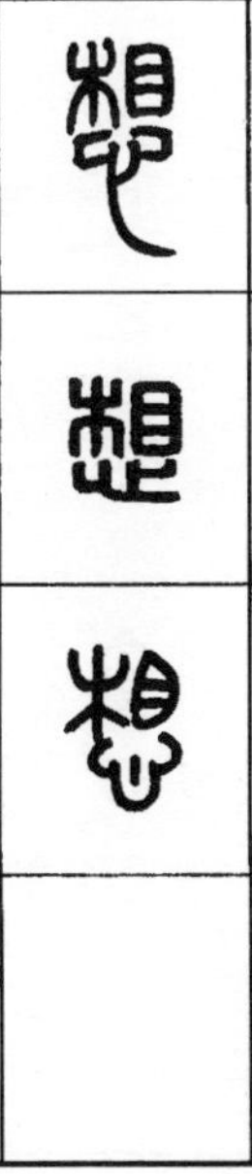	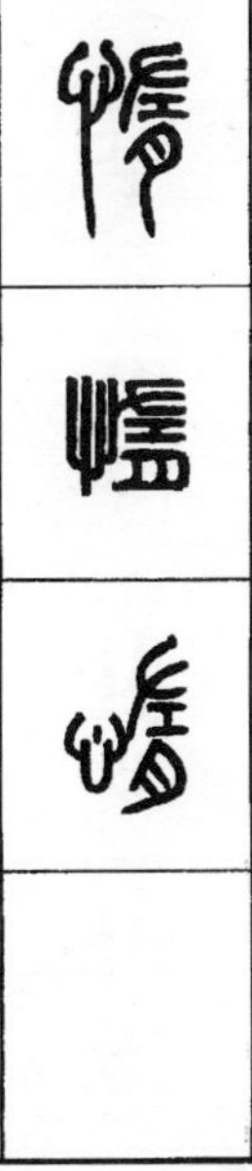	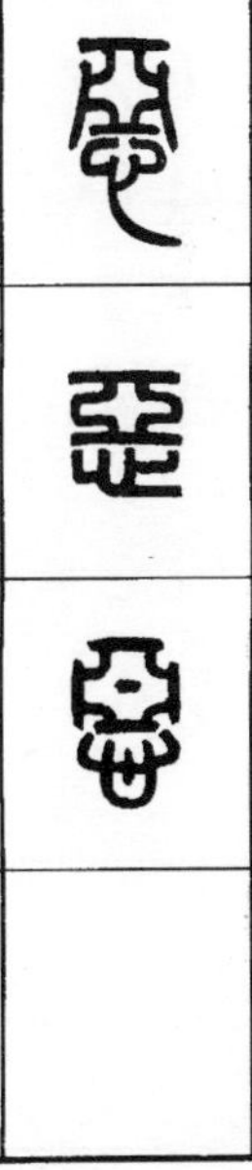		小篆 印篆 金文 古鉨

	愴	感	愛	愚	恪 悆	意	愉
小篆							
印篆							
金文							
古鉥							

	慢	慚 慙	惨 慘	慕 慕	態	慈 慈	昚 慎 慎
小篆							
印篆							
金文							
古鉥							

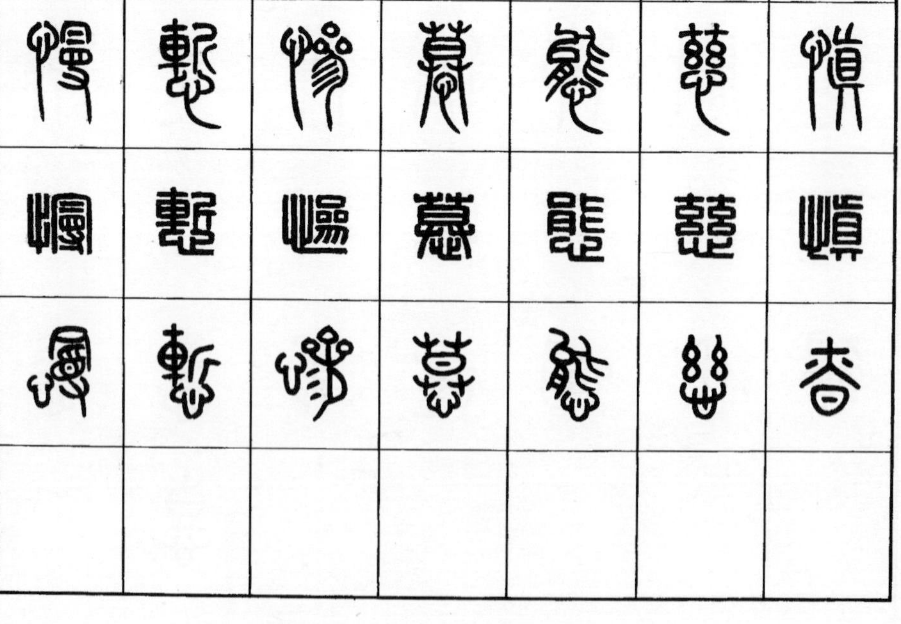

憎 憎	悳憂 憂	慶 慶	慰	慮	慨 慨	慧	
							小篆
							印篆
							金文
							古鉨

懇 懇	憲 憲	愒 愒	憧	憚	憘 憙	憐 憐	
							小篆
							印篆
							金文
							古鉨

心部　應憤懲懷懼戀　戈部　戈戊戌戍戎成我戒

	應（應 応）	憤（憤）	懲（懲）	懷（褱 懐）	懼（愳）	戀（孌 恋）	戈
小篆							
印篆							
金文							
古鉩							

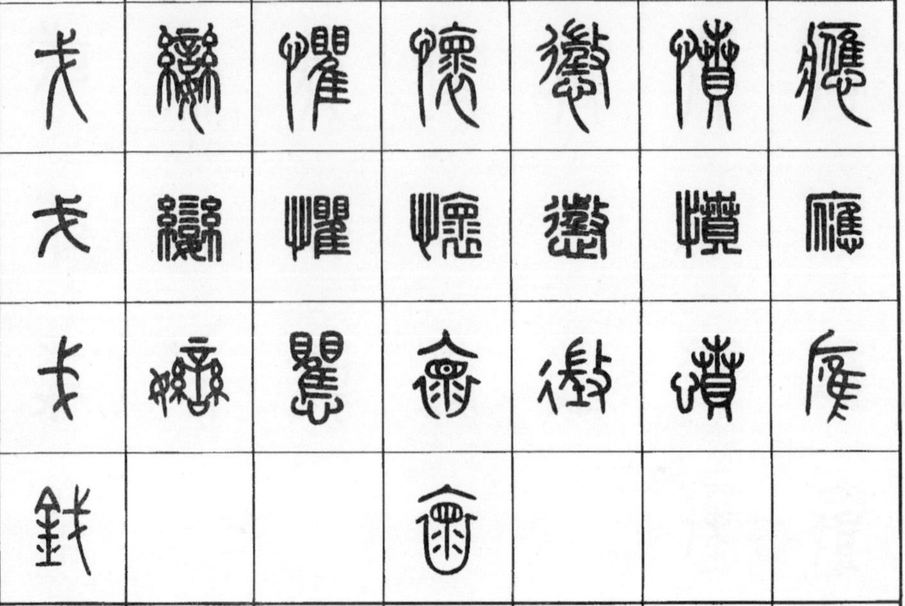

	戊	戌	戍	戎	成	我	戒
小篆							
印篆							
金文							
古鉩							

戯 戲	戦 戰	戮	截 截	戟 戟	戚	域 或	
							小篆
							印篆
							金文
							古鈢

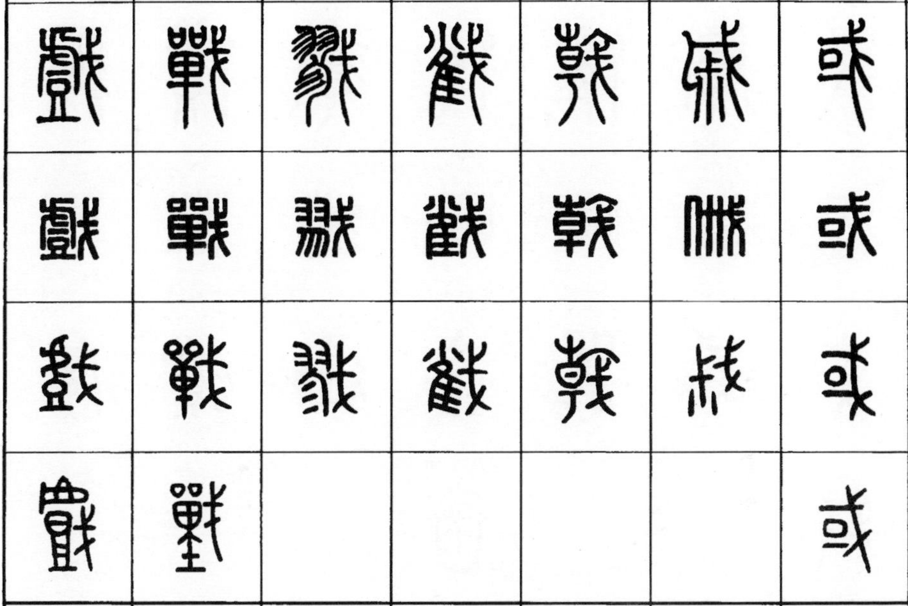

扇 扇	扁	所 所	房 房	戾	戸 戶	戴	
							小篆
							印篆
							金文
							古鈢

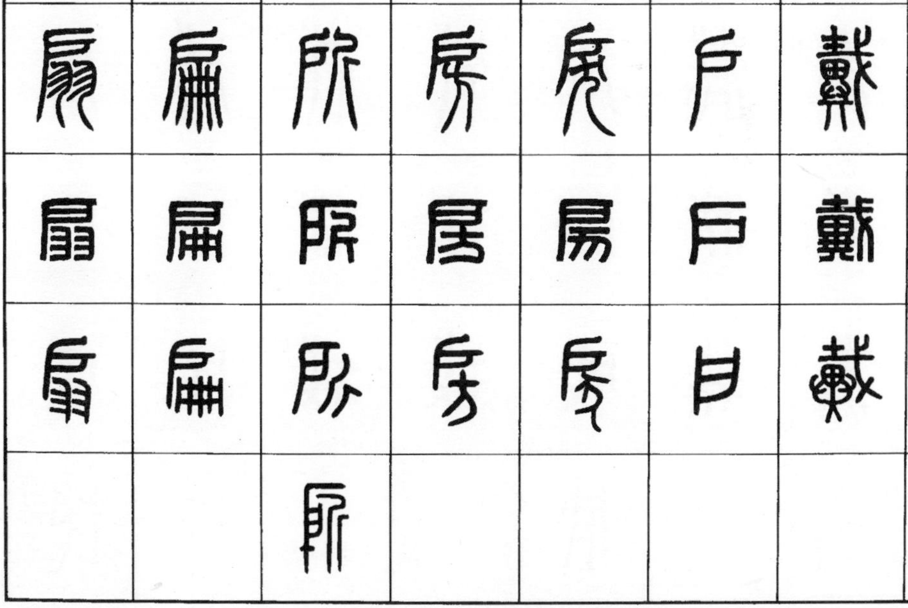

	攙 批	扶	扱 扱	打	才	手	扉
小篆							
印篆							
金文							
古鉨	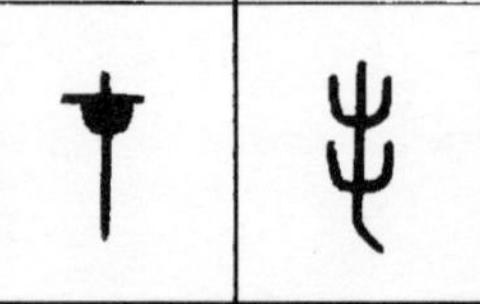						

	抗	投	抒	卬 抑	把	技	承
小篆	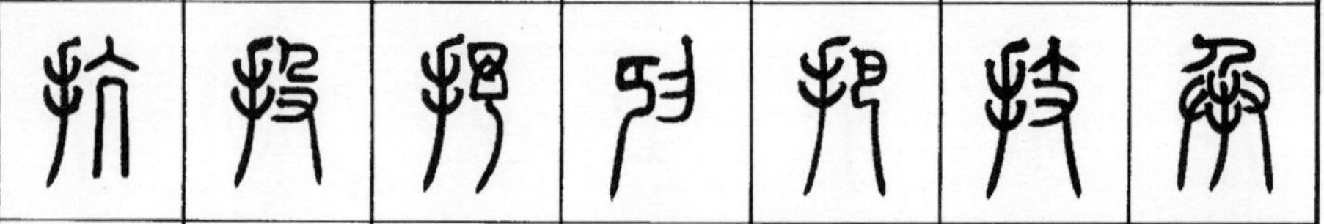						
印篆							
金文							
古鉨							

	折 𣂚	披	抱 捊 褎 抱	抹 末	抵	押	抽 𢹎
小篆							
印篆							
金文							
古鉨							

	拂 払	抛 拋	拍 [illegible]	拒 歫 拒	拓 摭	拔 抜	拘
小篆							
印篆							
金文							
古鉨							

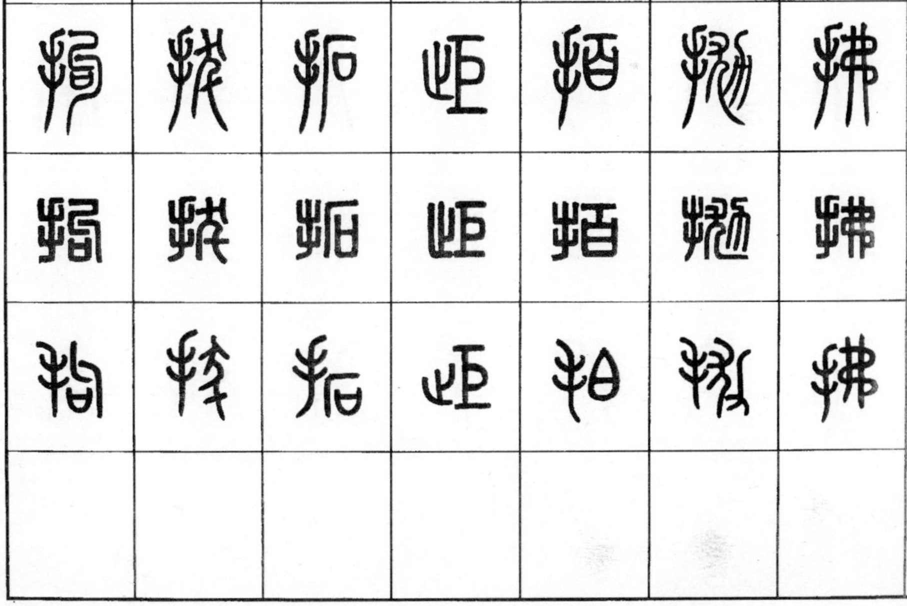

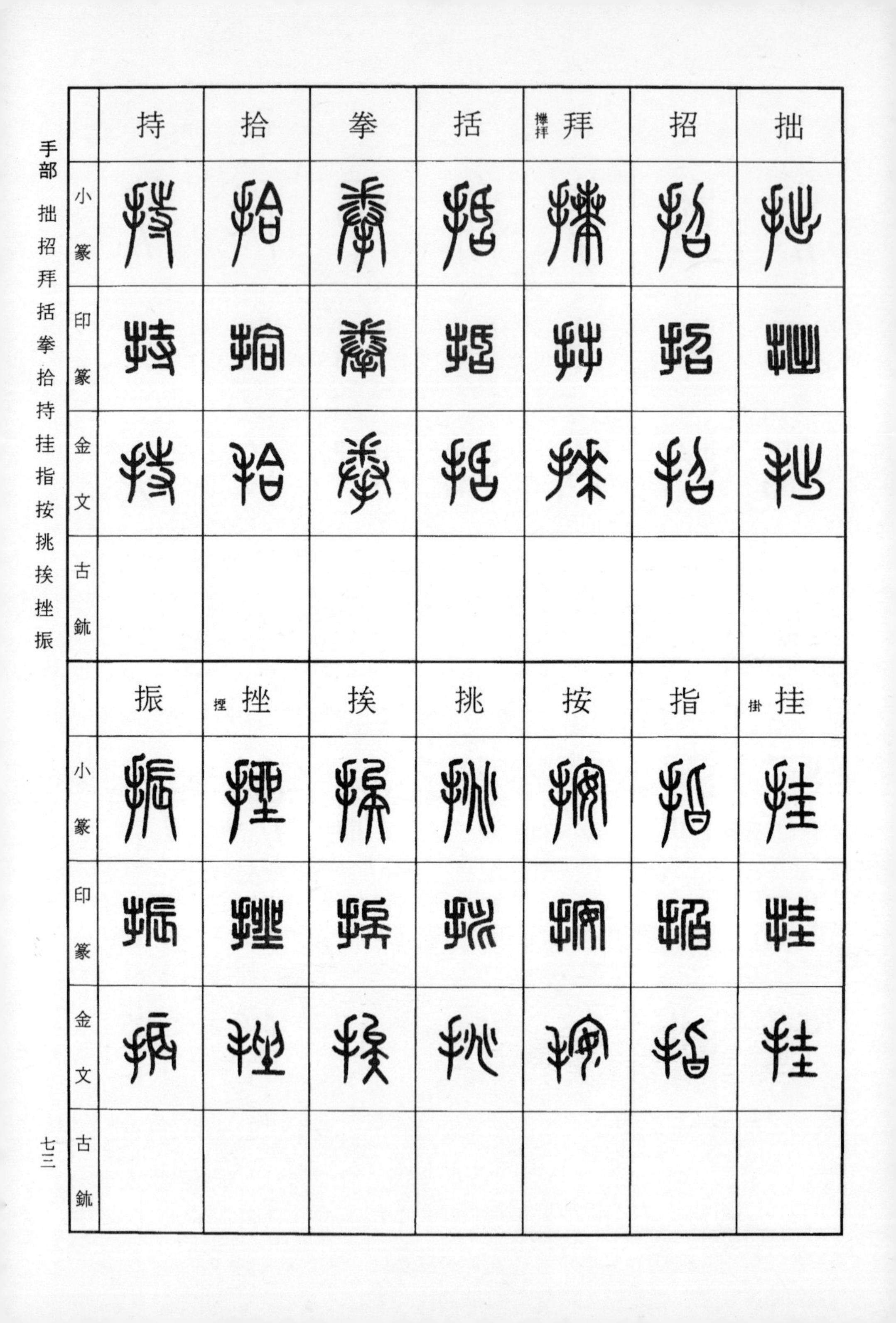

	持	拾	拳	括	[illegible]拜 拜	招	拙
小篆							
印篆							
金文							
古鉨							

	振	挫 挫	挨	挑	按	指	掛 挂
小篆							
印篆							
金文							
古鉨							

	挟 挾	捉	捐	捕	捧	捨 捨	据
小篆							
印篆							
金文							
古鉢							

	捷	捲	埽 掃 掃	授	掌	排	掘
小篆							
印篆							
金文							
古鉢							

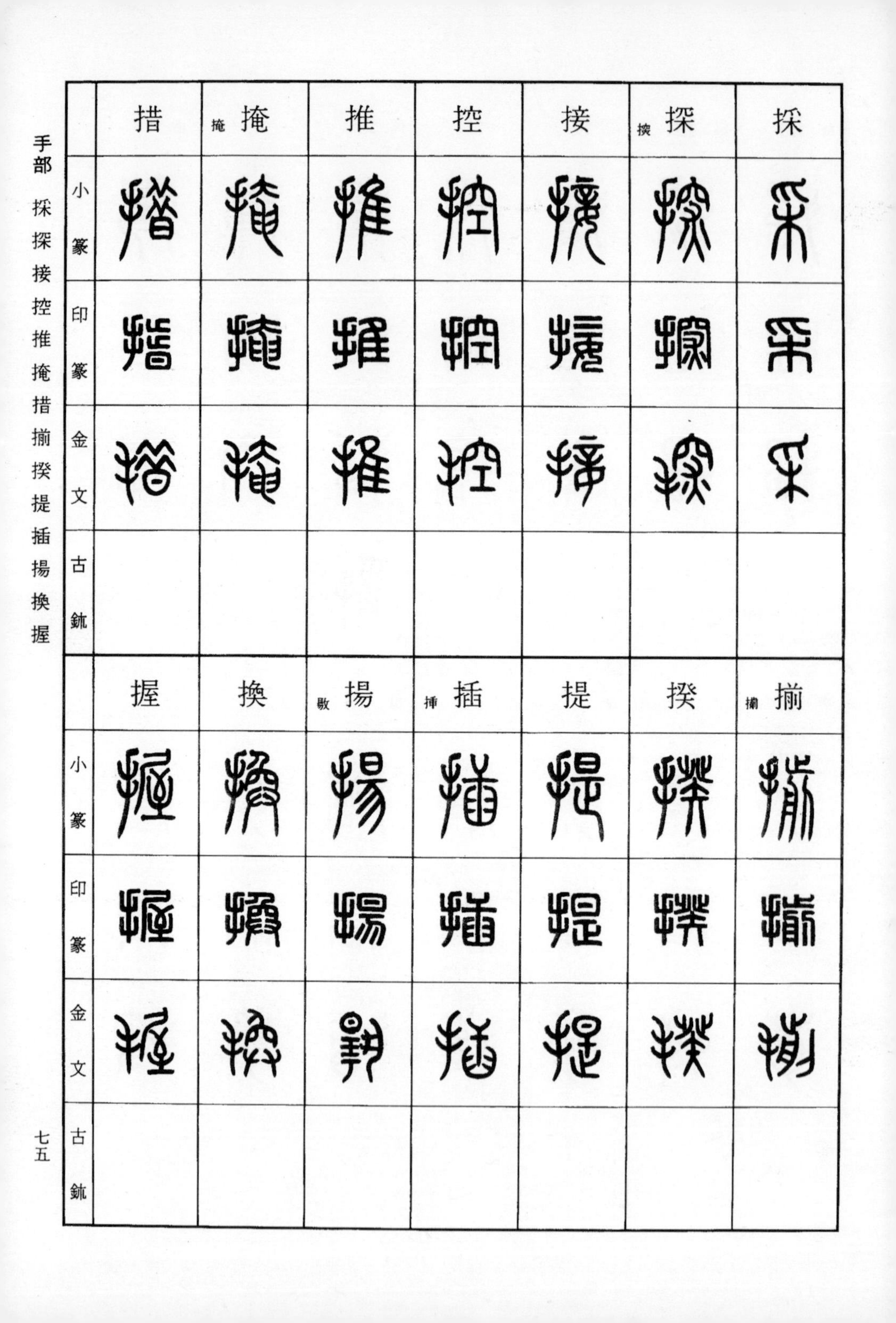

	措	掩 掩	推	控	接	探 探	採
小篆							
印篆							
金文							
古鉥							

	握	換	敭 揚	揷 插	提	揆	揃 揃
小篆							
印篆							
金文							
古鉥							

搖 摇	搔	摶	損	援 援	揮	揭 揭	

小篆　印篆　金文　古鉩

摹 摸	搏	摩 摩	摧	摘 擿	擊 撽	搜 接搜	

小篆　印篆　金文　古鉩

	播	撫	撥	徹 撤	撞	撓	摺
小篆							
印篆							
金文							
古鉥							

	擊 擊	擇/択 擇	擅	[illegible] 擁	扑 撲	僎/譔 撰	撮
小篆							
印篆							
金文	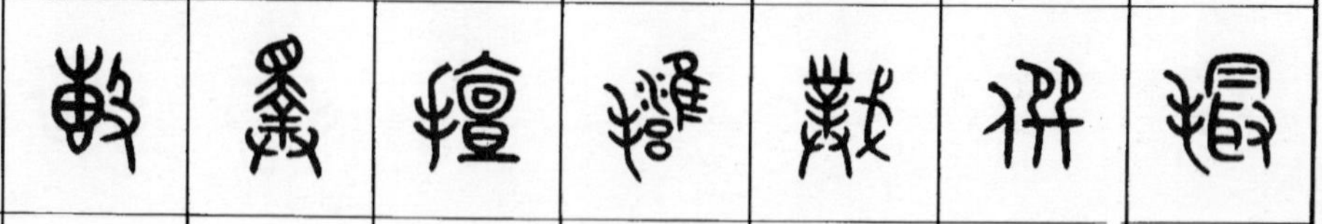						
古鉥							

操	擔（儋 担）	據（拠）	擢	擬	擴（彉 拡）	攀（𠬜 撲）

小篆 印篆 金文 古鉩

攘	攜（携）	攝（摂）	支	收（収）	攷	改

小篆 印篆 金文 古鉩

	敎教 教	叙 敍	効 效	故	政 政	放	攻
小篆							
印篆							
金文							
古鈢							

	㪚 散	𠭥敢殷 敢	敝	敗 敗	敖	救	敏 敏
小篆							
印篆							
金文							
古鈢							

<table>
<tr><td>斂</td><td>整</td><td>数 數</td><td>敷敷 敷</td><td>敵 敵</td><td>敬 敬</td><td>敦 敦</td><td></td></tr>
<tr><td colspan="7"></td><td>小篆</td></tr>
<tr><td colspan="7"></td><td>印篆</td></tr>
<tr><td colspan="7"></td><td>金文</td></tr>
<tr><td colspan="7"></td><td>古鉥</td></tr>
<tr><td>斡</td><td>斜</td><td>料</td><td>斗</td><td>斐</td><td>文 文</td><td>斅</td><td></td></tr>
<tr><td colspan="7"></td><td>小篆</td></tr>
<tr><td colspan="7"></td><td>印篆</td></tr>
<tr><td colspan="7"></td><td>金文</td></tr>
<tr><td colspan="7"></td><td>古鉥</td></tr>
</table>

	[illegible]斷 斷	新	斯	斬	斧	㡿 斥	斤
小篆							
印篆							
金文							
古鉥							

	[illegible]旅 旅	旜 旃	旂	㫄 旁	施	烏 於	方
小篆							
印篆							
金文							
古鉥							

	旋	旌	族	旗	无 無	既 既	日
小篆							
印篆							
金文							
古鉨							

	旦	旨	早	旬 旬	旭	旱	昂
小篆							
印篆							
金文							
古鉨							

日部　昃昆昇昌明昏昜昔星映春昧昨昭

	昜	昏	明	昌	昇	昆	[illegible] 昃
小篆							
印篆							
金文							
古鉨							

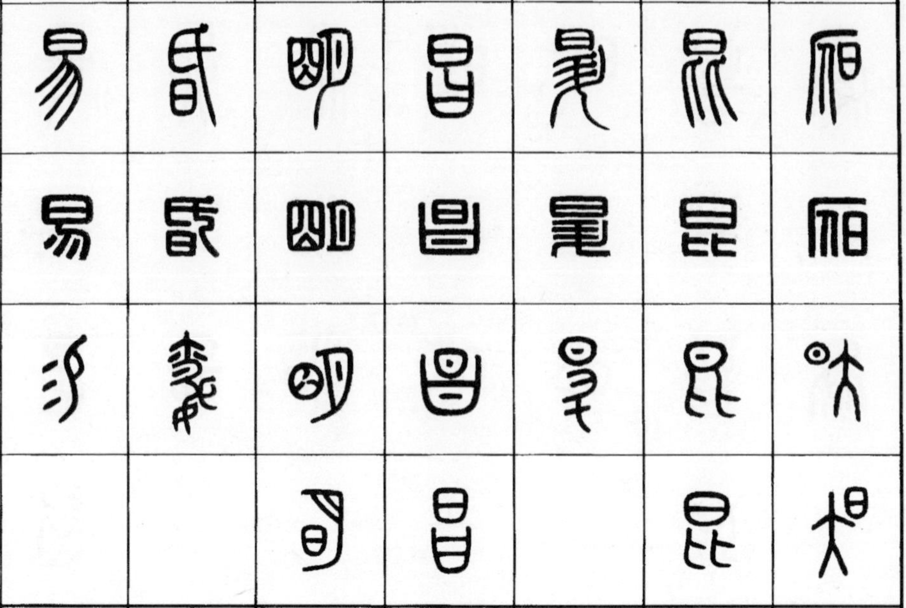

	昭	昨	昧	旾 萅 春	映	曐 曐 星	㫺 昔
小篆							
印篆							
金文							
古鉨							

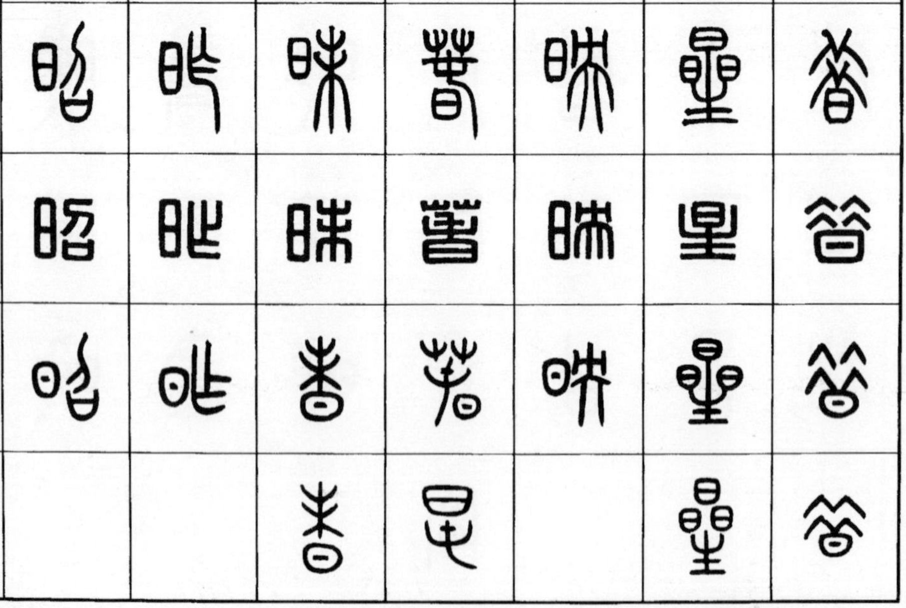

	是	昂	昶	時 旹	晃 晄	晉 㬪晉	晏
小篆							
印篆							
金文							
古鉩							

	晚 晩	晝 昼	晦	晨 晨	普	景	晴 姓晴
小篆							
印篆							
金文							
古鉩							

	煖 暖	暑 暑	暉	暈	暇	智	晶
小篆							
印篆							
金文	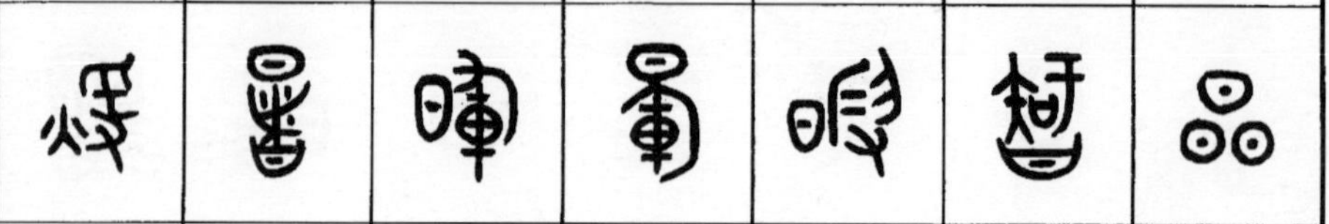						
古鉨							

	晓 曉	曇	暦 曆	暴	莫暮 暮	暫	暗
小篆							
印篆							
金文	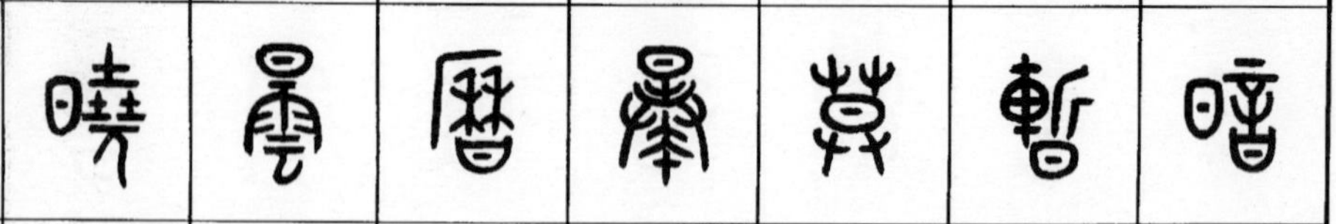						
古鉨							

	曙	燿 曜	曰	曲	曵 曳	㪅 更	書
小篆 印篆 金文 古鉩	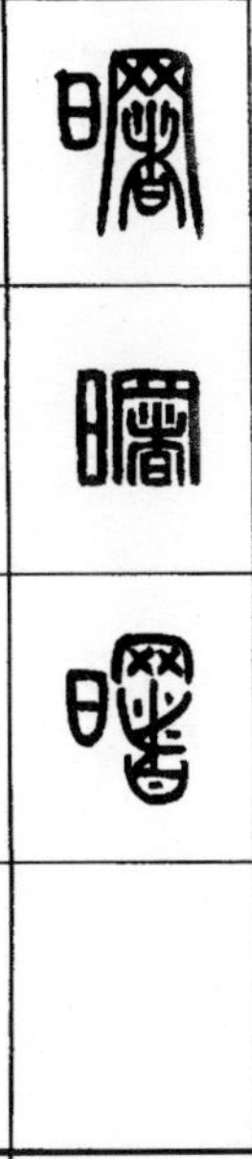		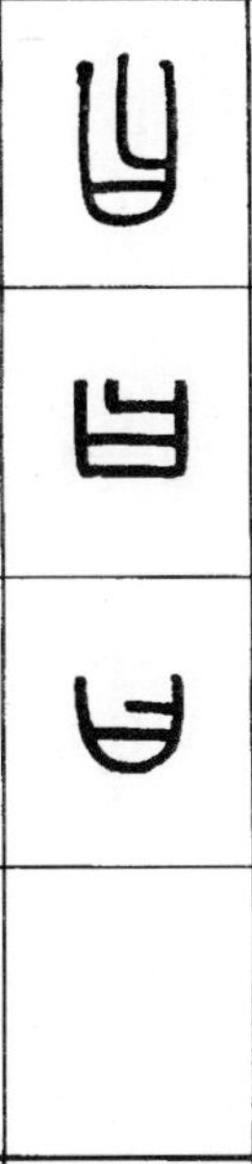	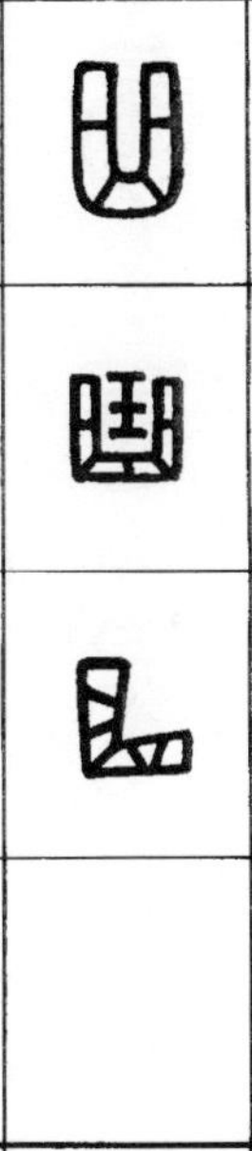		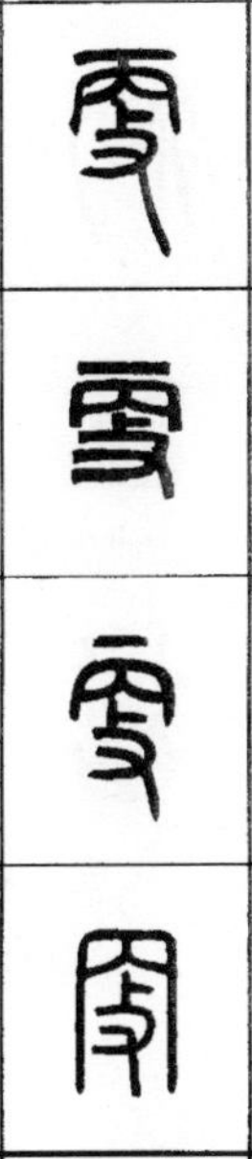	

	曺 曹	曼	曽 曾	朁暜 替	最	会 會	月
小篆 印篆 金文 古鉩	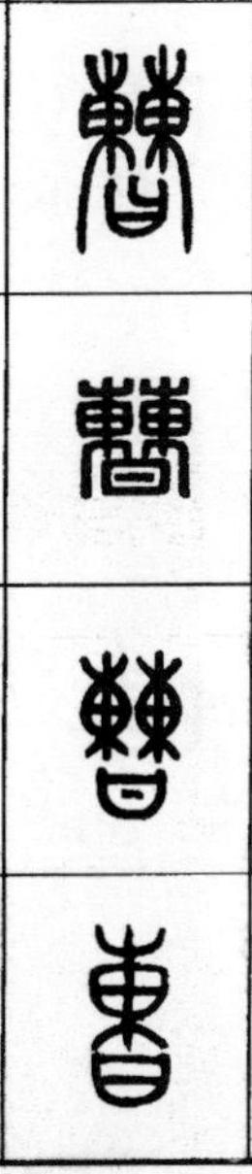	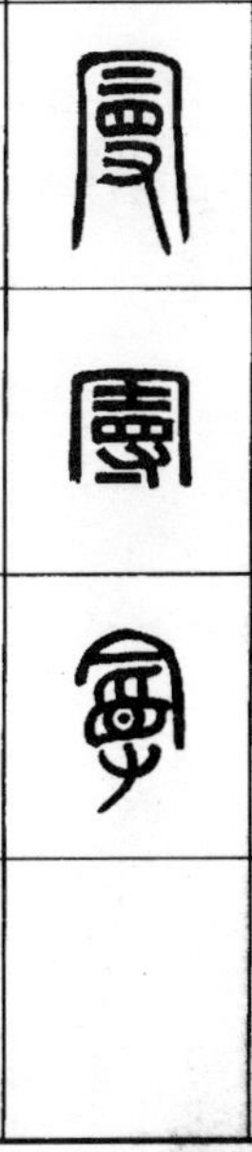		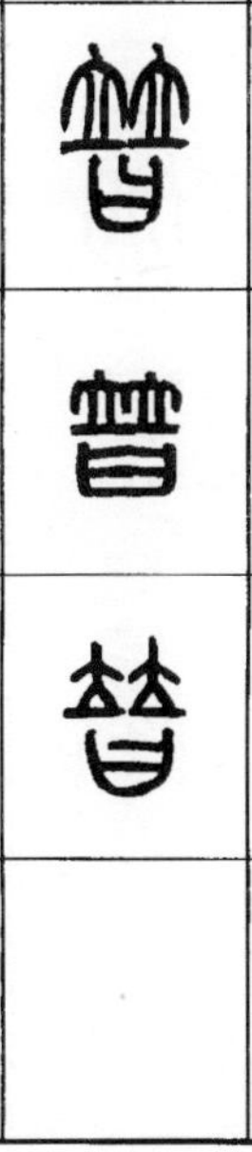	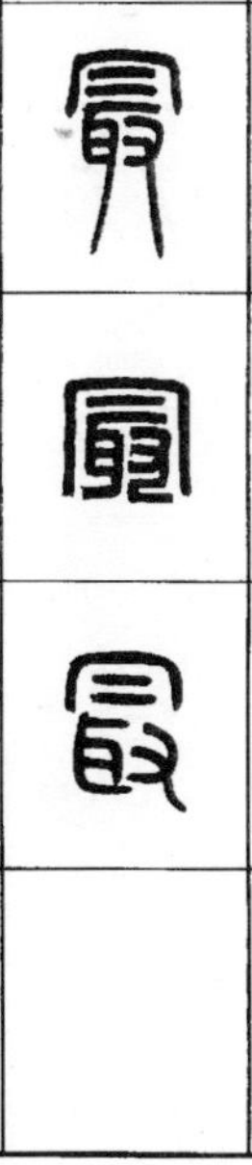		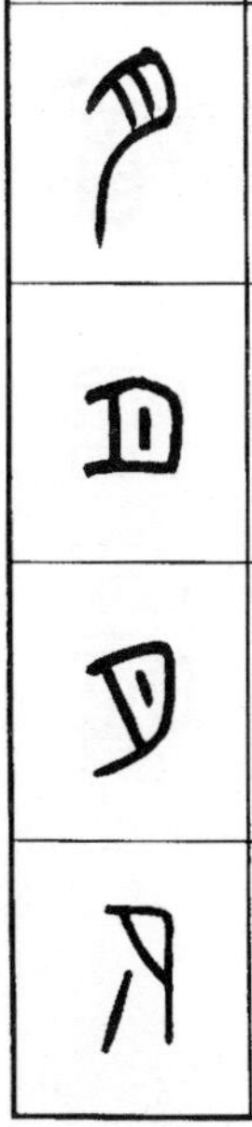

	望 (朢望)	朗 (朖朗)	朕 (舯朕)	朔	服 (舩服)	朋 (朋)	有
小篆							
印篆							
金文							
古鉢							

	本	末	未	木	朧	期 (稘)	朝 (翰朝)
小篆							
印篆							
金文							
古鉢							

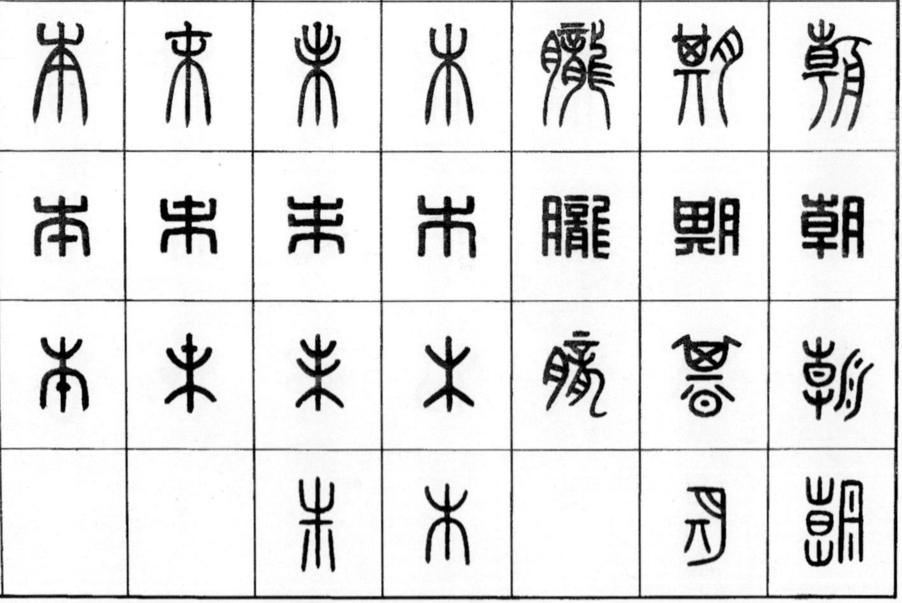

李	檆 杉	㱙 朽	朶 朵	朴	朱	札	

小篆

印篆

金文
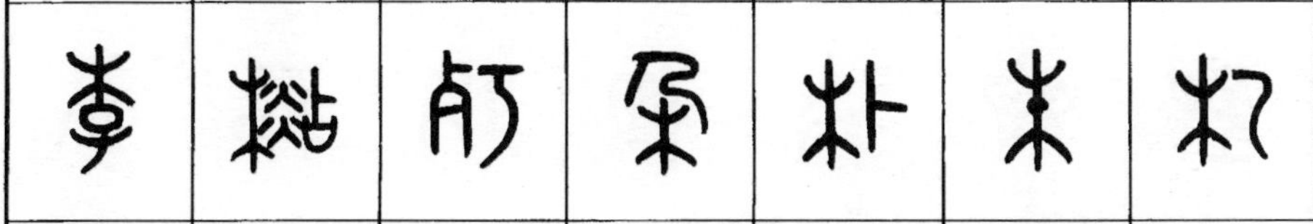

古鉨
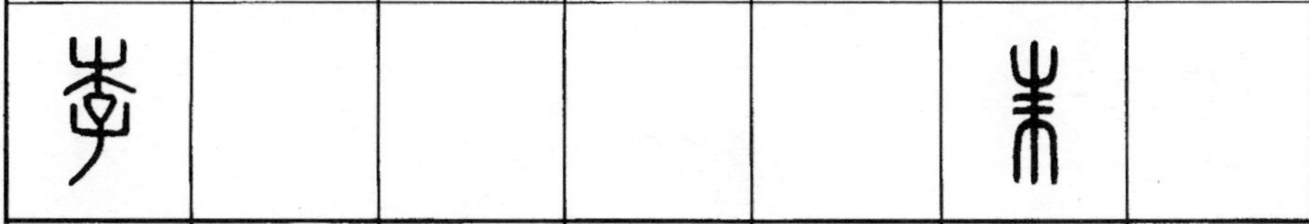

杞	杜	杖	杓	邨 村	材	杏	

小篆
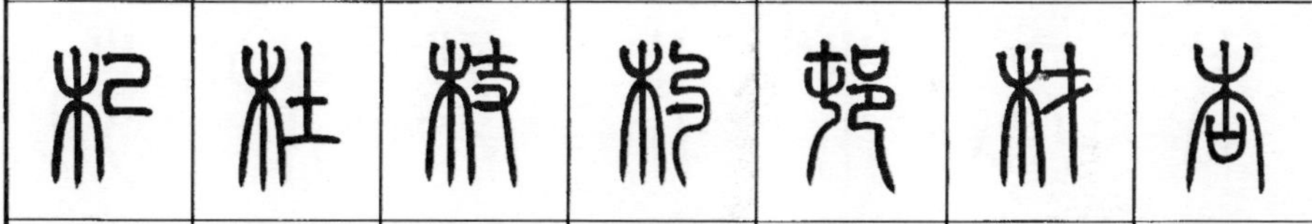

印篆
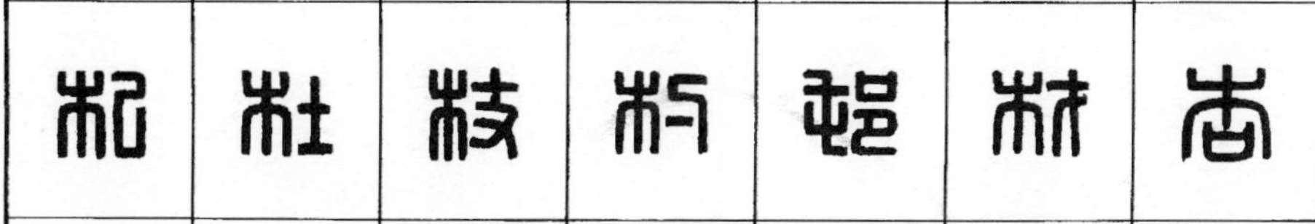

金文

古鉨
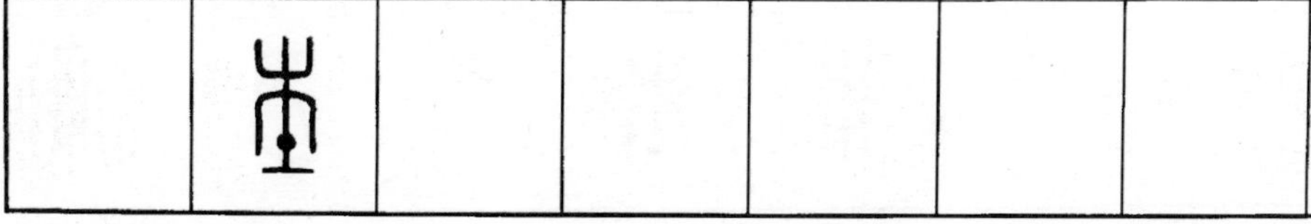

	杵	杳	杲	東	桮盃 杯	杭	束

小篆

印篆

金文

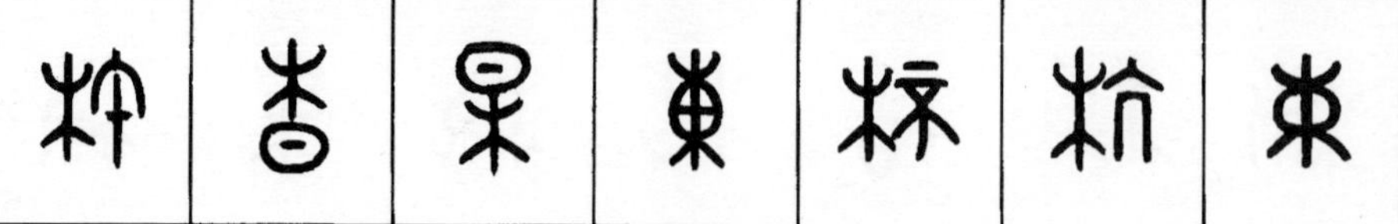

古鉨

	林	枕	析	枇	版 板	松 松	杷

小篆

印篆

金文

古鉨

柹 柿	枷	架 加	桔	枝	果 菓	枚 枝	

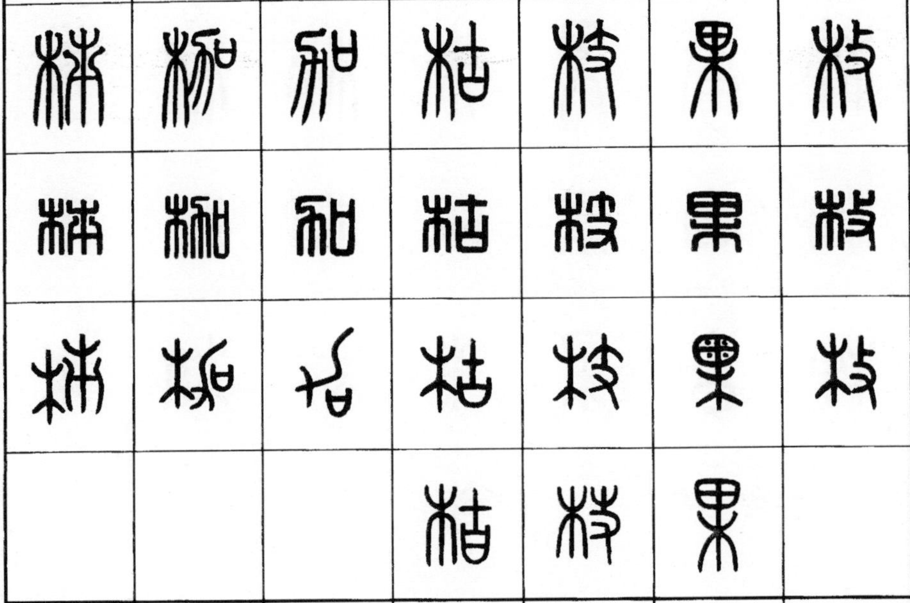

小篆
印篆
金文
古鉢

柚	柘	柔	染	某	柏	柄	

小篆
印篆
金文
古鉢

	柴	栁 柳	柱 柱	柯	柤 查	柢	柞
小篆							
印篆							
金文							
古鉨							

	根	核	株	校 校	桰 栝	㮚 栗	柵
小篆							
印篆							
金文	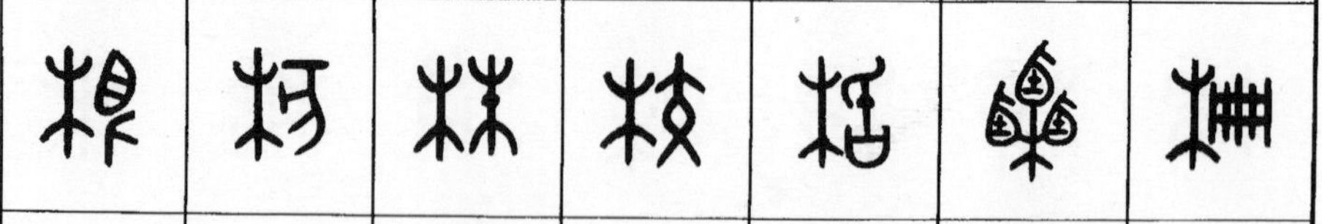						
古鉨	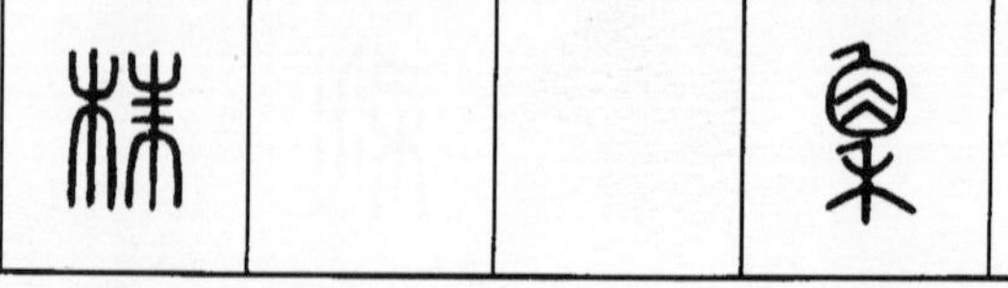						

桐	案	桃	桂	桀	栽 栽	格	

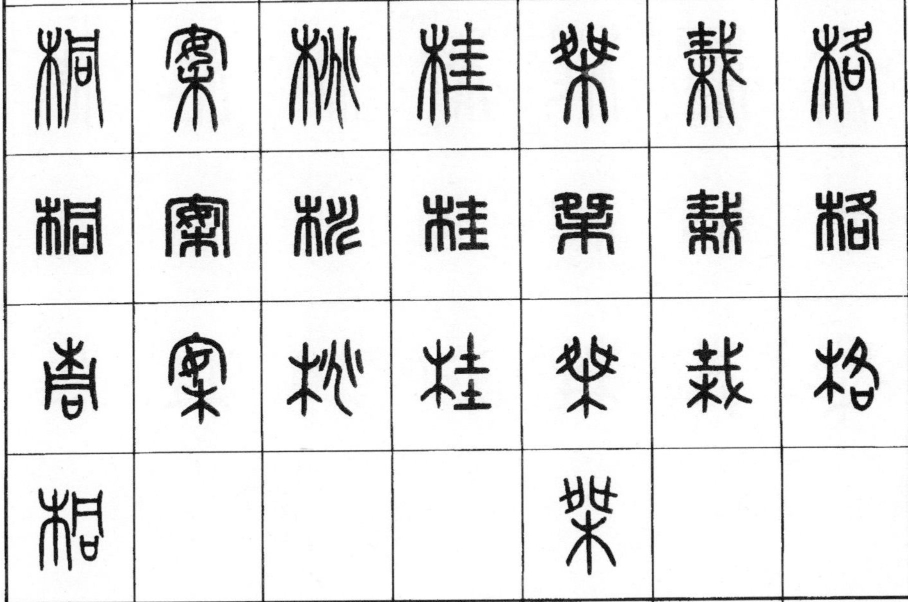

小篆
印篆
金文
古鉨

梗 梗	梓	楳梅 梅	梁	桶	桓	桑	

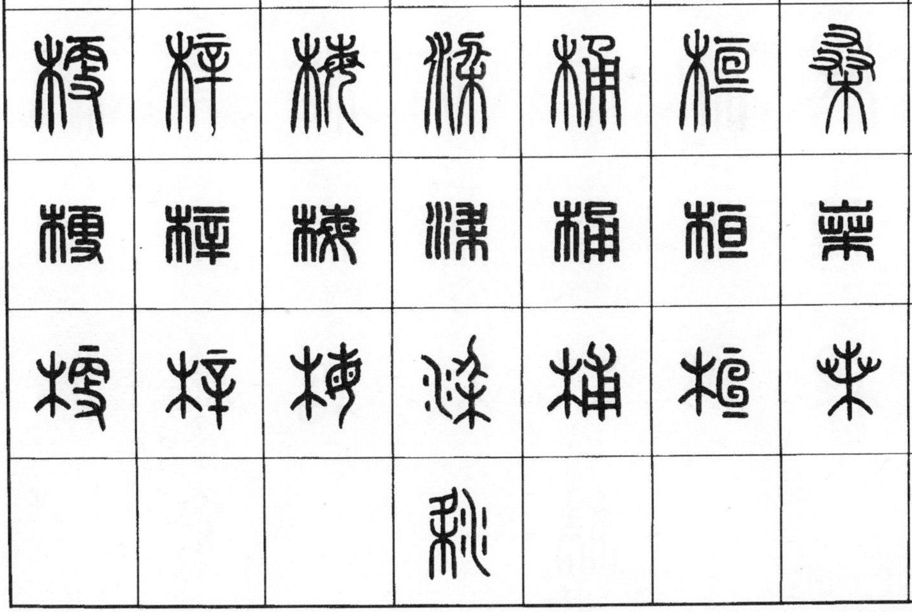

小篆
印篆
金文
古鉨

	梶	梵	械	梯	梧	梢	条 條
小篆 / 印篆 / 金文							
古鉨							

	楝	棘	棗	棓 棒	棊 棋	弃 棄	梨 棃
小篆 / 印篆 / 金文							
古鉨							

	棠	棧	森	棱	棲	椅	椋
小篆							
印篆							
金文							
古鉩							

	植	椎	椒 茮	椿 杶	楊	楓	楚
小篆							
印篆							
金文							
古鉩							

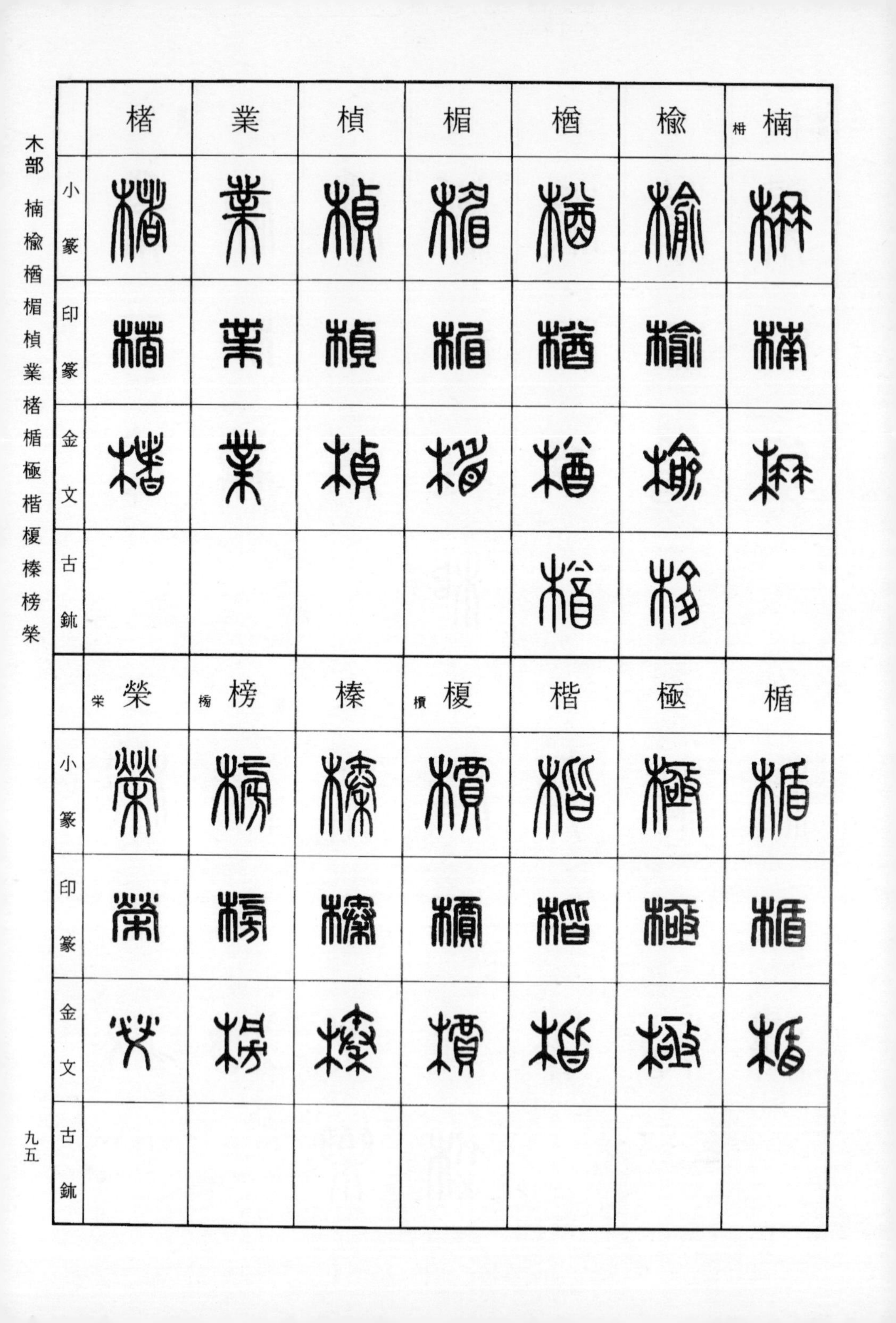

	楮	業	楨	楣	楢	榆	枏 楠
小篆							
印篆							
金文							
古鉨							

	栄 榮	搒 榜	榛	櫝 榎	楷	極	楯
小篆							
印篆							
金文							
古鉨							

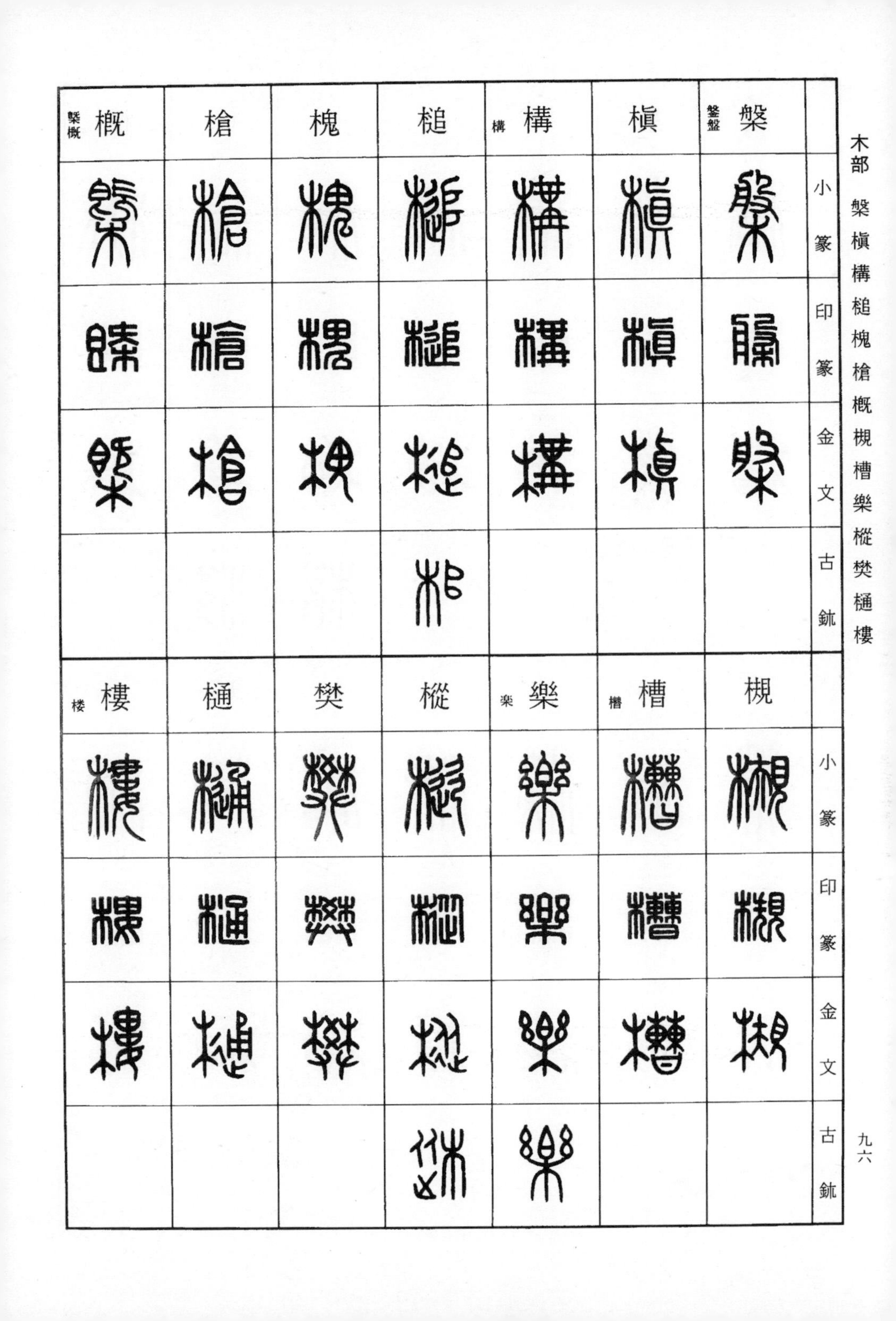

	槃（鎜 盤）	槙	構（构）	槌	槐	槍	概（槩 㮣）
小篆							
印篆							
金文							
古鈢							

	梘	槽（槽）	樂（楽）	樅	樊	樋	樓（楼）
小篆							
印篆							
金文							
古鈢							

	尌 樹	樸 樸	樵	樣 樣	模 模	章 樟	[illegible] 標
小篆							
印篆							
金文							
古鈢							

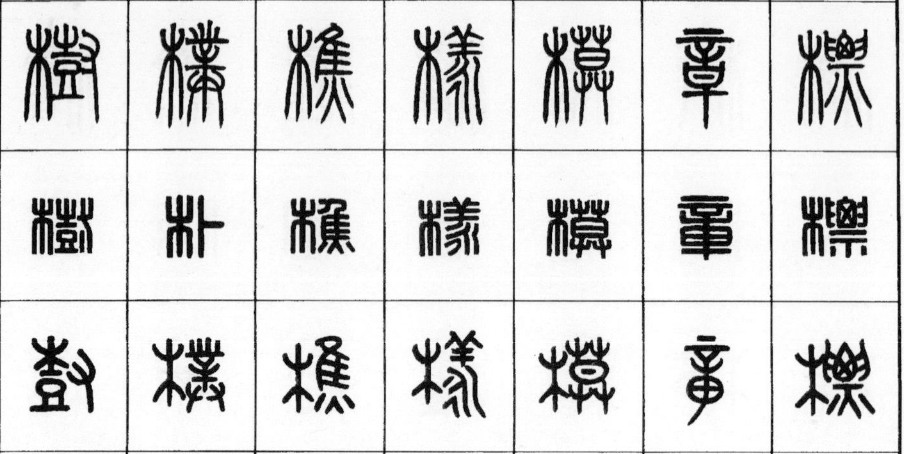

	檀	櫑	横 横	機	橘	橋	尊 樽
小篆							
印篆							
金文							
古鈢							

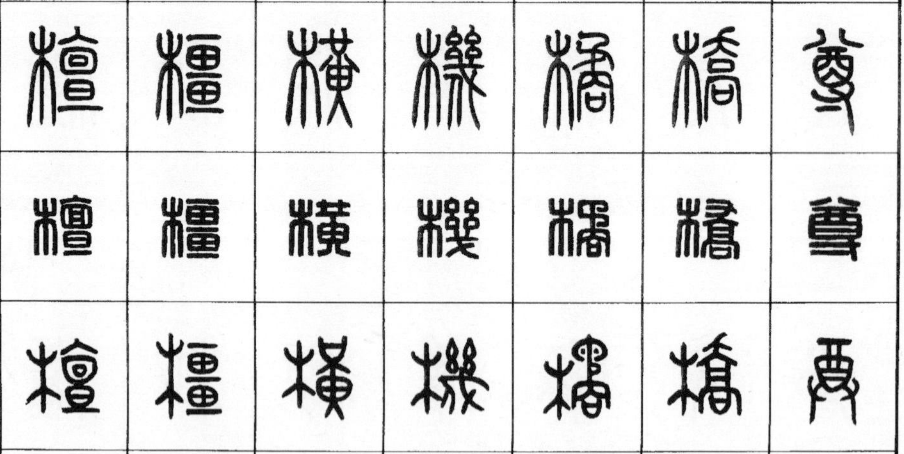

櫟	櫛	櫓	棹 櫂	檻	検 檢	桧 檜	
							小篆
							印篆
							金文
							古鉥

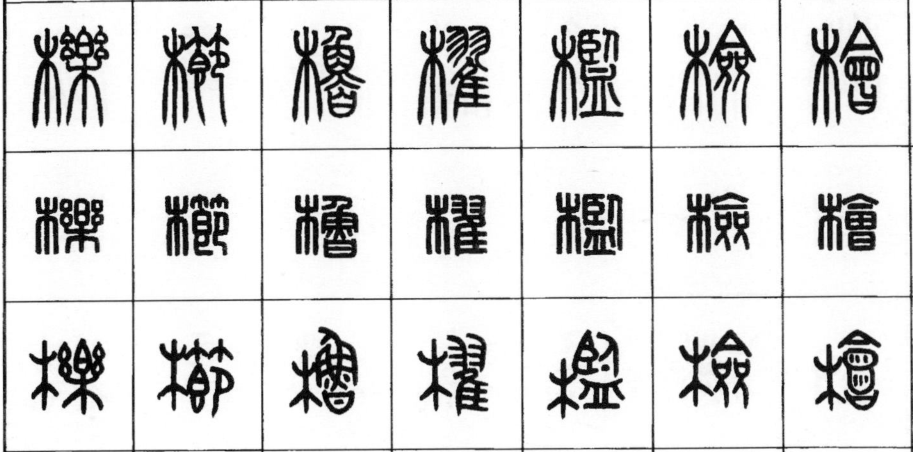

次 次	欠	欒	権 權	桜 櫻	柜 櫸	櫨	
							小篆
							印篆
							金文
							古鉥

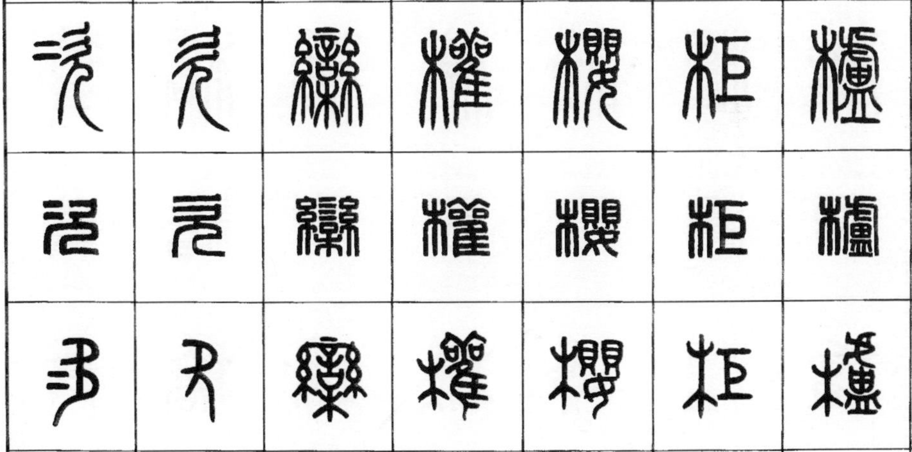

欠部 欣欲欺欽款歌歎歐歙歡

止部 止正此步

	歎	謌 歌	款	欽	欺	欲	欣
小篆							
印篆							
金文							
古鉨							

	歨 步	此	疋 正	止	歓 歡	歙	欧 歐
小篆							
印篆							
金文							
古鉨							

	武	歲 歳	歷 歴	歸 埽 帰	死 [illegible]	歿 歾 殁	殆
小篆							
印篆							
金文							
古鉥							

	殊	殖	殘 残	段	殼 㱿 殻	殷	毆
小篆							
印篆							
金文							
古鉥							

殳部 殺殿毀毅毆 毋部 毋母每毒 比部 比毖 毛部 毛毬氈

	母	毋	殴 毆	毅	毁 毀	殿 殿	杀 殺
小篆							
印篆							
金文							
古鉨							

	毡 氈	毬	毛	毖	比	毒	每 每
小篆							
印篆							
金文							
古鉨							

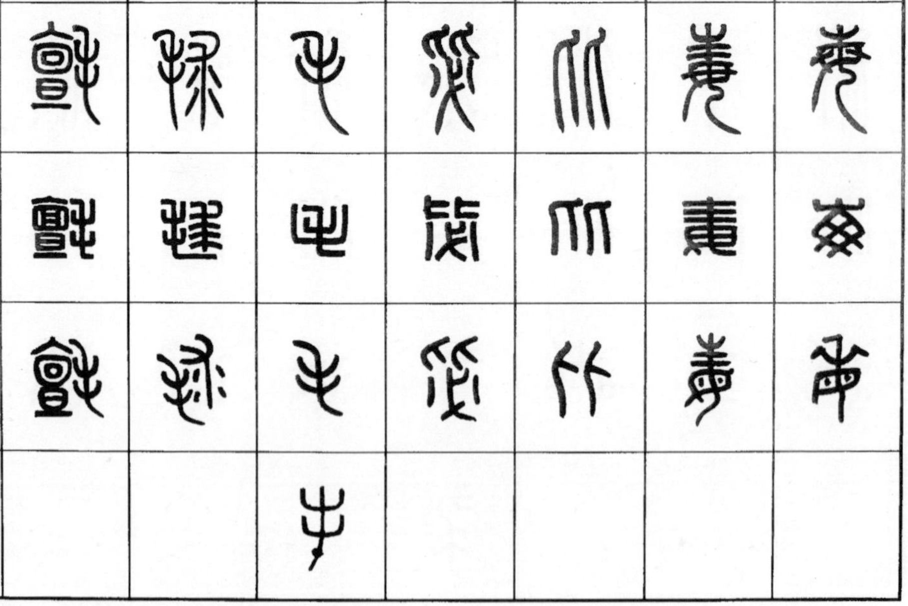

	氏	民	岷	气	気 氣	水	永
小篆							
印篆							
金文							
古鉩							

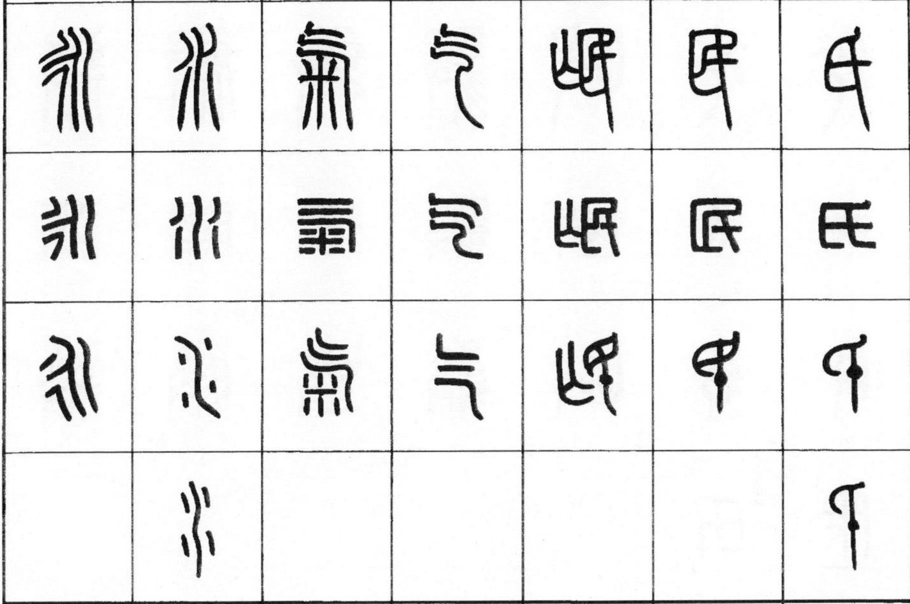

	氾	汀	汁	求	汎	夕 汐	汗
小篆							
印篆							
金文							
古鉩							

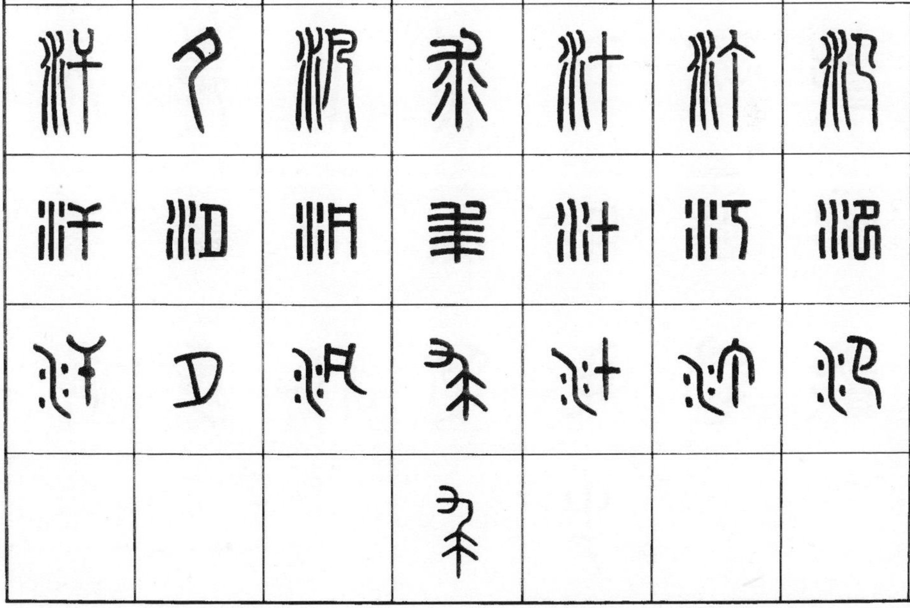

	浅 決	汲	泩 汪	沱 池	江	汝	汚 汙
小篆							
印篆							
金文							
古鉢							

	冲 沖	沓	没 沒	沐	沈	渓 沃	汽
小篆							
印篆							
金文							
古鉢							

	沙	沛	沫	河	沸	油	治
小篆							
印篆							
金文							
古鉥							

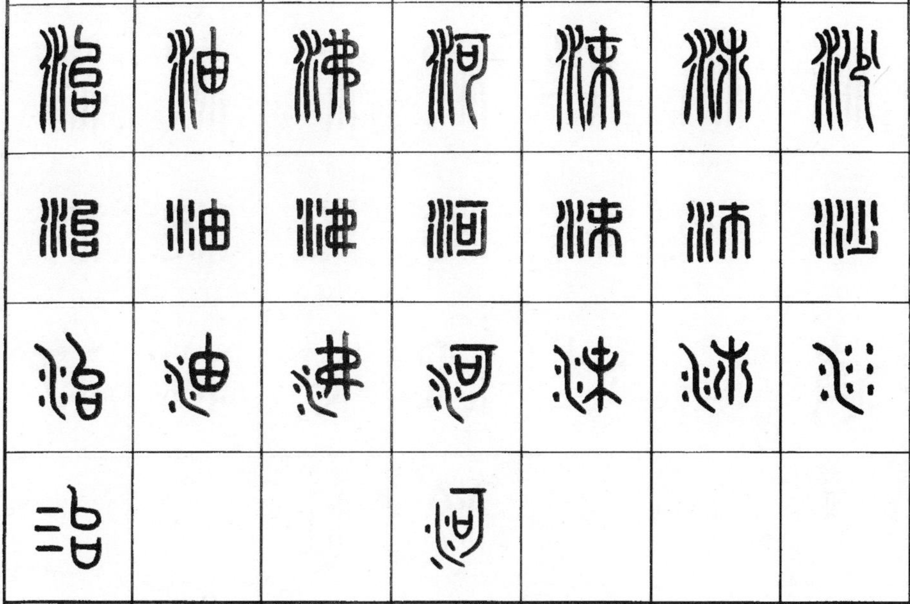

	沼	沿 㳂	況 况	泉	泊 洦	泌	泓
小篆							
印篆							
金文							
古鉥							

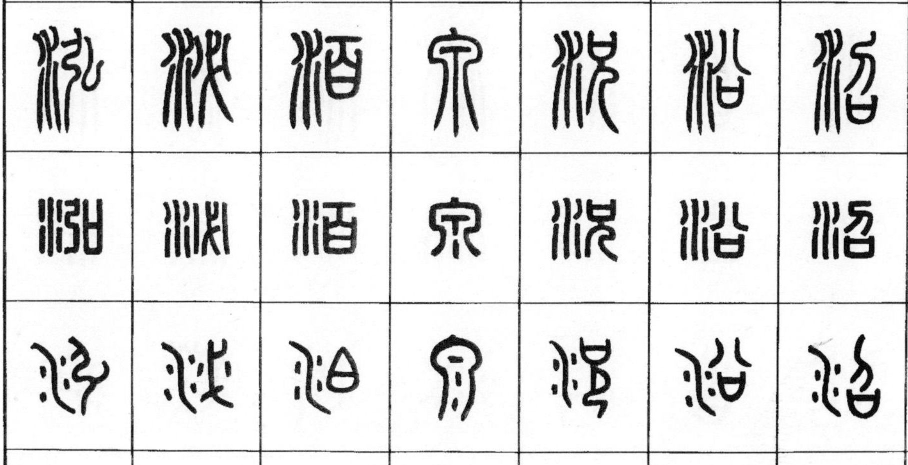

	灋法 法	[illegible] 泛	泠	泡 泡	波	泣	泥

小篆 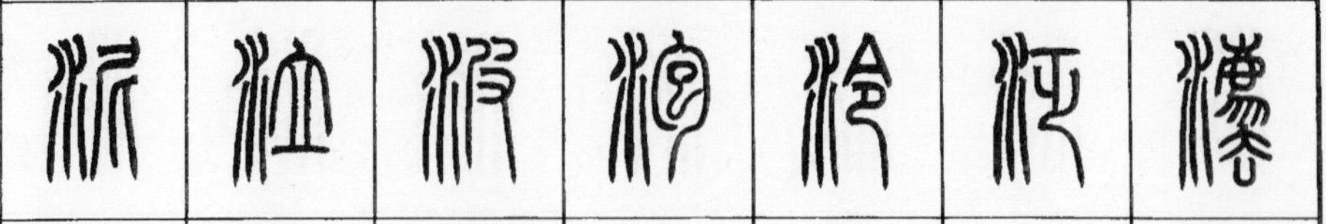

印篆 

金文 

古鉥 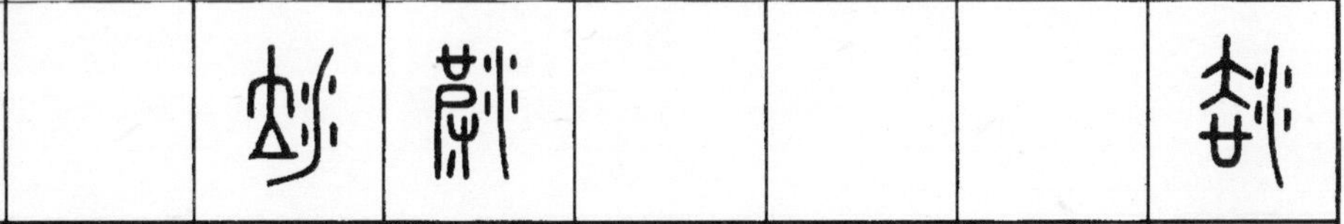

	注 注	夳 泰	泳	洋	洒	洗	洛

小篆 

印篆 

金文 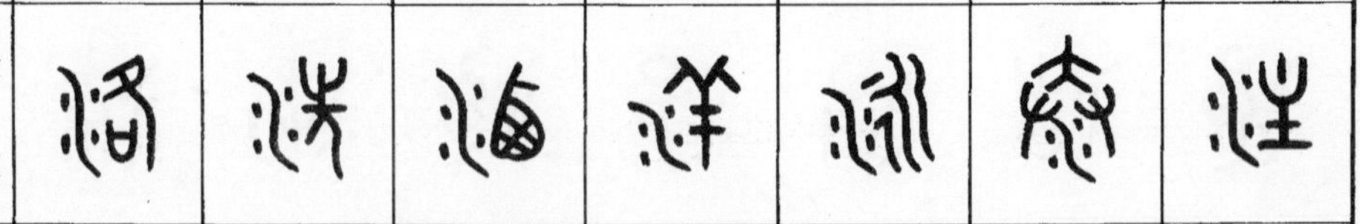

古鉥

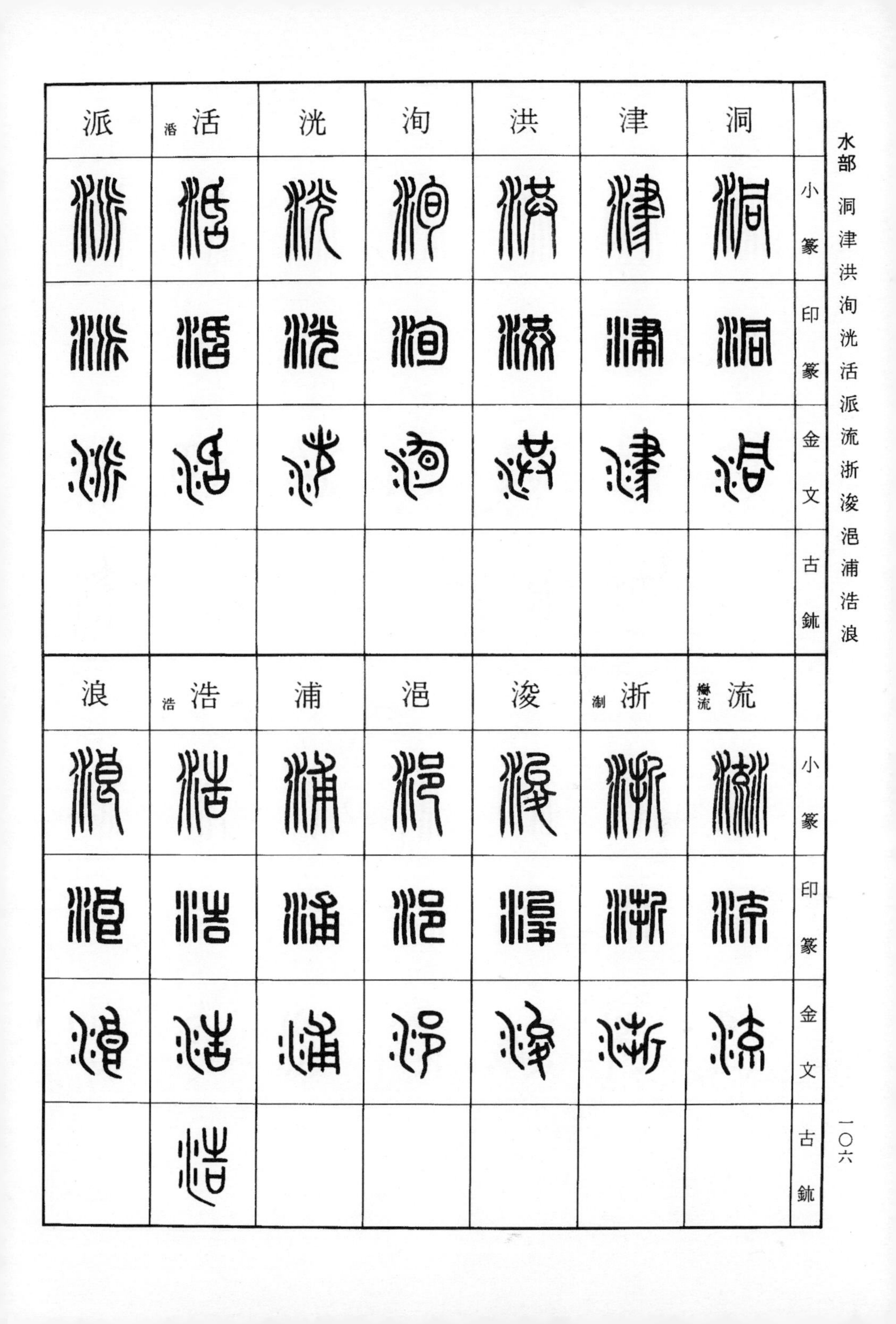

派	涽 活	洸	洵	洪	津	洞	
							小篆
							印篆
							金文
							古鉨

浪	浩 浩	浦	浥	浚	淛 浙	𣴎流 流	
							小篆
							印篆
							金文
							古鉨

	浮 浮	浴	海 海	浸 濅浸	涅	涇	消 消
小篆							
印篆							
金文							
古鉥							

	涉 [illegible]涉	涌 湧	涕	涯	液	涵 涵	湎
小篆							
印篆							
金文							
古鉥							

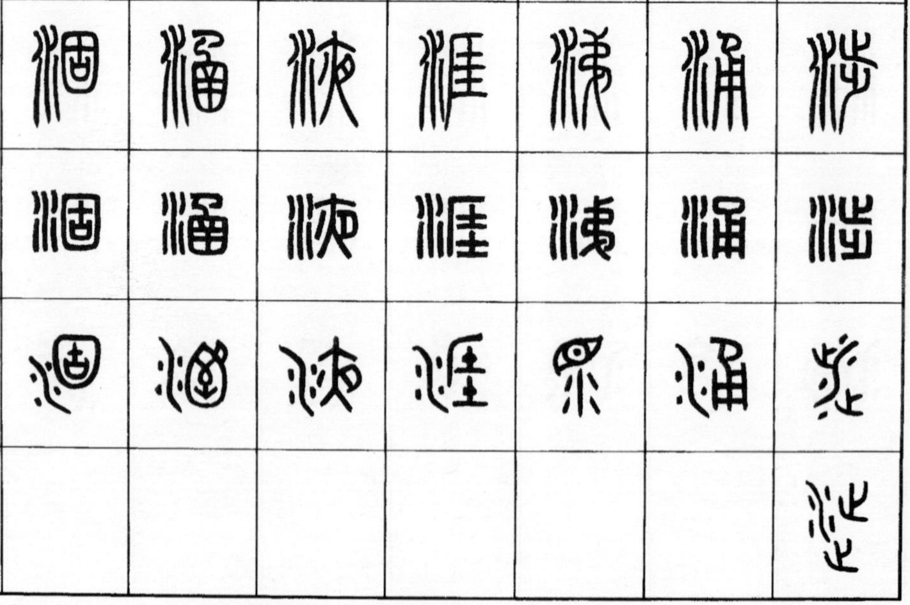

浄 淨	淡	涕淚 淚	淒	淑	淋	凉 涼	
							小篆
							印篆
							金文
							古鉨

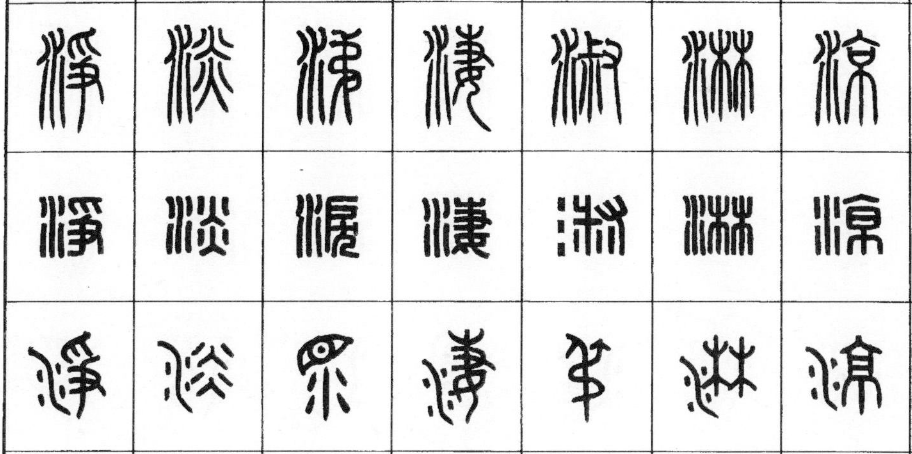

囦渕 淵	淳	㴱 深	淮	淫	淪	淩	
							小篆
							印篆
							金文
							古鉨

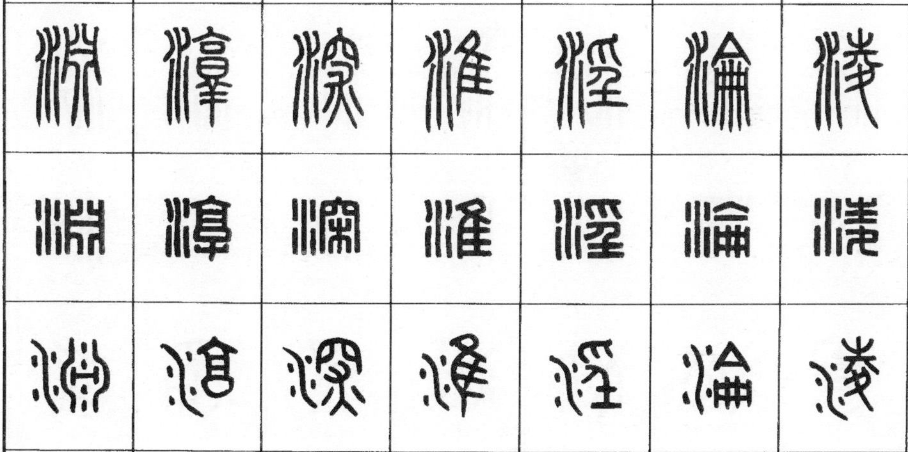

	渚	渙	沾 添	浅 淺	淹 淹	清 清	混
小篆							
印篆							
金文							
古鉥							

	渭	測	過 渦	渥	渡	渠	減
小篆							
印篆							
金文							
古鉥							

港（灉港）	渴（渇）	游（逰游）	渺（眇）	渾	湊	湍	
							小篆
							印篆
							金文
							古鉨

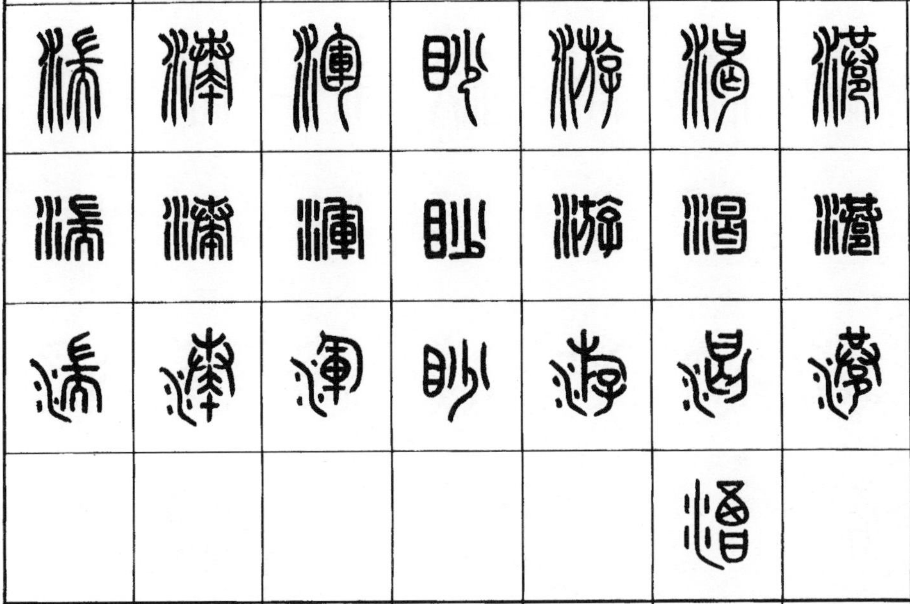

湖	湘	湛	湫	湮（湮）	湯	源（厵）	
							小篆
							印篆
							金文
							古鉨

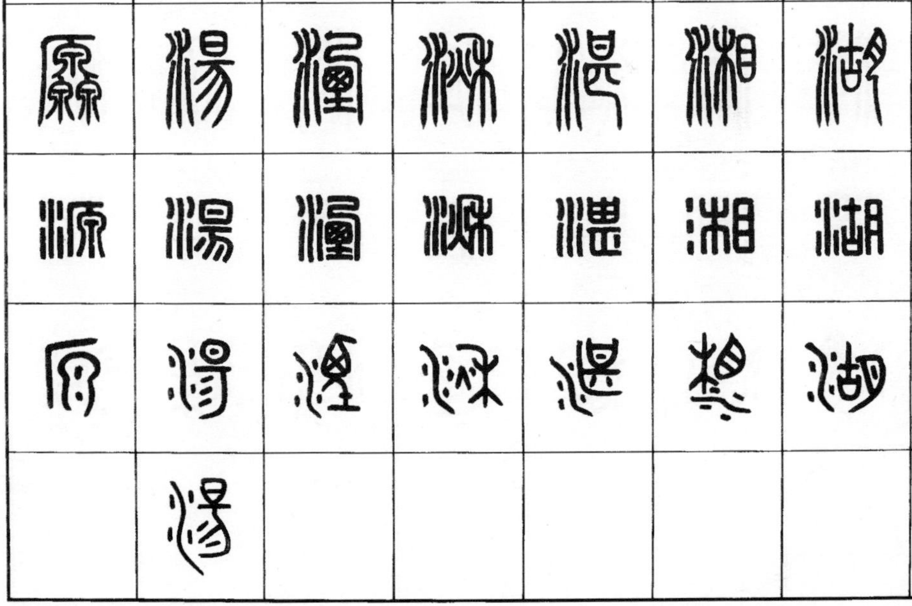

水部 準溝溟溢溥溫溯溶溺滂滄滅滋滑

	泝 溯	温 溫	敷 溥	溢	溟	溝	準
小篆							
印篆							
金文							
古鉢							

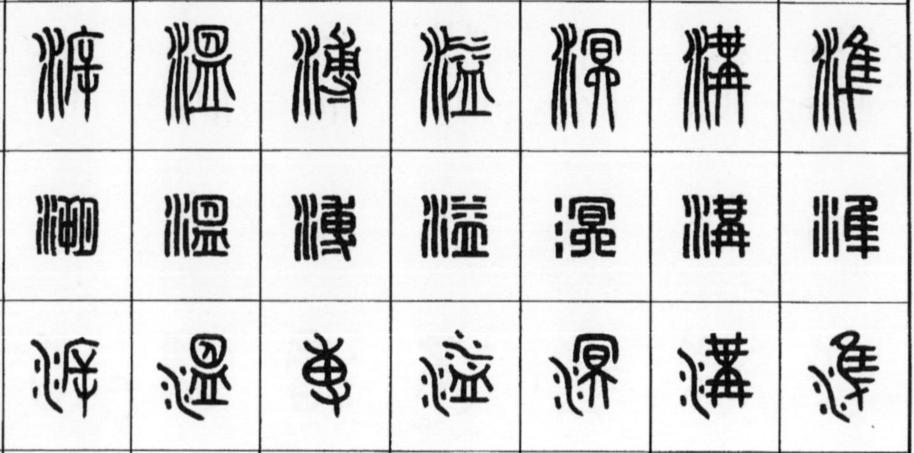

	滑	滋 滋	烕 滅	滄	滂	溺	溶
小篆							
印篆							
金文							
古鉢							

漆	瀎 漂	漁 漁	满 滿	滴 滴	滞 滯	滔	

小篆
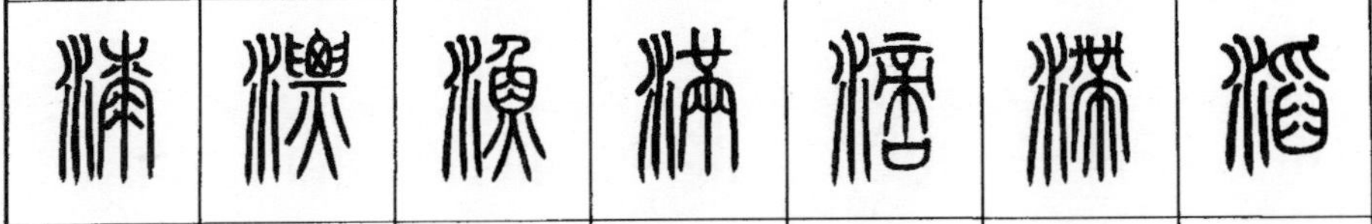

印篆

金文

古鉨

漠	漚	漕 漕	演	溉 漑	漏	渌 漉	

小篆

印篆

金文

古鉨

	潔 潔	發 潑	漸	漱	曼 漫	瀾 漣	漢 漢
小篆							
印篆							
金文							
古鉩							

	歰渋 澀	淖潮 潮	潭 潭	潤	澗	舄 潟	潛 潛
小篆							
印篆							
金文							
古鉩							

激	澮	沢 澤	浣 澣	溜 澑	浇 澆	澄 澂	
							小篆
							印篆
							金文
							古鉨

壕 濠	済 濟	濛	溼 湿 濕	浓 濃	溓 濂	濁	
							小篆
							印篆
							金文
							古鉨

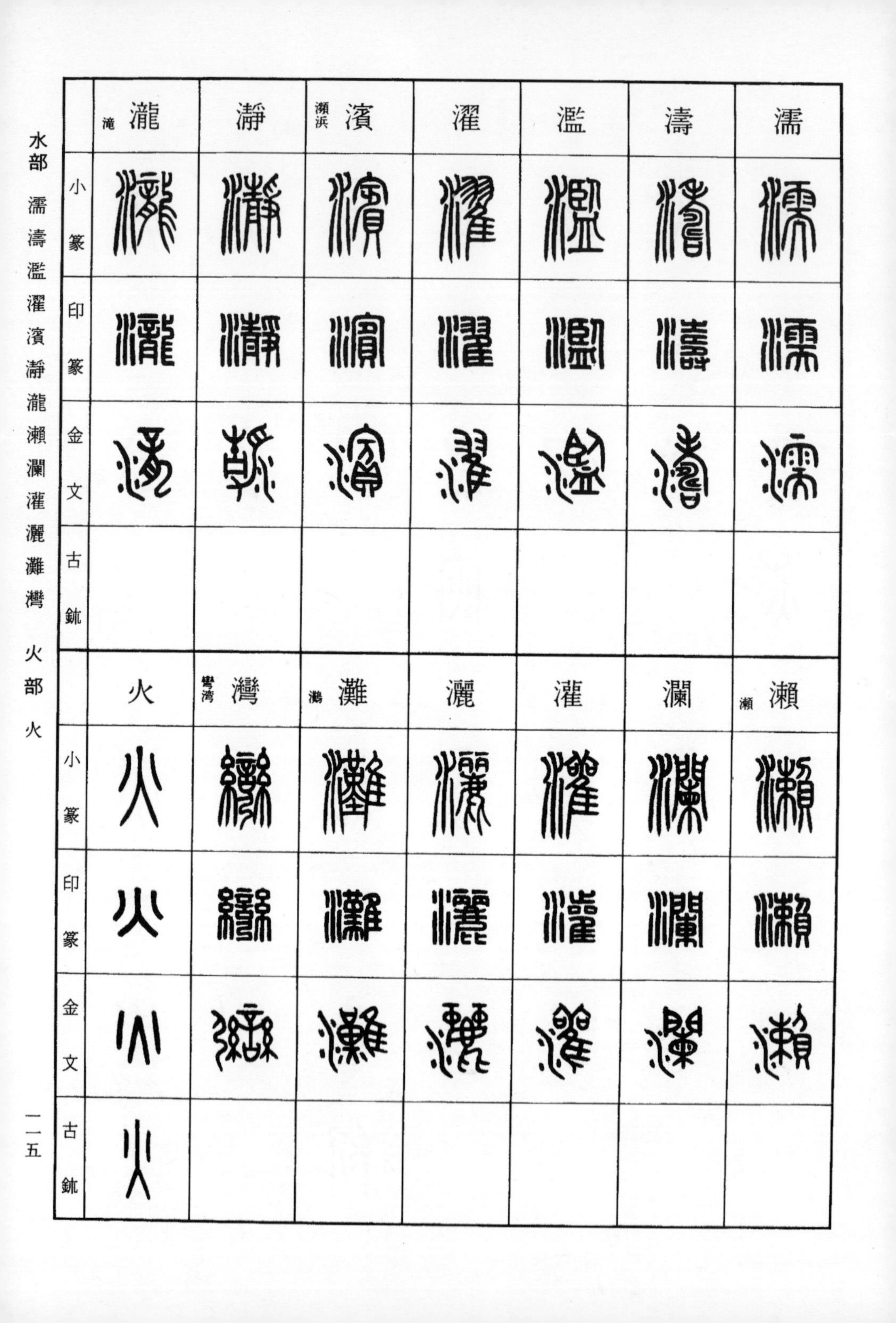

	滝 瀧	瀞	瀕 浜 濱	濯	濫	濤	濡
小篆							
印篆							
金文							
古鉨							

	火	彎 湾 灣	[illegible] 灘	灑	灌	瀾	濑 瀨
小篆							
印篆							
金文							
古鉨							

炙	炎	炊	災（烖、灾）	灼	炱（炲）	灰（灰）	
							小篆
							印篆
							金文
							古鉥

焚（焚）	焉	烽（熢）	烝	烏（於）	烈（烮）	炭（炭）	
							小篆
							印篆
							金文
							古鉥

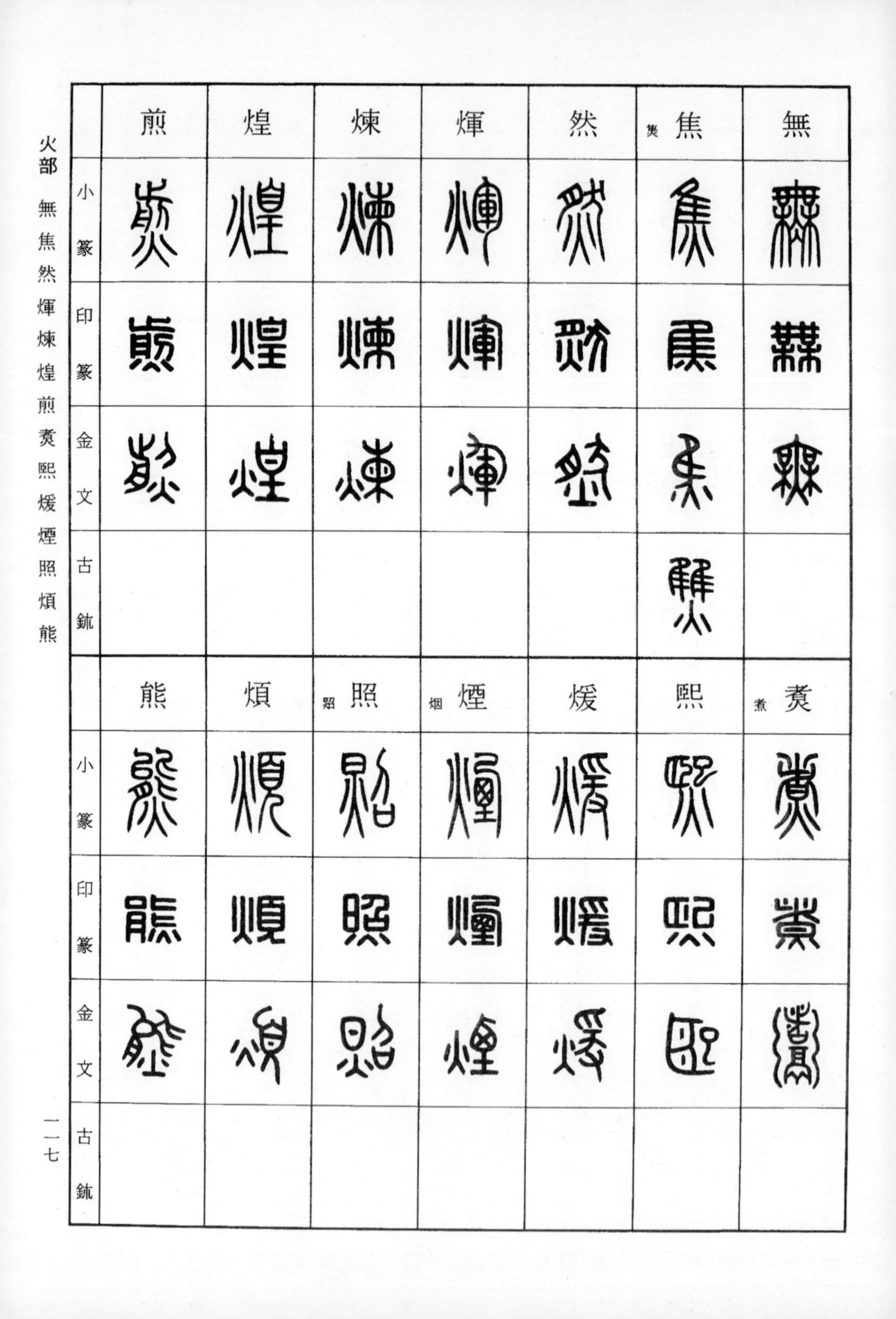

	煎	煌	煉	煇	然	[illegible] 焦	無
小篆							
印篆							
金文							
古鉨							

	熊	煩	昭 照	烟 煙	煖	熙	煮 煑
小篆							
印篆							
金文							
古鉨							

	熏（熏）	熱（爇）	熬	熹	熾	燈（鐙 灯）	燎
小篆							
印篆							
金文							
古鉨							

	燐（粦）	燒（烧）	燕	營（営）	燥	燦	燭
小篆							
印篆							
金文							
古鉨							

火部 燾燿爆爛爝 爪部 爪爭爰爲爵 父部 父 爻部 爽爾 爿部 牀

	争 爭	爪	爝	爛 爛	爆	燿	燾
小篆							
印篆							
金文							
古鉥							

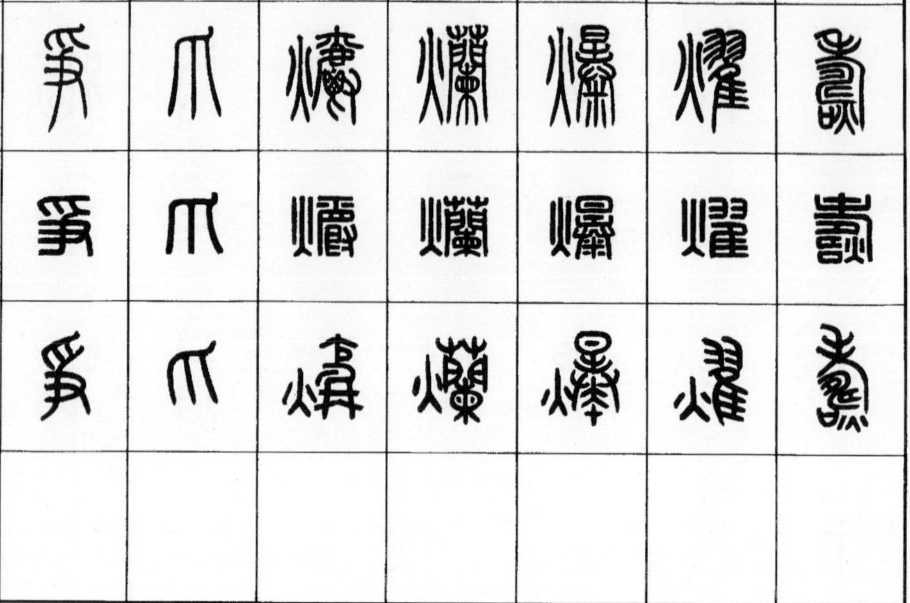

	床 牀	尔 爾	爽 爽	父	爵 爵	為 爲	爰
小篆							
印篆							
金文							
古鉥							

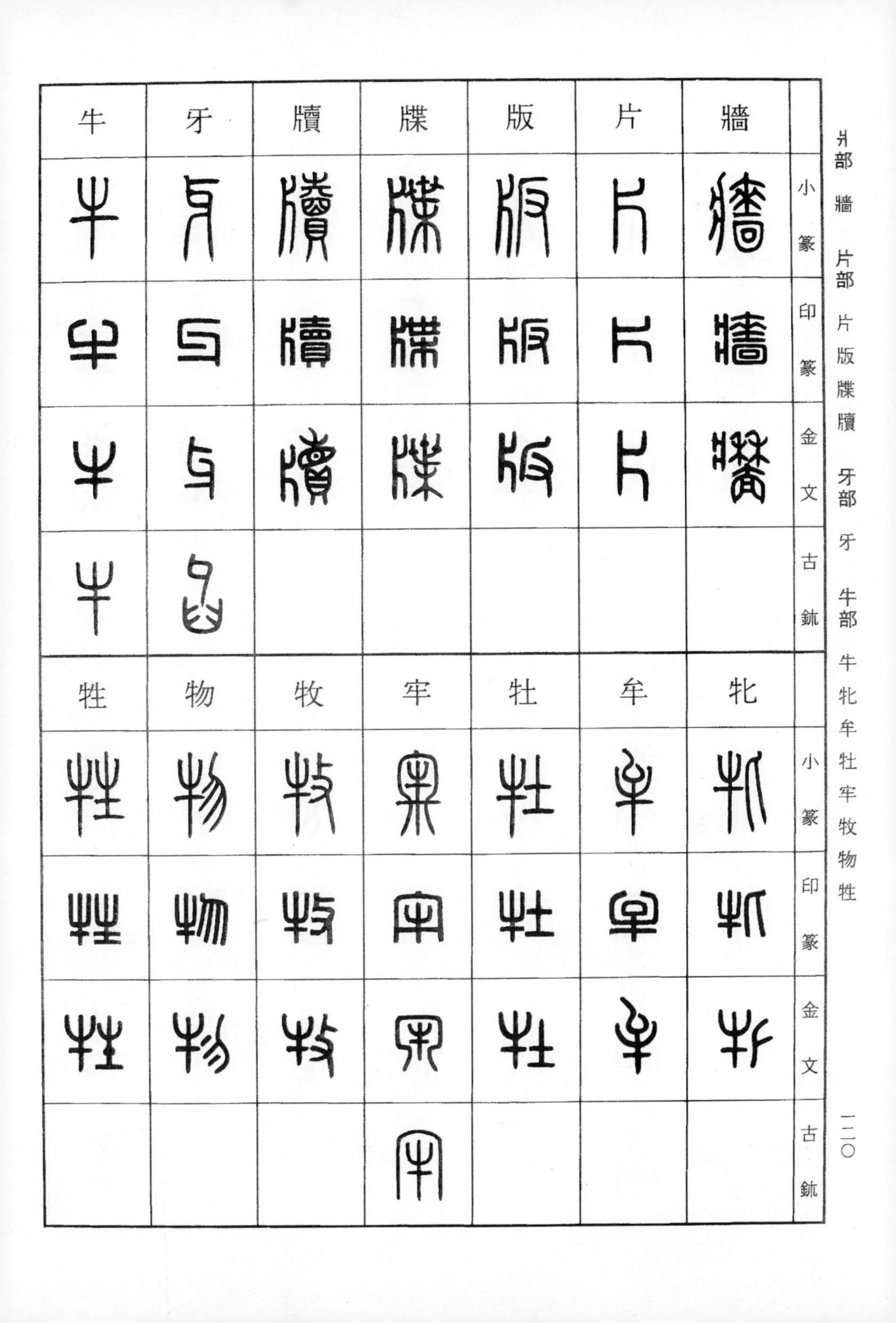

	牆	片	版	牒	牘	牙	牛
小篆							
印篆							
金文							
古鉥							

	牝	牟	牡	牢	牧	物	牲
小篆							
印篆							
金文							
古鉥							

	犯	犬	犠 犧	𥝮 犂	犀	牽	特
小篆							
印篆							
金文							
古鉨							

	狷	狩	狡	狗	狐	狌 狂	狀 狀
小篆							
印篆							
金文							
古鉨							

	狹（陜 狭）	狼	猒	猗	猛	猥	猨（蝯 猿）
小篆							
印篆							
金文							
古鉨							

	猶（猶）	猷（猶）	獄	獅（師）	獎	獧	獨（獸 独）
小篆							
印篆							
金文							
古鉨							

	玉	率 率	玄	献 獻	獸 獸	猟 獵	獲 獲
小篆							
印篆							
金文							
古鉨							

	班	珠	珍	珊	玲	玩	王
小篆							
印篆							
金文							
古鉨							

	現 見	球 璆	琅 瑯	理	琢	琳	琴
小篆							
印篆							
金文							
古鉢							

	琵 [illegible]	琶 [illegible]	瑕	瑚	瑛	瑞	瑟
小篆							
印篆							
金文							
古鉢							

	璧	珋 瑠	璋	離 璃	瑰	瑩	瑤
小篆							
印篆							
金文							
古鉢							

	瓟 瓢	瓜	瓏	璚瓗 瓊	璿	璽鉨坋 璽	環環 環
小篆							
印篆							
金文	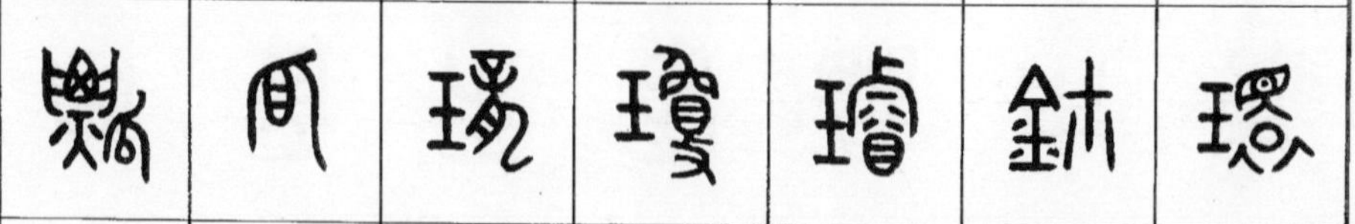						
古鉢	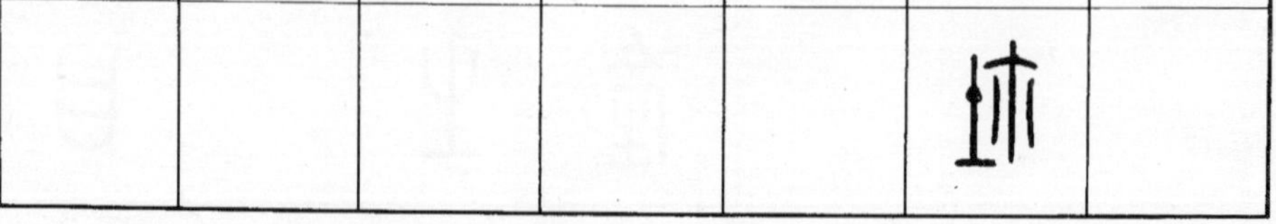						

甑	甍	甆 (甆)	瓶 (缾 瓶)	瓷	瓮 (甕)	瓦	
							小篆
							印篆
							金文
							古鉥

甫	用	甥	産 (産)	生	甚 ([illegible])	甘	
							小篆
							印篆
							金文
							古鉥

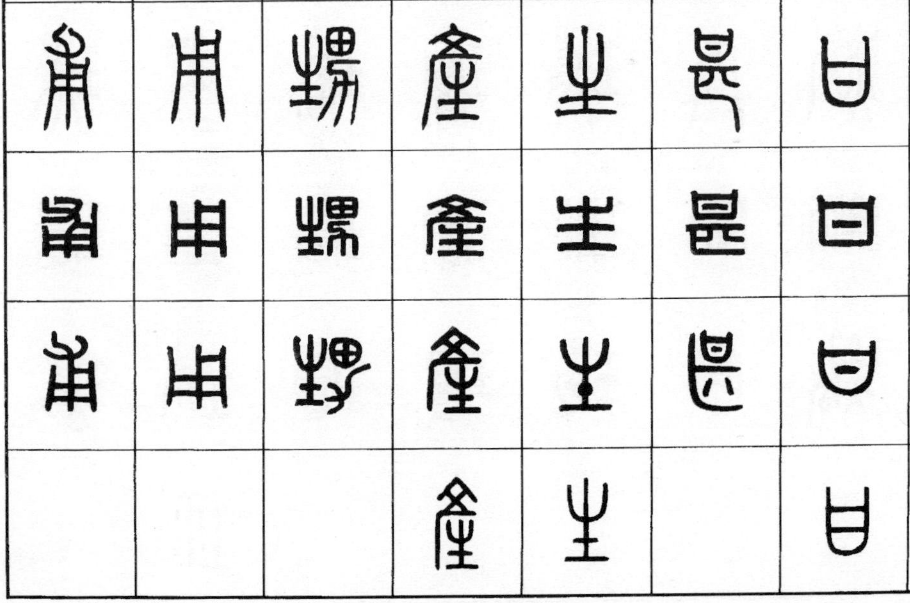

	町	男	申	甲	由	田	甯
小篆							
印篆							
金文	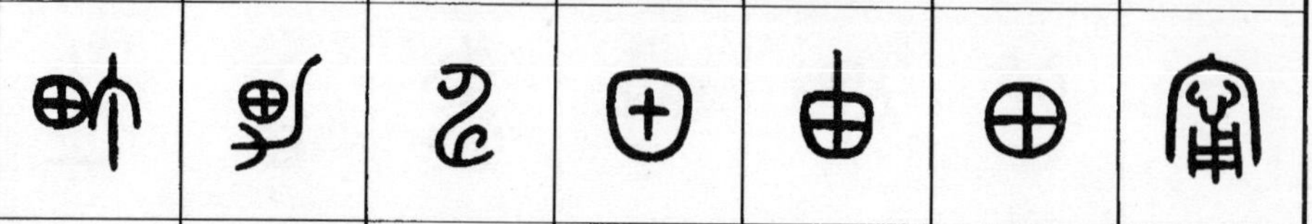						
古鉢	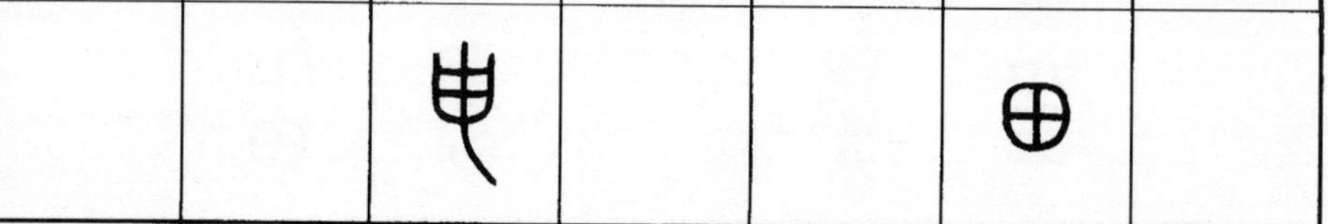						

	略	畢	畮 畞 畝	畜	畔 畔	畏	畍 界
小篆							
印篆							
金文	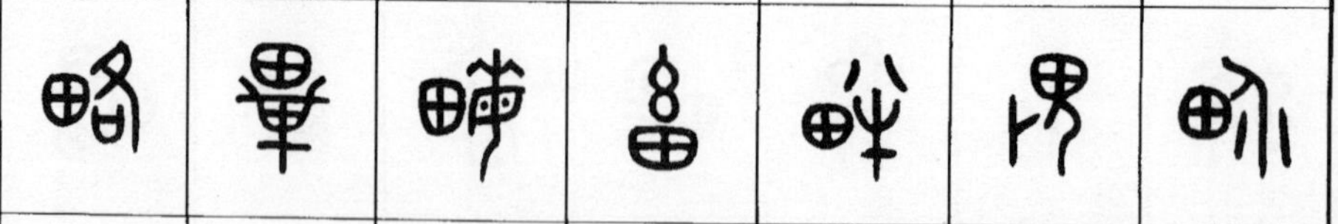						
古鉢							

	畦	番	畫 劃画	晙	異 異	畱 留	當 当
小篆							
印篆							
金文							
古鉩							

	暘 暢	畿	疆 畺	疇	疊 曡疉	疋	疏 㽰疎踈
小篆							
印篆							
金文							
古鉩							

	痕	病	疾	疵	疲	疫	疑
小篆							
印篆							
金文							
古鉨							

	痴 癡	僻 癖	廃 廢	[illegible] 療	痩 瘦	瘉	痛
小篆							
印篆							
金文							
古鉨							

皆	旳 的	百	白	発 發	登	癸 癸	
		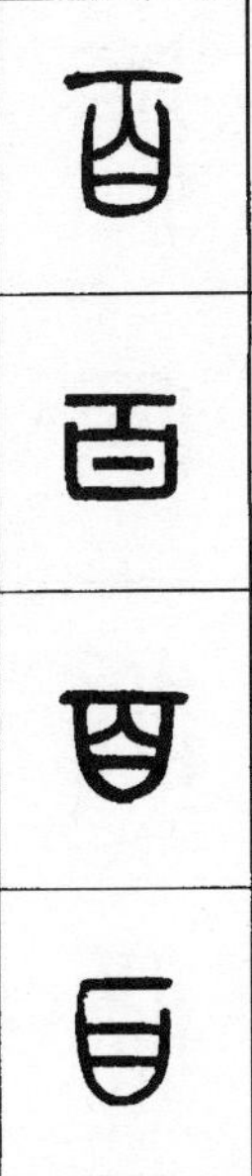	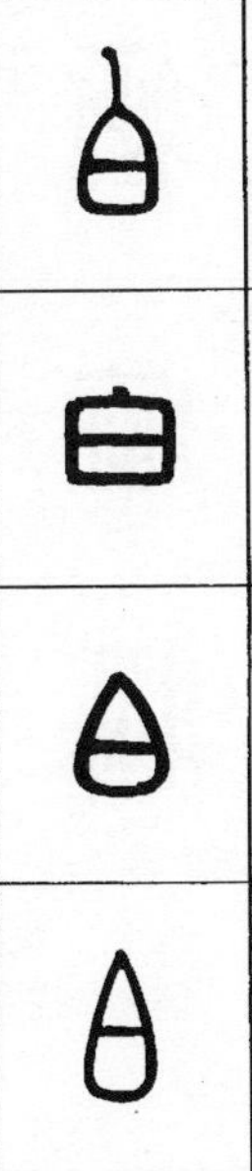			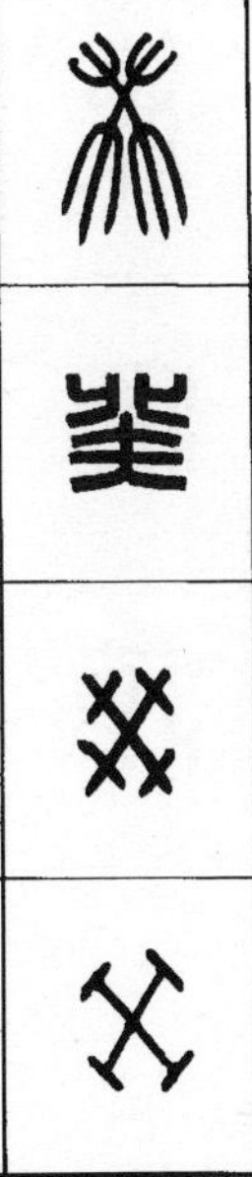	小篆 印篆 金文 古鉨

盆 盆	皿	皮	晧 皓	皎	皐 皋	皇 皇	
		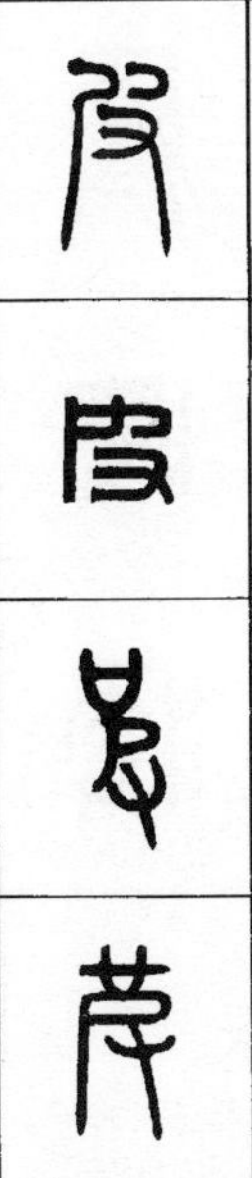					小篆 印篆 金文 古鉨

	尽 盡	盟 盟	盗 盜	盛 盛	碗椀 盌	益 益	盈
小篆							
印篆							
金文							
古鉩							

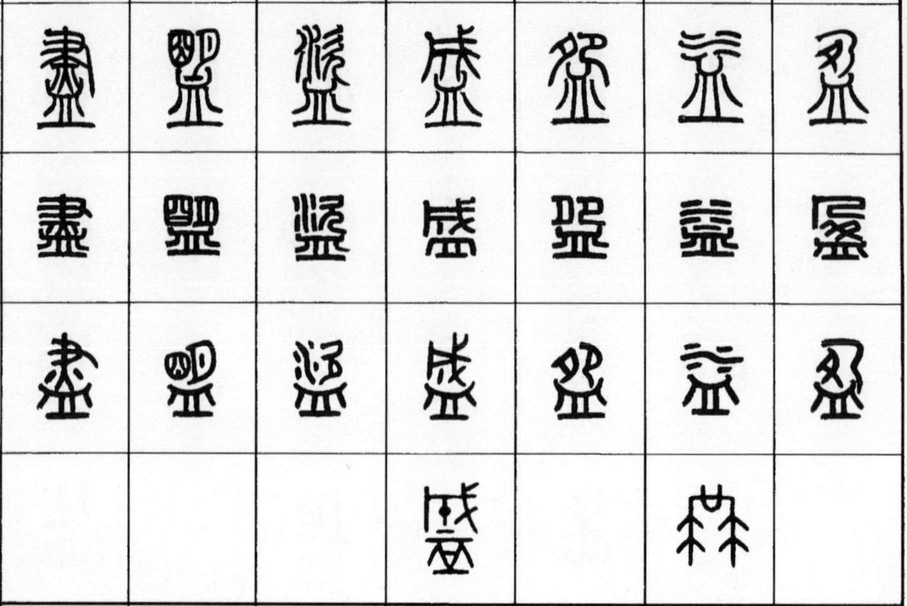

	目	盪	盧	盦	盥	槃 盤	監
小篆							
印篆							
金文							
古鉩							

	盲	直	相	盾	省	眇	眉
小篆							
印篆							
金文							
古鉩							

（省 旁注：眚；眉 旁注：睂）

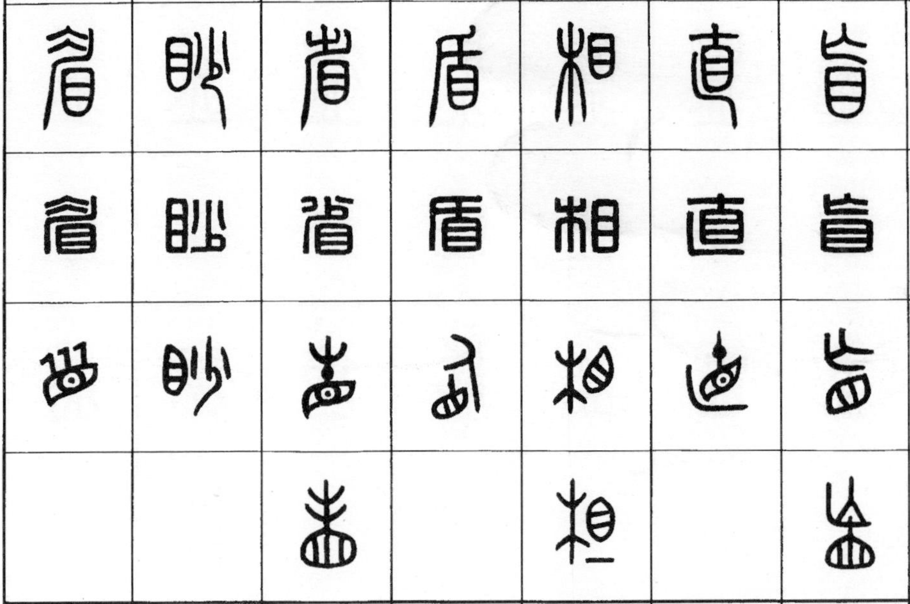

	看	眞	眷	眸	眺	眼	眾
小篆							
印篆							
金文							
古鉩							

（看 旁注：𥆎；眞 旁注：真；眾 旁注：衆）

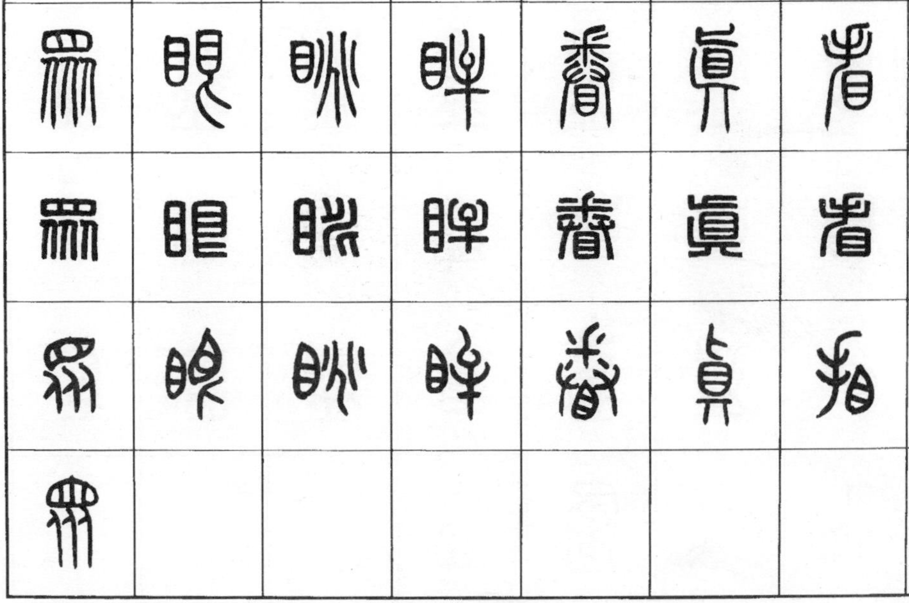

	瞬	瞳	瞥	眠 瞑	睦	督	睡 睡
小篆							
印篆							
金文							
古鉩							

	矜	矛	矇	瞿	瞽	瞼	瞶 瞻
小篆							
印篆							
金文							
古鉩							

矯	短	巨榘 矩	知	矣	矢	矞	

小篆 印篆 金文 古鈢

硬	研 研	厎 破	砥	砌	沙 砂	石	

小篆 印篆 金文 古鈢

	碩	碧	碣	碓	碑	碎 砕	硯 研
小篆							
印篆							
金文							
古鉥							

	磯	磬	磿 礰磨	磔	磐 盤	磊	確 确
小篆							
印篆							
金文							
古鉥							

	礎	示	社 社	祀	祇 禩	祈 祈	祉 祉
小篆							
印篆							
金文							
古鉥							

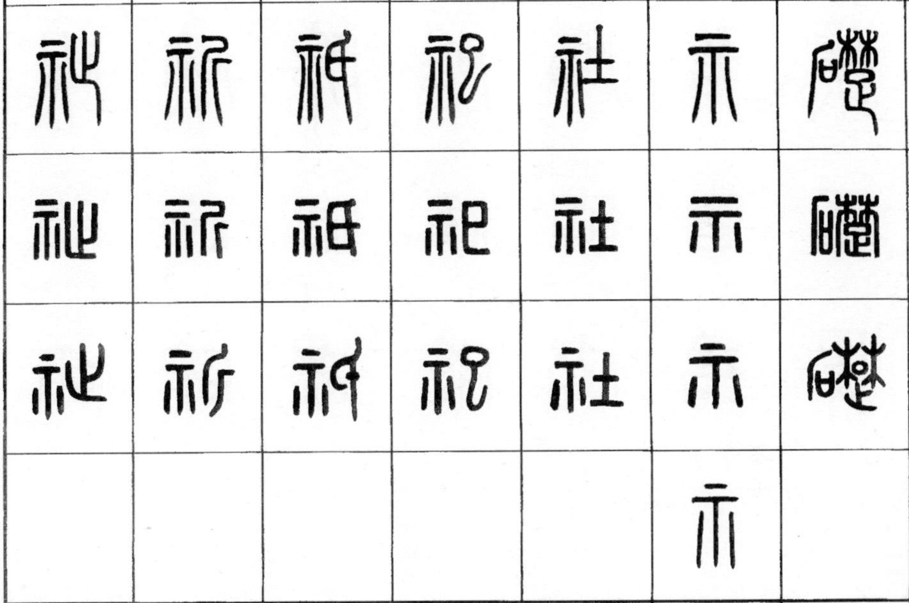

	祐 祐	祓	祕 秘	祖 祖	祝 祝	神 神	祟
小篆							
印篆							
金文							
古鉥							

	旤 禍 禍	禁	禄 祿	祭	㶾 票	祥 祥	祠
小篆							
印篆							
金文							
古鉨							

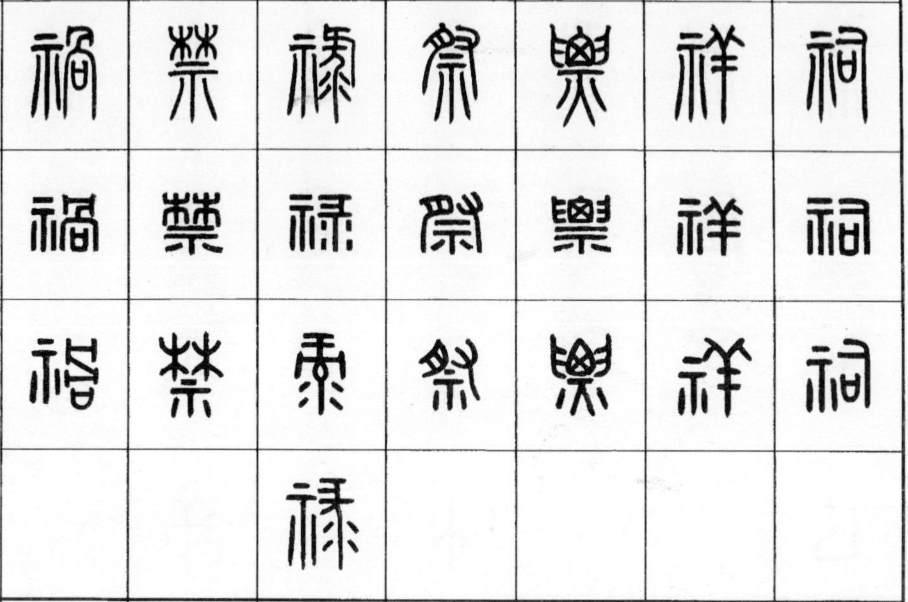

	禱	禰	礼 禮	禅 禪	禦	福 福	禎 禎
小篆							
印篆							
金文							
古鉨							

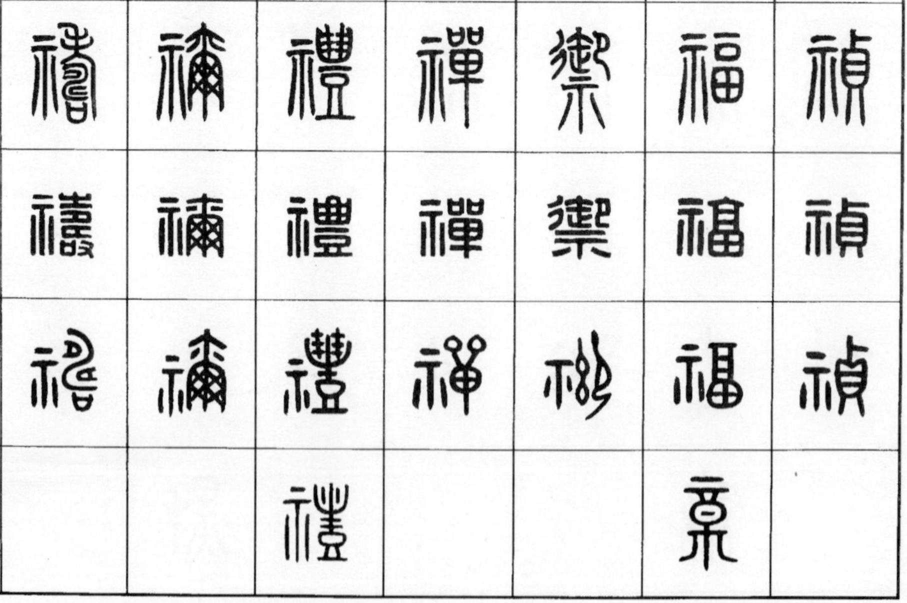

禳	禹 禼	禽	禾	秃	秀	私

小篆 

印篆 

金文 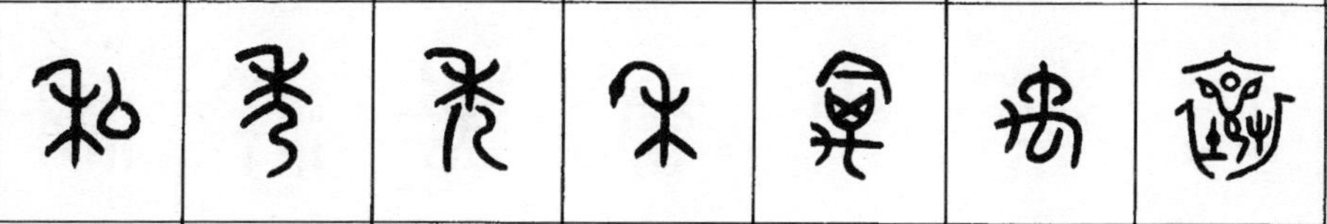

古鉨 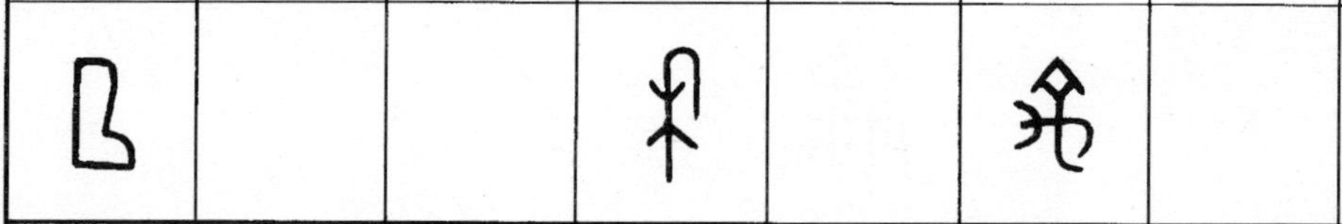

秉	秋 秌 龝	科	秒	租	秦 [illegible]	秣 䬴

小篆 

印篆 

金文 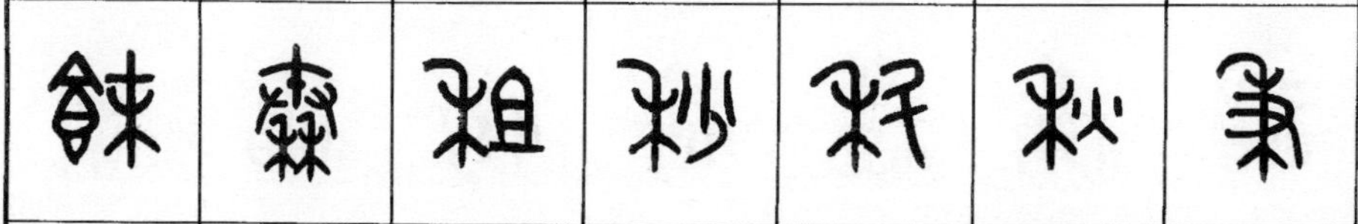

古鉨 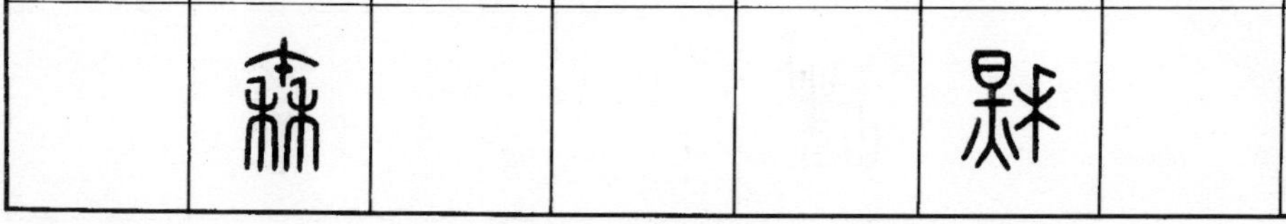

	秩（祑）	移（迻）	稀	稅（税）	程（程）	稍	稔
小篆							
印篆							
金文							
古鉢							

	稚（穉）	稾	種（穜）	稱（偁 称）	稷	稻（稲）	稼
小篆							
印篆							
金文							
古鉢							

	稽	稿 稾	穀	糠 穅	穆	積 積	穎
小篆							
印篆							
金文							
古鉨							

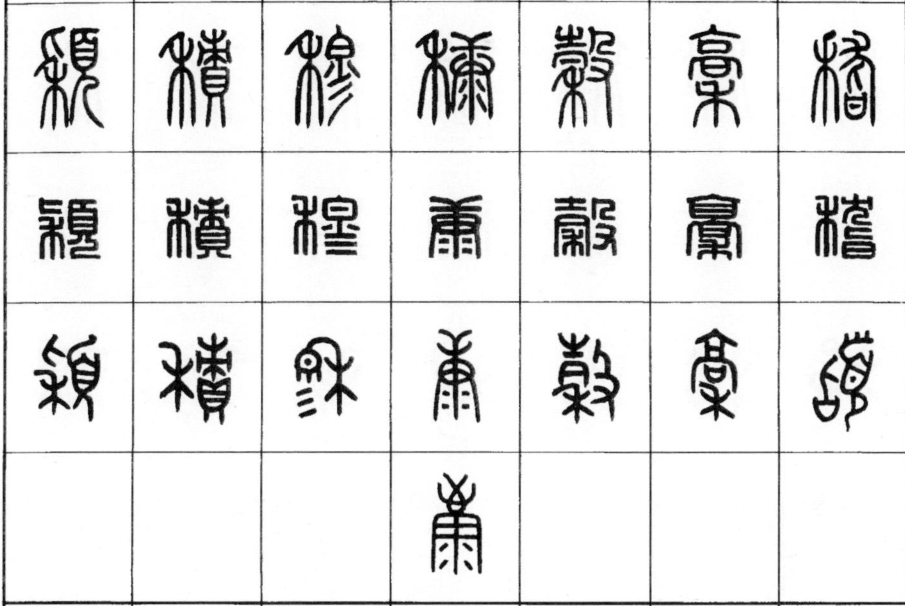

	穂 穗	薉 穢	穏 穩	穫 穫	穴	究	穹
小篆							
印篆							
金文							
古鉨							

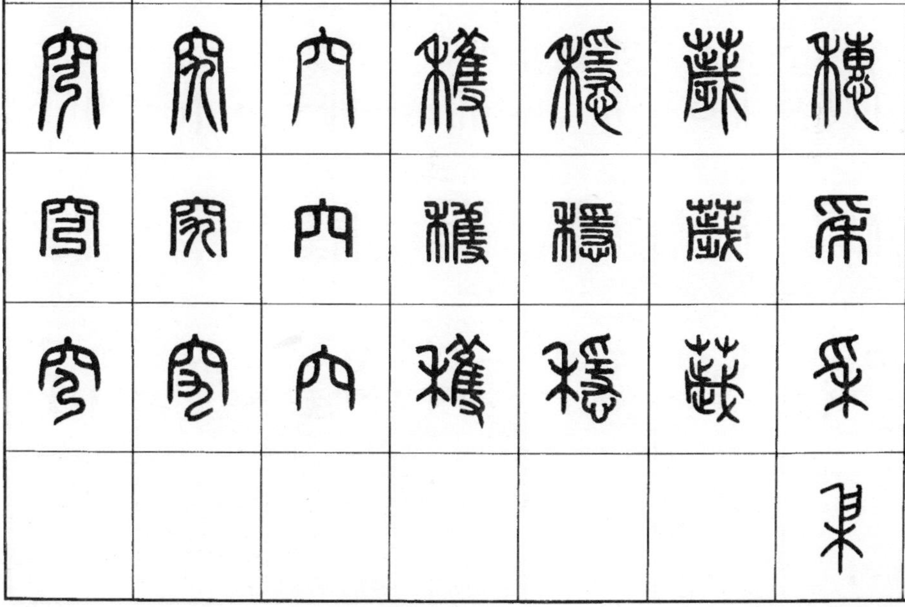

	囱 窻 窗	窕	窈	窒	宊 突	穿	空
小篆							
印篆							
金文							
古鉨							

	立	窃 竊	竄	窯	竆 窮	漥 窪	窠
小篆							
印篆							
金文							
古鉨							

競	端	童	竣	章	竟	並 竝	

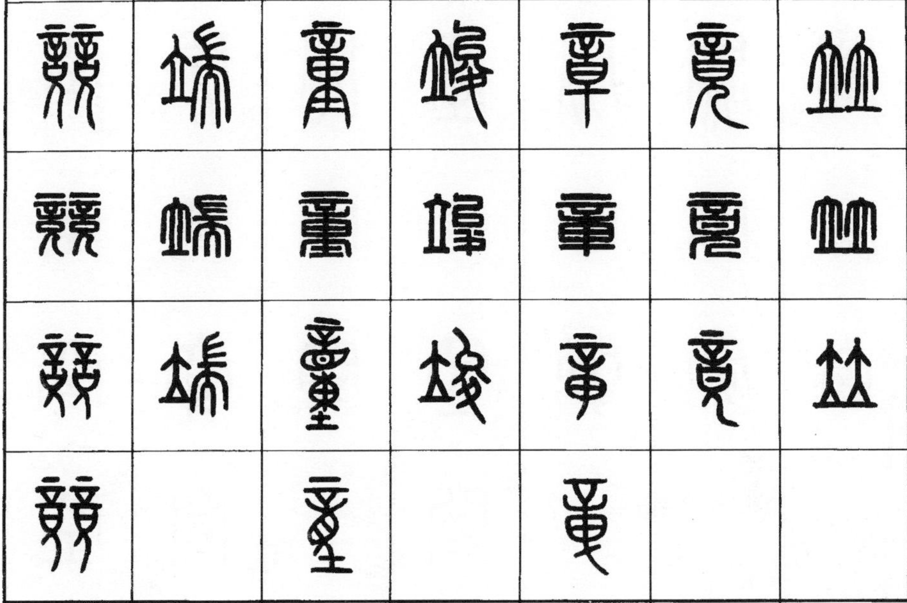

小篆
印篆
金文
古鉨

笛	笙	笑	竽	竿	篙 竺	竹	

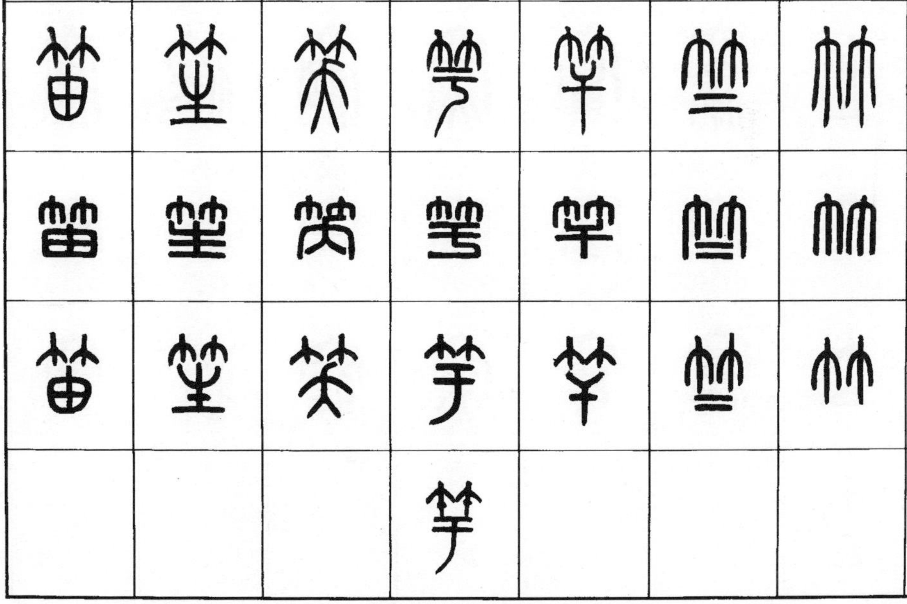

小篆
印篆
金文
古鉨

	筆	范	第	符	笥	笠	笞
小篆							
印篆							
金文							
古鉥							

	策	荅 答	筒	筑	筍	筋	等
小篆							
印篆							
金文							
古鉥							

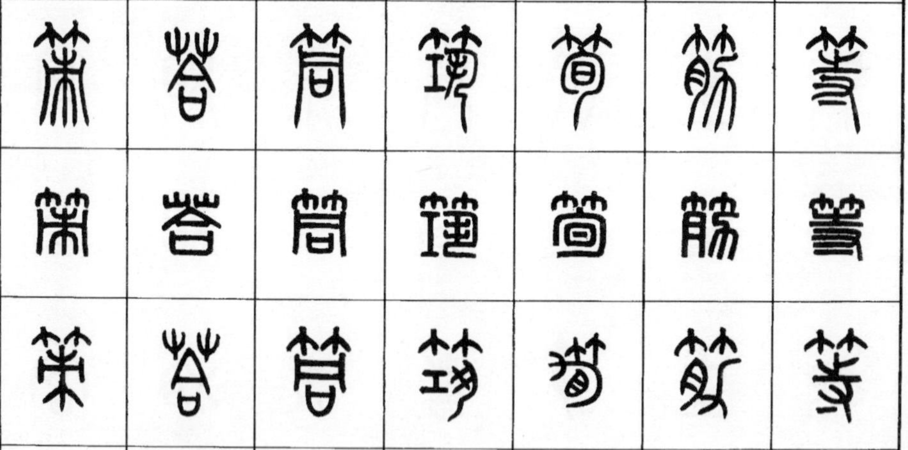

	笱	筵	箇	箋 牋	箏	箕 其	算 筭
小篆							
印篆							
金文							
古鉢							

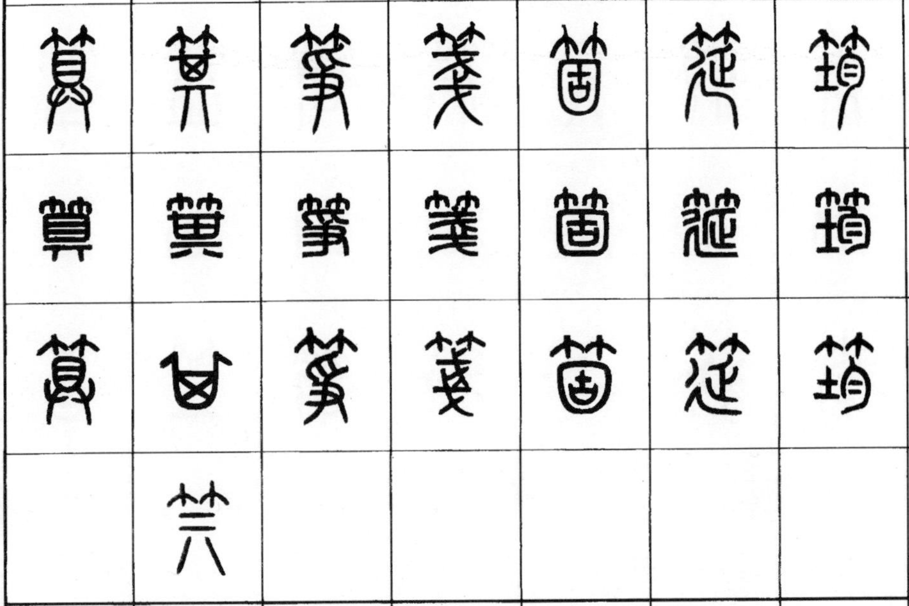

	管 琯	箱	箴	箸	節 節	篁	範
小篆							
印篆							
金文							
古鉢							

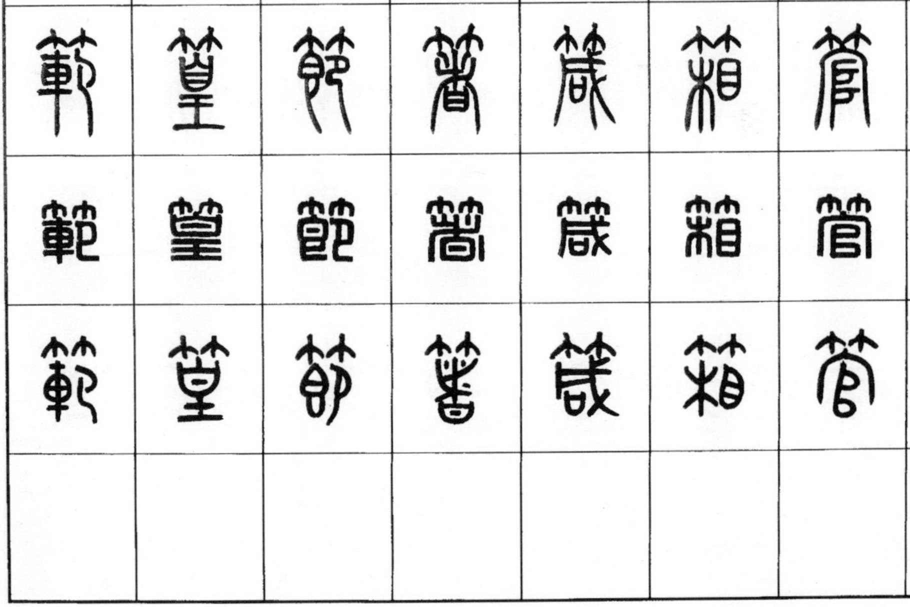

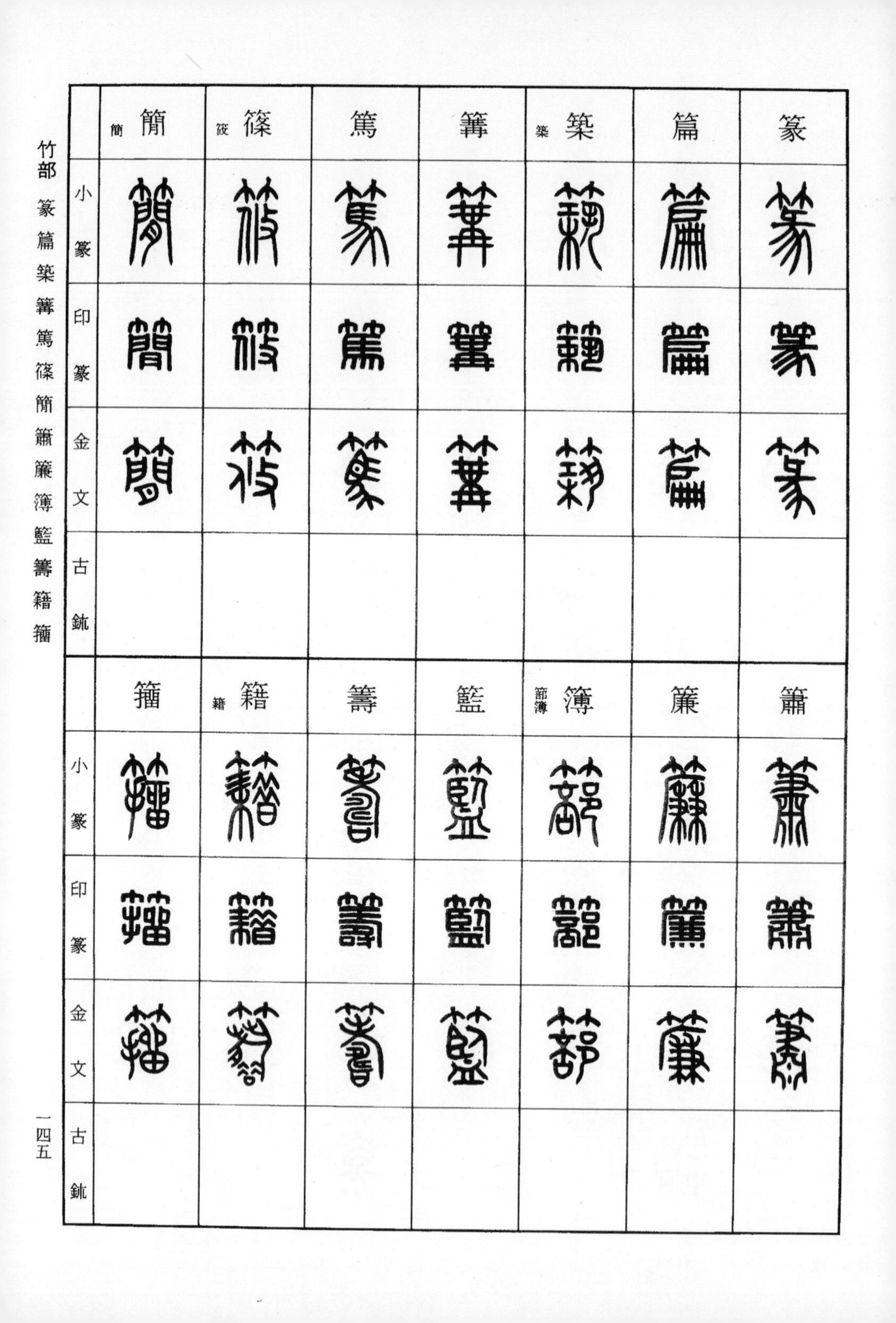

	簡 簡	筱 篠	篤	篝	築 築	篇	篆
小篆							
印篆							
金文							
古鉩							

	籒	耤 籍	籌	籃	節簿 簿	簾	簫
小篆							
印篆							
金文							
古鉩							

粕	粒	粉 粉	米	籥	籠	籔	

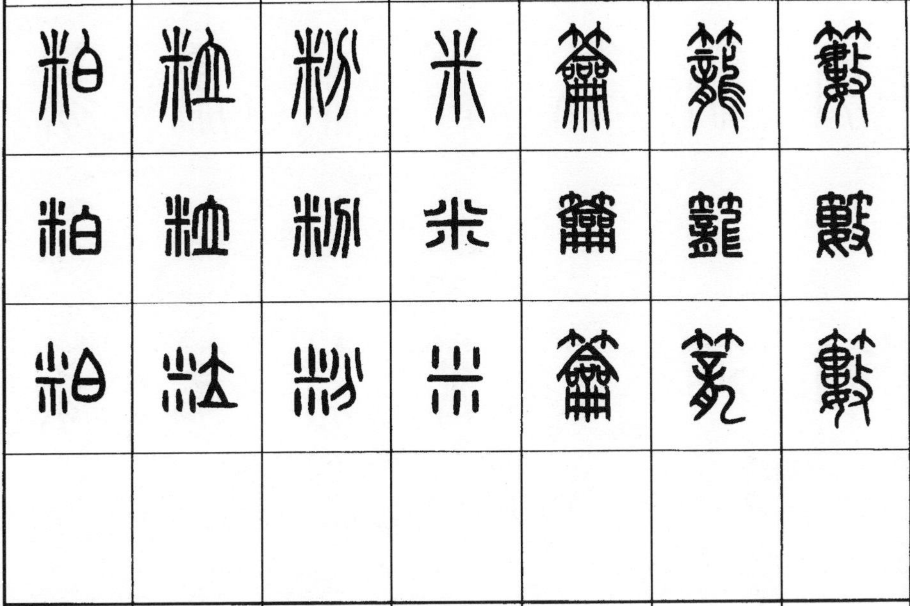

小篆 印篆 金文 古鉨

黏 糊	精 精	粋 粹	粲	㮚 粟	黏 粘	粗	

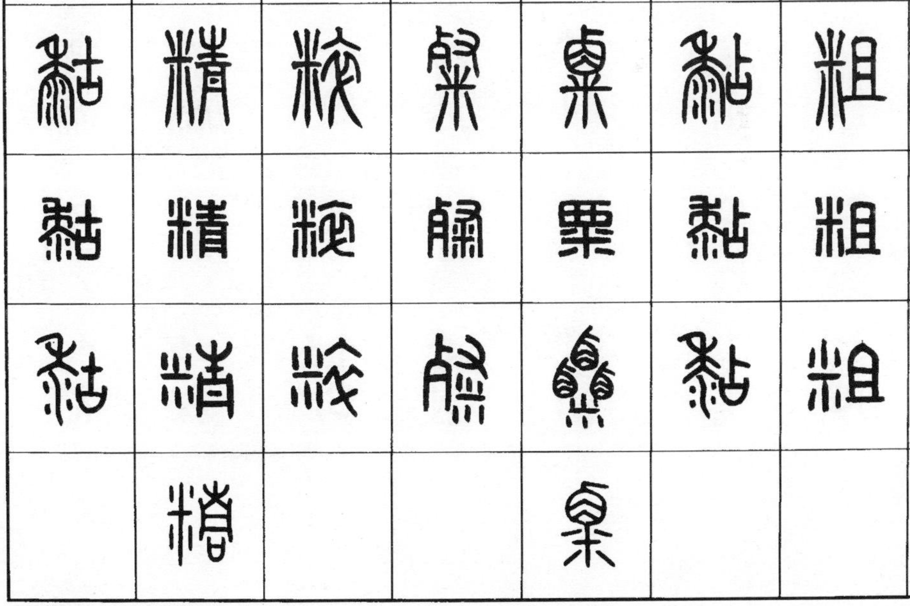

小篆 印篆 金文 古鉨

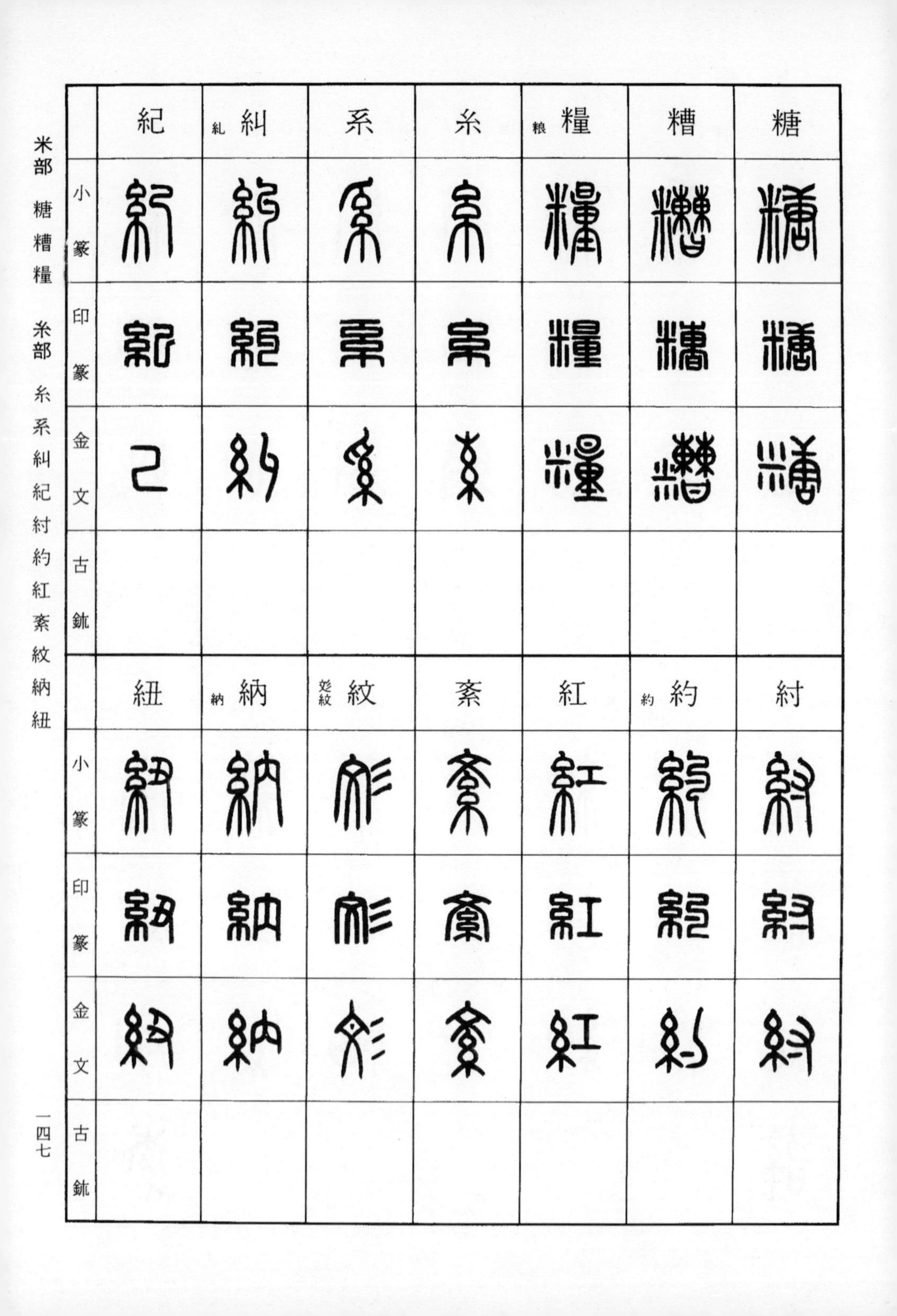

	紀	糺 糾	系	糸	粮 糧	糟	糖
小篆							
印篆							
金文							
古鉨							

	紐	納 納	彣紋 紋	紊	紅	約 約	紂
小篆							
印篆							
金文							
古鉨							

	紡	素 [illegible]	紛	級 級	紙	紗 沙	純

小篆

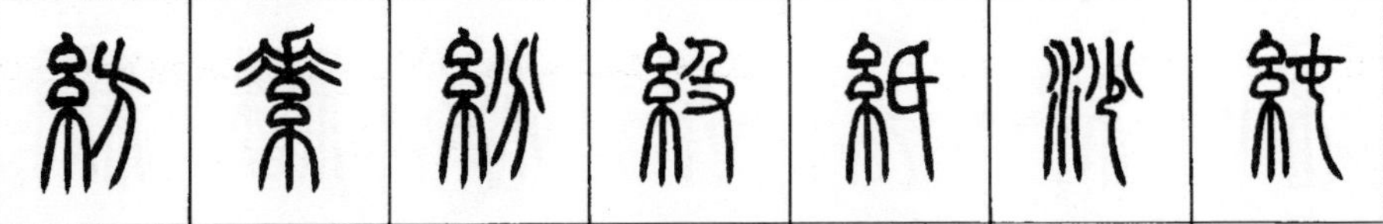

印篆

金文

古鉩

	紹	紳	細 [illegible]	累 絫	紬	紫	索

小篆

印篆

金文

古鉩

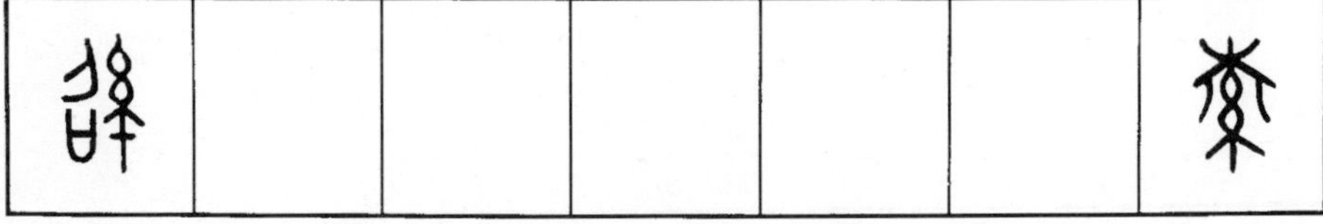

	𢇍絶 絕	結	絆	組	弦 紘	終 終	紺
小篆	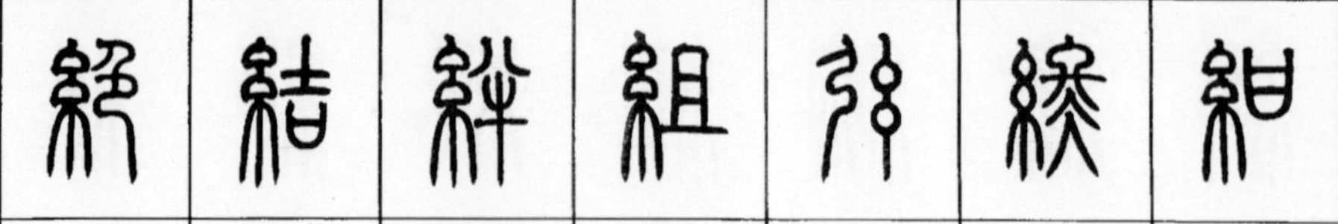						
印篆							
金文	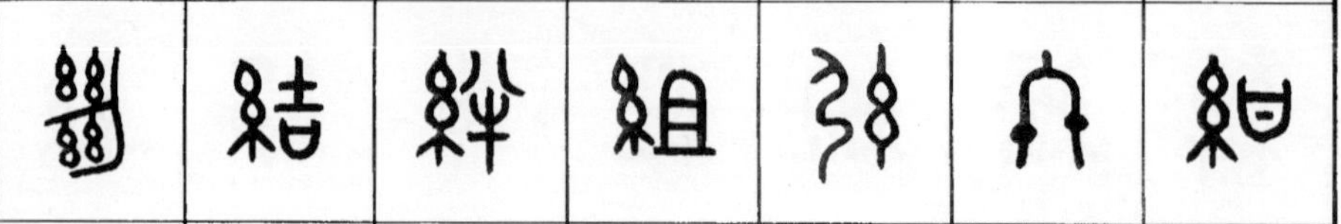						
古鈢							

	統	絮	給	絢	絡	絞	絜
小篆							
印篆							
金文	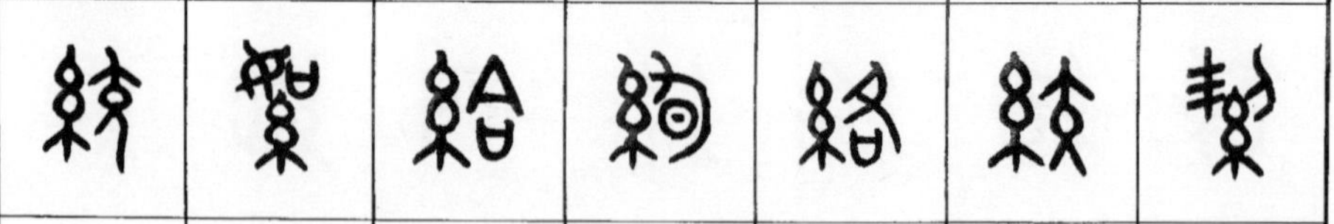						
古鈢							

綬	緑 綠	綜	経 經	綏	絹	絲	
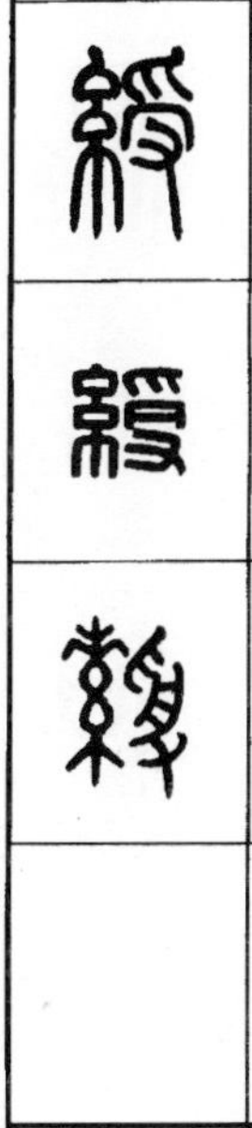	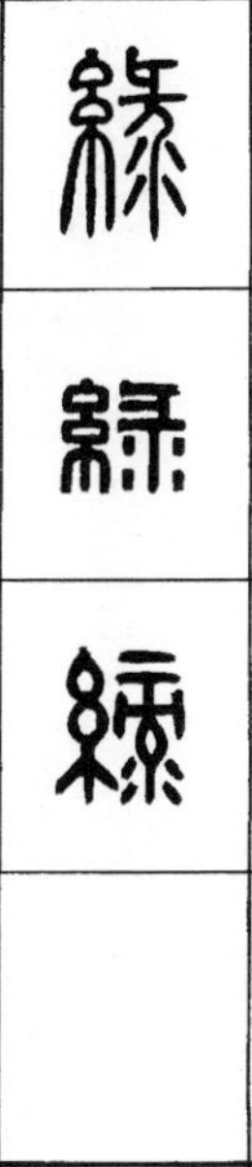	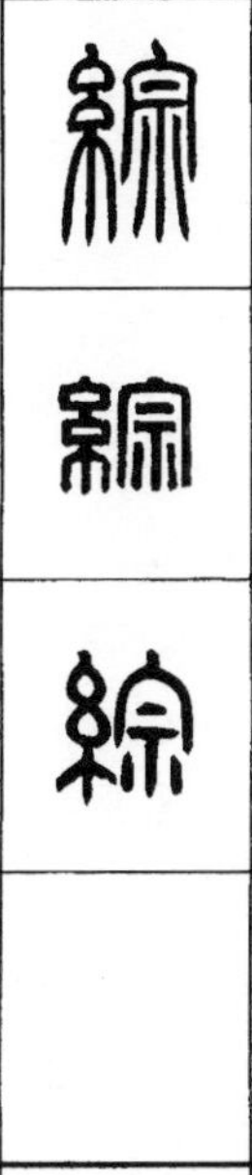	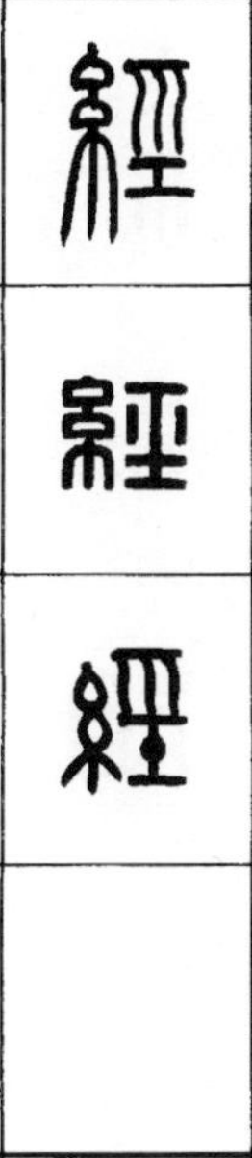		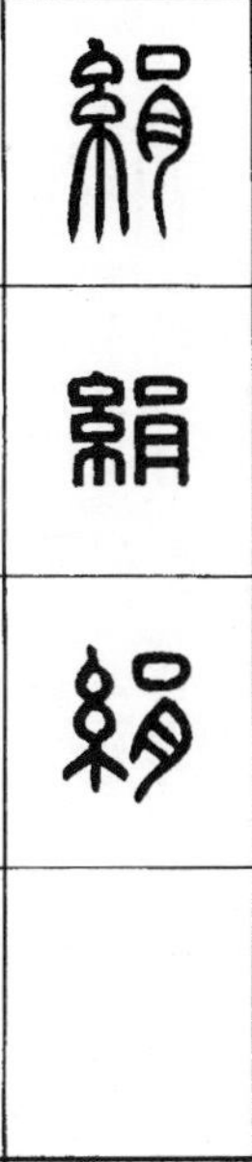	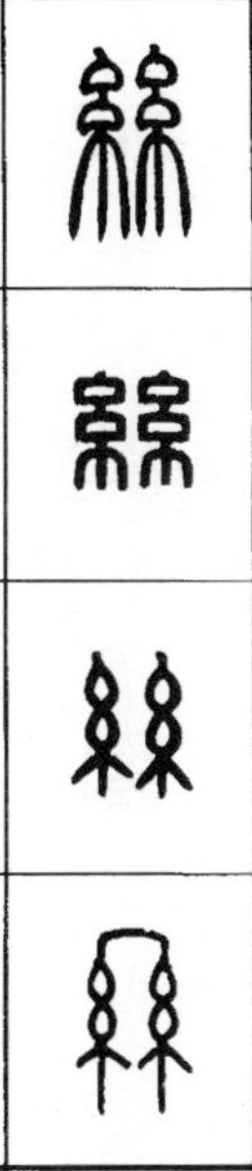	小篆 印篆 金文 古鉢

繛 綽	綺	綸	綴	网 網	綱 綱	維	
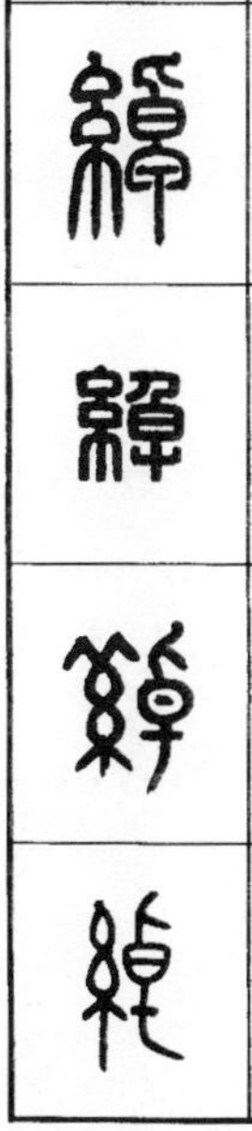		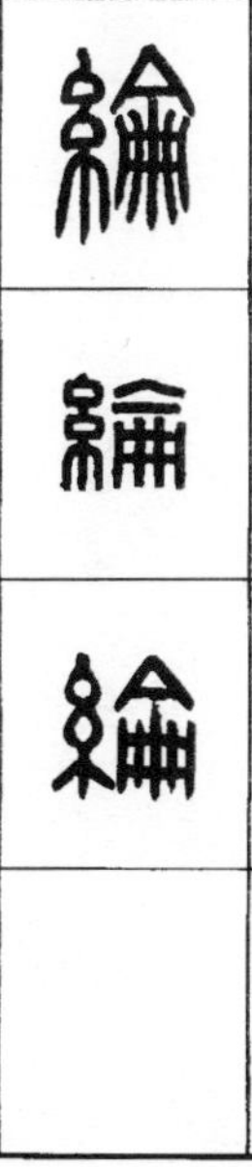	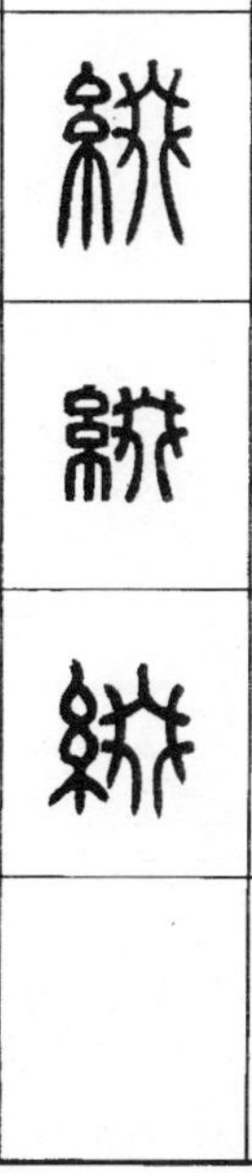	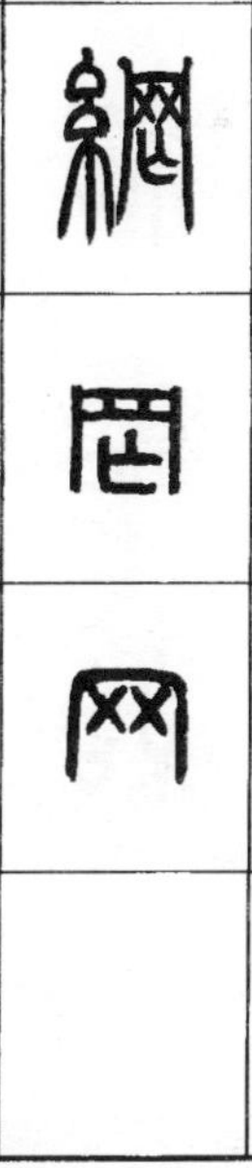	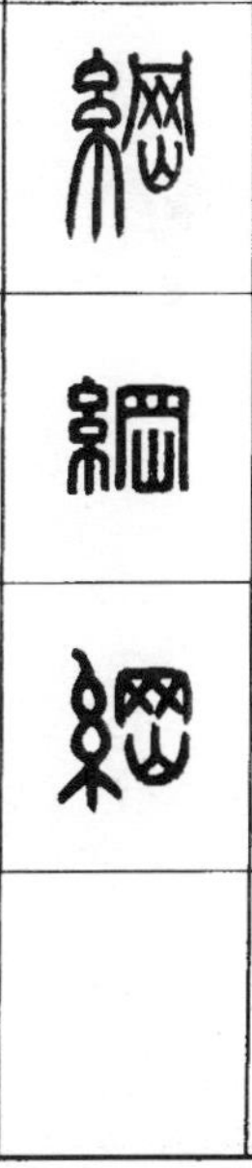	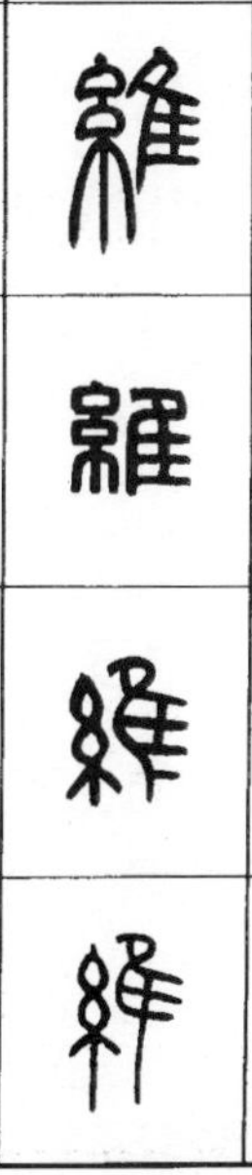	小篆 印篆 金文 古鉢

	棉綿 緜	綫 線	緘	緖 緒	緋	緊	綾
小篆							
印篆							
金文							
古鈢							

	練 練	緯	編 編	緣 緣	締	鍛 緞	緝
小篆							
印篆							
金文							
古鈢							

	緻	縛 縛	縞	縢	縣 懸	縫	縮 縮
小篆							
印篆							
金文							
古鉨							

	縱 縦	縹	總 総	績	繁 緐繁	繆	織
小篆							
印篆							
金文							
古鉨							

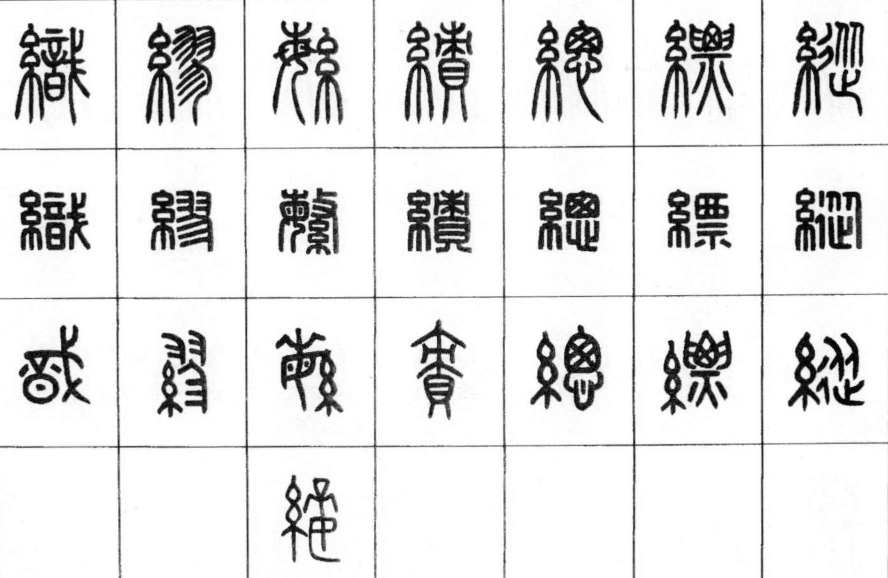

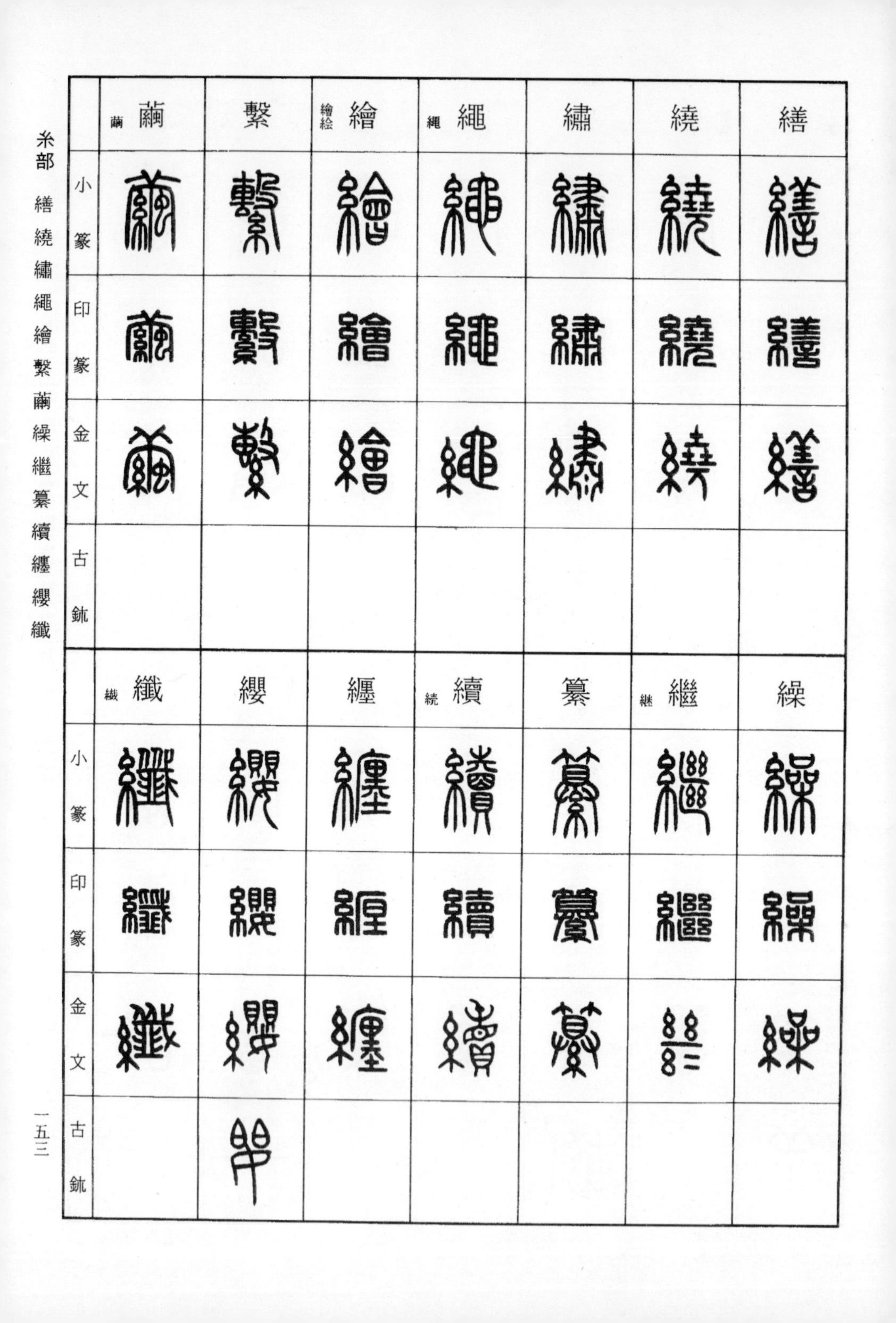

	繭 繭	繫	繪 絵 繪	縄 繩	繡	繞	繕
小篆							
印篆							
金文							
古鉩							

	纎 纖	纓	纏	続 續	纂	継 繼	繰
小篆							
印篆							
金文							
古鉩							

置 置	罪 罪辠	罠 罠	罔 罔	罐	缺 欠	缶	
							小篆
							印篆
							金文
							古鉩

羊	羈 羈	羅 羅	罷 罷	罵 駡	署 署署	罰 罸	
							小篆
							印篆
							金文
							古鉩

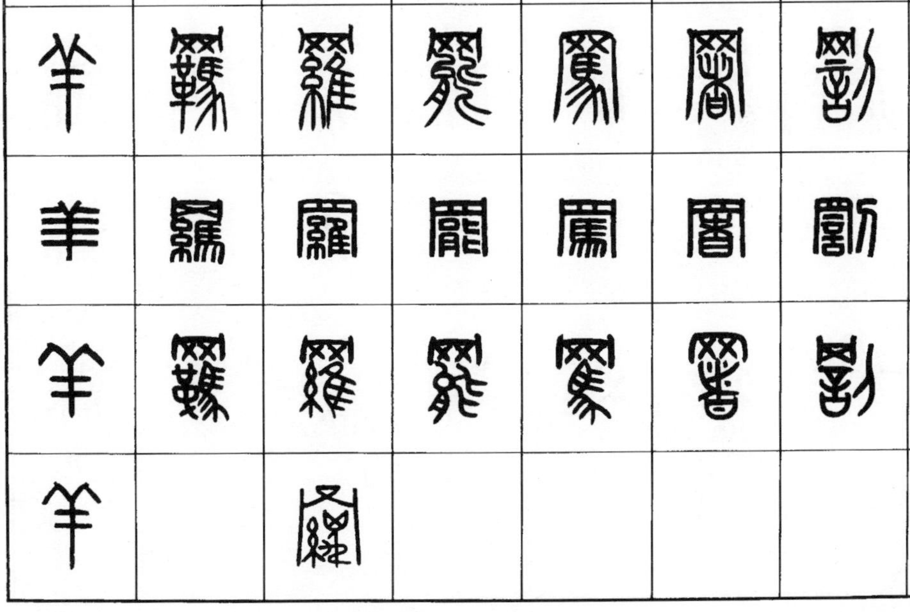

羊部 羌 美 羔 羞 羣 羨 義 羲 羶 羹

羽部 羽 翁 翅 翊

	義	羡 羨	群 羣	羞	美 羔	美	羌
小篆							
印篆							
金文							
古鉨							

	翌 翊	翄 翅	翁 翁	羽 羽	鬻 羹	羴 羶	羲 羲
小篆							
印篆							
金文							
古鉨							

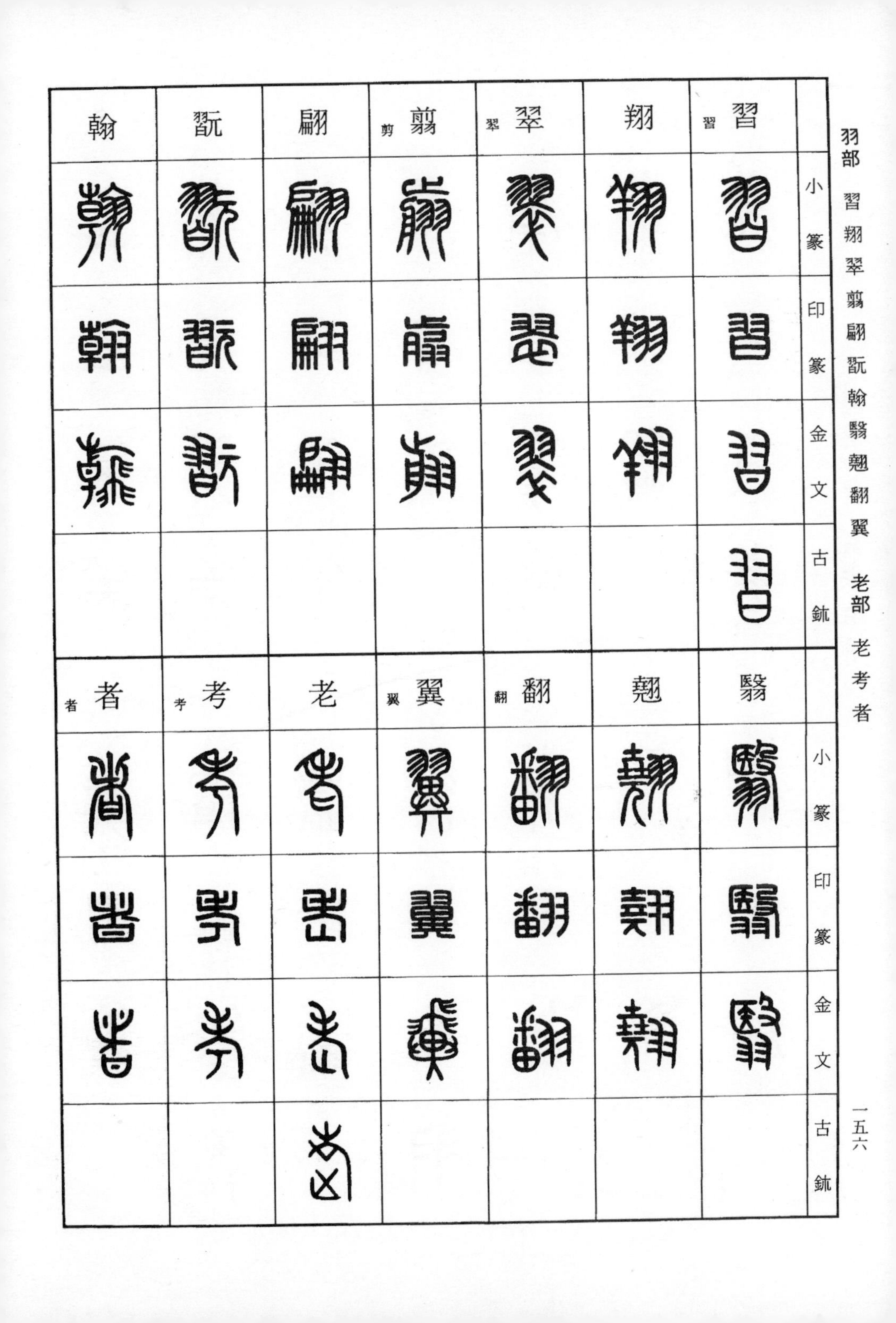

翰	翫	翮	翦 剪	翠 翆	翔	習 習	
							小篆
							印篆
							金文
							古鉨

者 者	考 考	老	翼 翼	翻 翻	翹	翳	
							小篆
							印篆
							金文
							古鉨

	耆	而	耏 耐	耒	耕 耕	秏 耗	耳
小篆							
印篆							
金文							
古鉥							

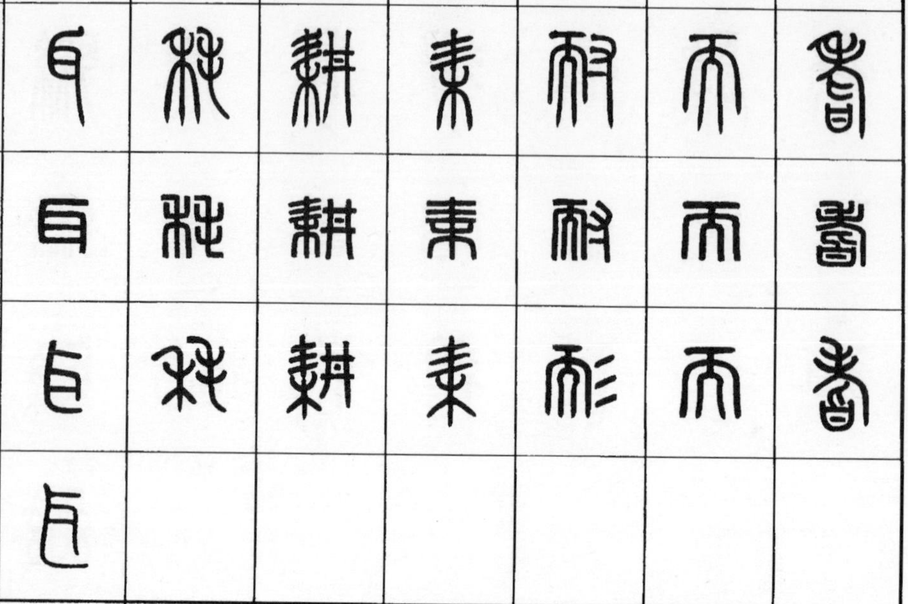

	邪 耶	耽	耿	聊	聖 聖	聚	聞
小篆							
印篆							
金文							
古鉥							

耳部 聯聰聲聳職聽聾　聿部 聿肄肅肆肇　肉部 肉肌

聯（聮）	聰（聡）	聲（声）	聳	職	聽（聴）	聾

小篆　印篆　金文　古鉥

聿	肄	肅（粛）	肆	肇（肈）	肉	肌

小篆　印篆　金文　古鉥

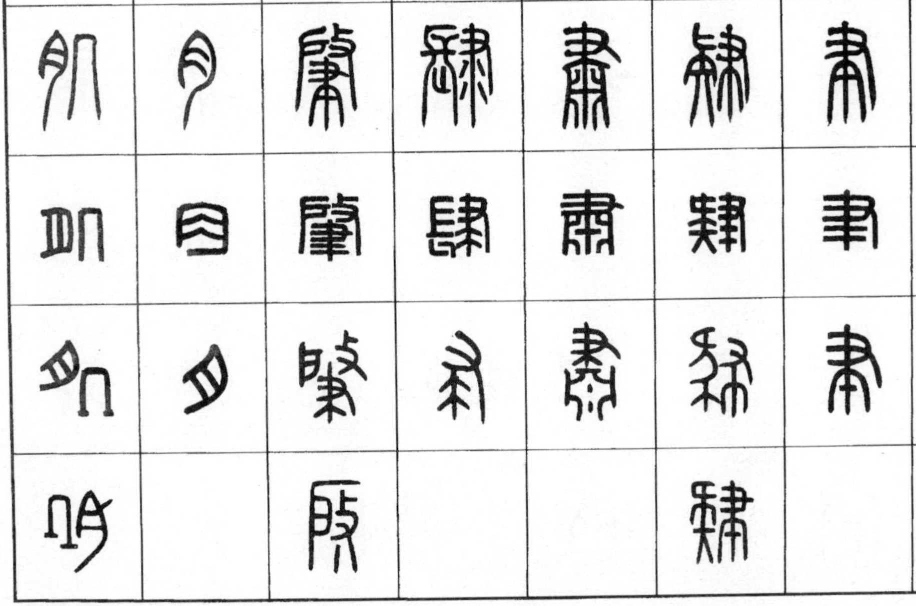

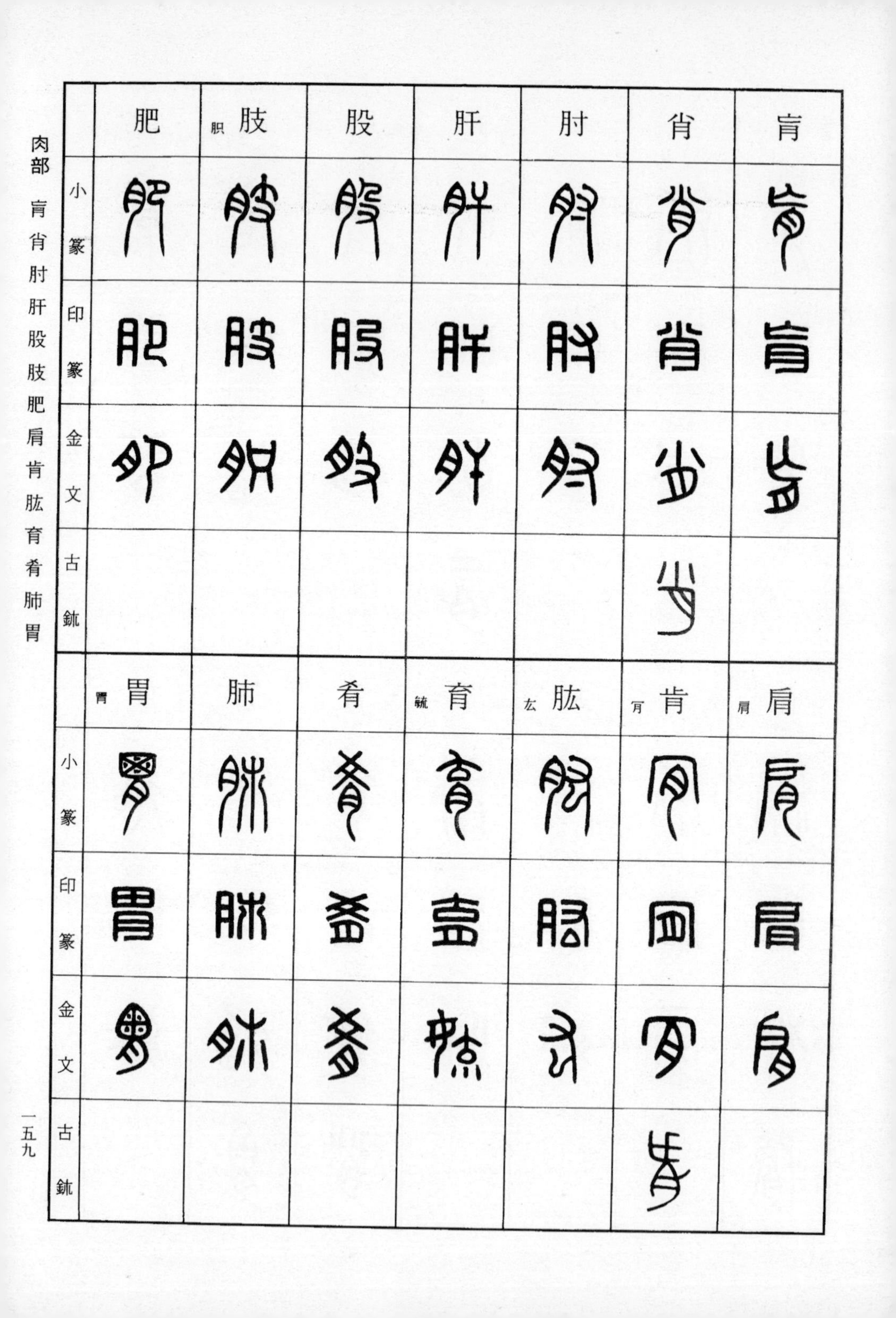

	肥	胑 肢	股	肝	肘	背	肓
小篆							
印篆							
金文							
古鉥							

	胃 胃	肺	肴	毓 育	厷 肱	肎 肯	肩 肩
小篆							
印篆							
金文							
古鉥							

	背	胎	胞 胞	胡	胤	胴	胸 匈 胷
小篆							
印篆							
金文							
古鉢							

	能	脂	脅 脇	脈 衇	脛	脣 昏	脩
小篆							
印篆							
金文							
古鉢							

	要 腰	脚 腳	𡿺脳 腦	掔 腕	腐	腎	脱 脫
小篆							
印篆							
金文							
古鉨							

	厀 膝	膜	臚 膚	膏	腹 腹	腸	腴
小篆							
印篆							
金文							
古鉨							

	膠	膳	膺	膽 胆	臂	臘 腊	臣
小篆							
印篆							
金文							
古鉢							

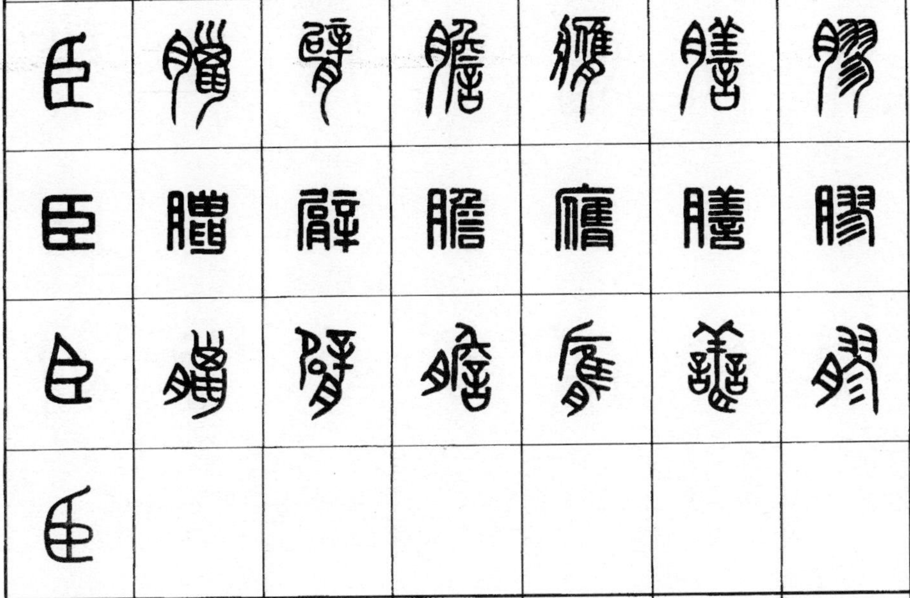

	臤	臥 卧	臧	臨	自	臭 臭	至 致
小篆							
印篆							
金文							
古鉢							

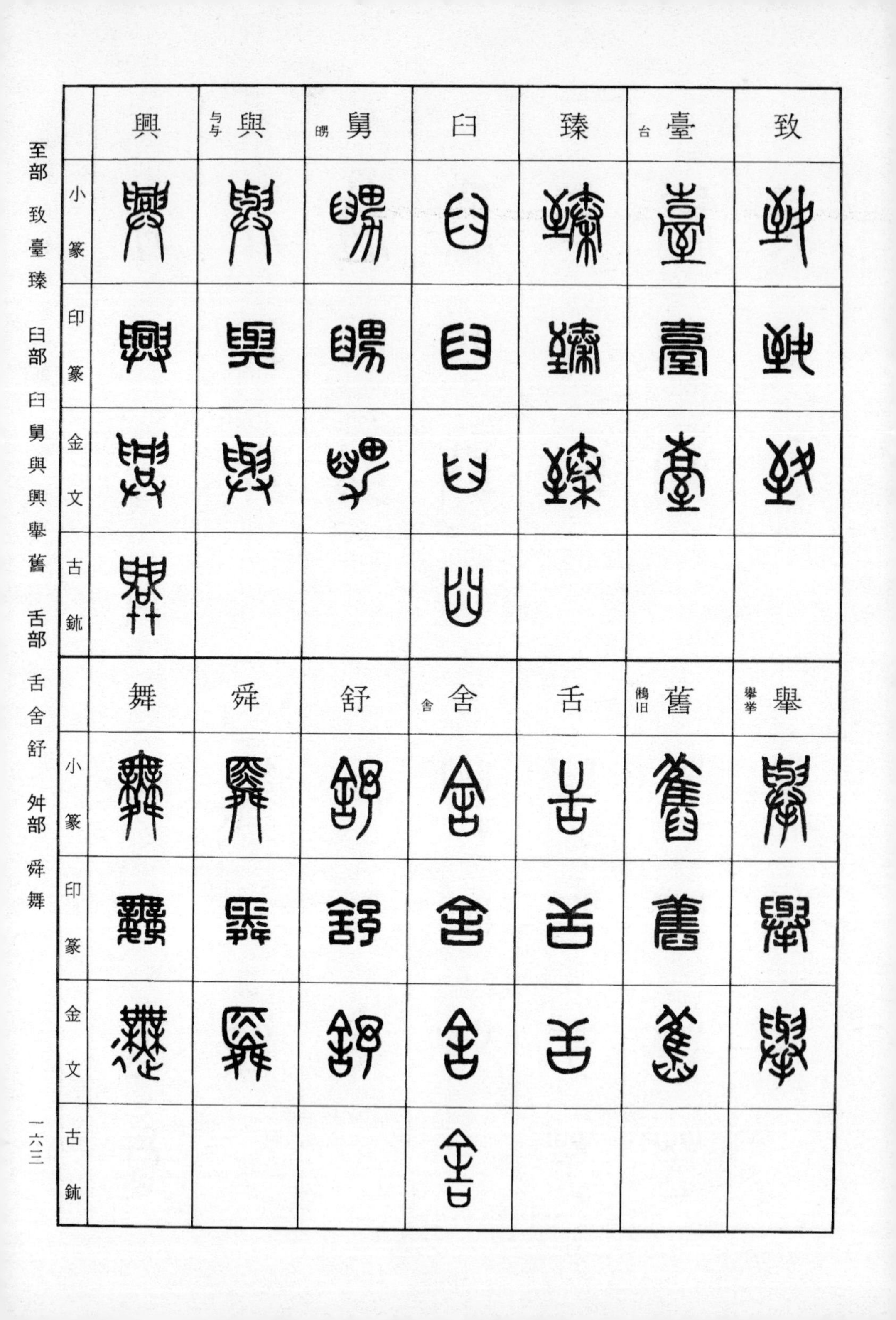

至部　致臺臻

臼部　臼舅與興舉舊

舌部　舌舍舒

舛部　舜舞

	致	臺 台	臻	臼	舅 [illegible]	與 与 与	興
小篆							
印篆							
金文							
古鉨							

	舉 舉 挙	舊 鵂 旧	舌	舍 舎	舒	舜	舞
小篆							
印篆							
金文							
古鉨							

	舟	航 斻	舫	般	船	艇	艮
小篆	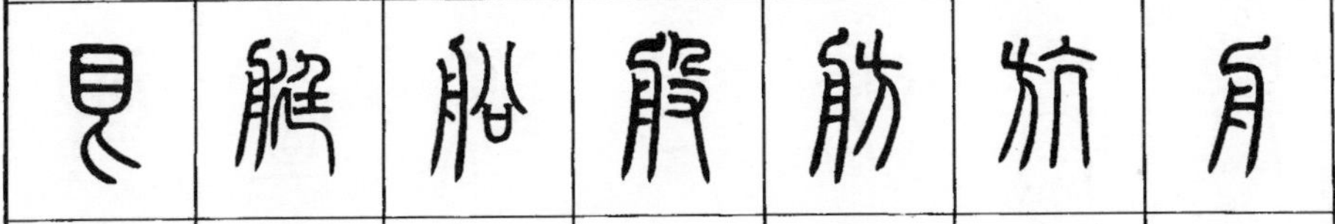						
印篆							
金文							
古鉨	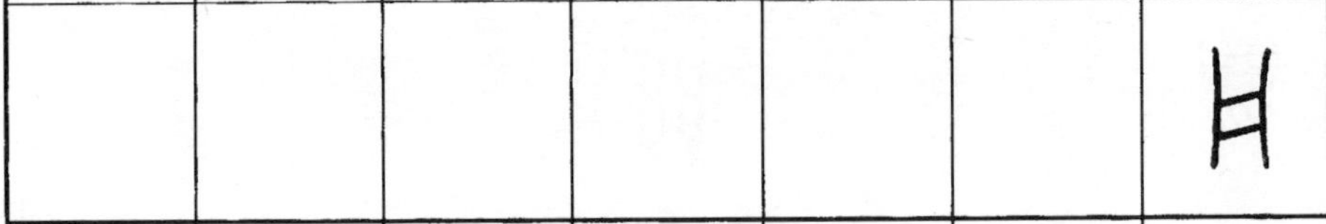						

	良	艱 囏	色	艸	芋 芋	芒	芙
小篆							
印篆							
金文							
古鉨	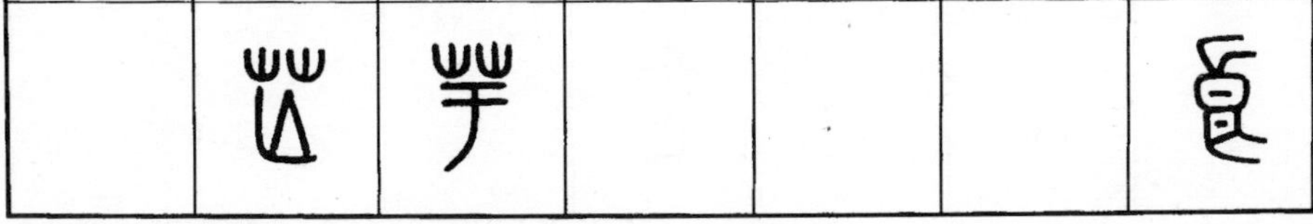						

	苑	芽 芽	芹	芸	芳 芳	芥	芝 芝
小篆							
印篆							
金文							
古鉥							

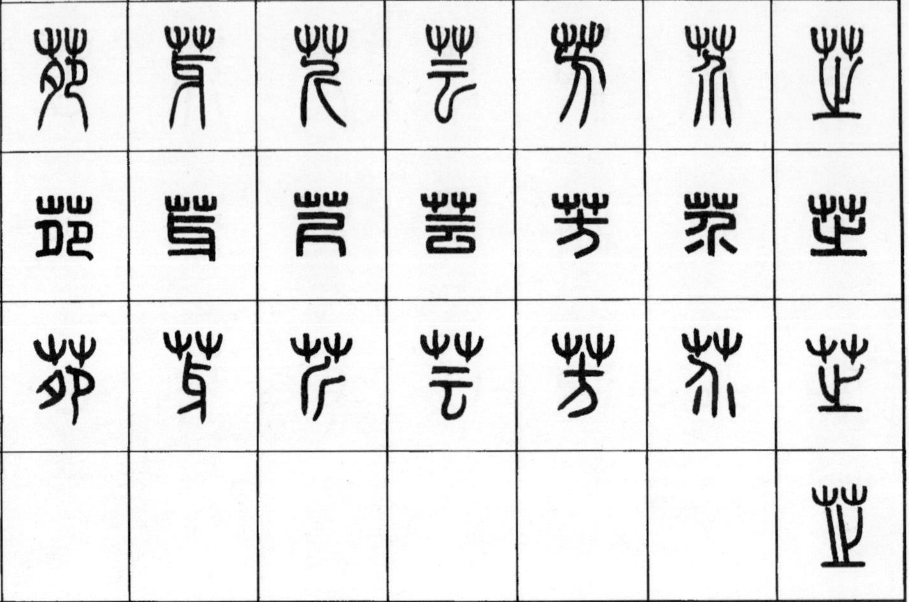

	苦 苦	若 若	苟	苞	苛	苗 苗	落 苕
小篆							
印篆							
金文							
古鉥							

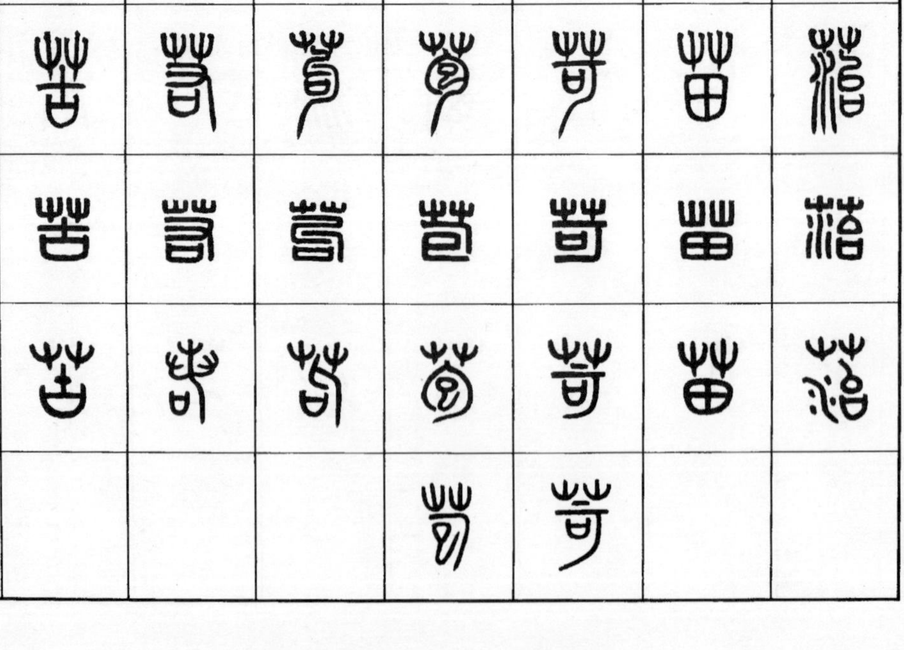

	苫	英 英	莓	茂 茂	范	茄	茅
小篆							
印篆							
金文							
古鈢							

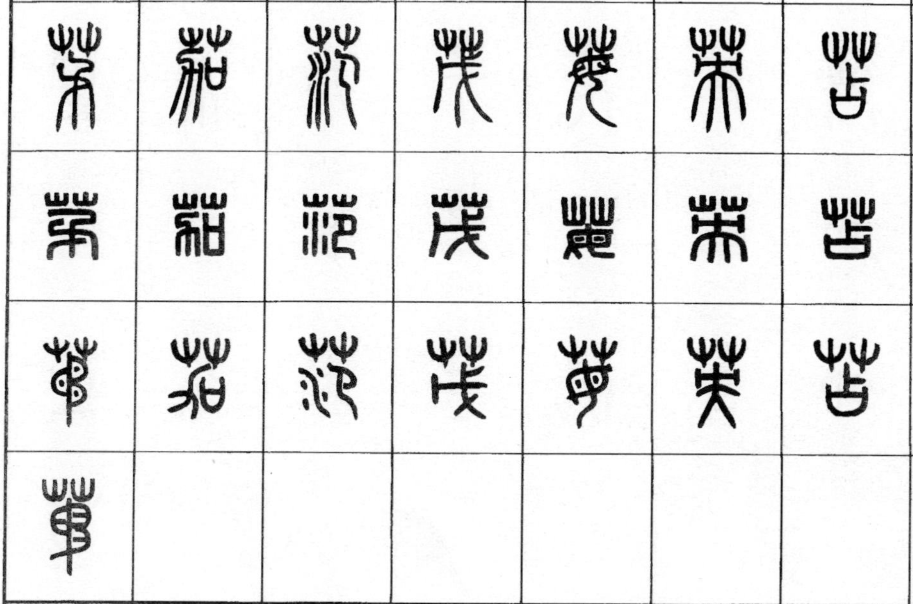

	苿	茗	荔	茜	茨	芒 茫	茱
小篆							
印篆							
金文							
古鈢							

	兹	茶 茶	茷	茸	茹	荃	荆
小篆							
印篆							
金文							
古鉨							

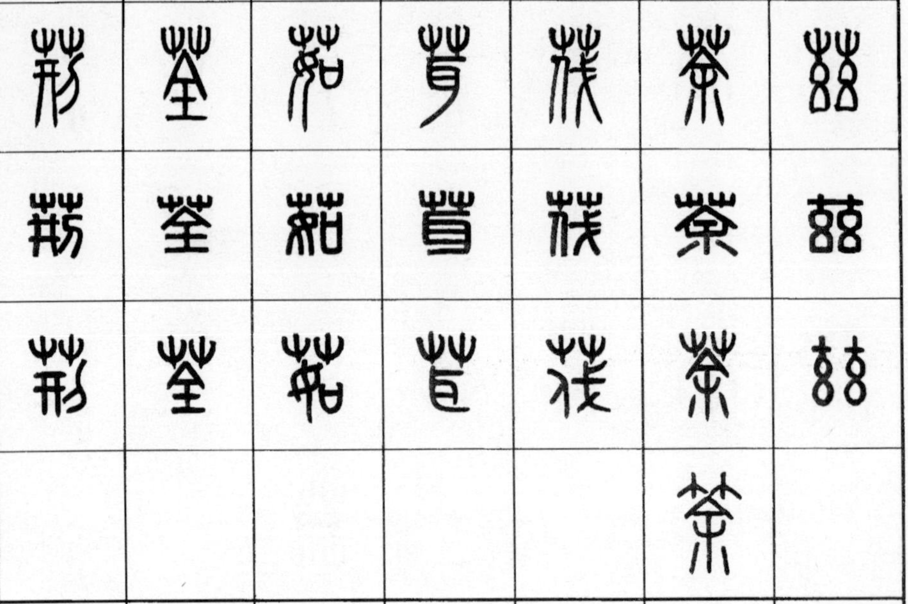

	草 草	荏	荒 荒	荷 荷	狄 荻	荼	莉
小篆							
印篆							
金文							
古鉨							

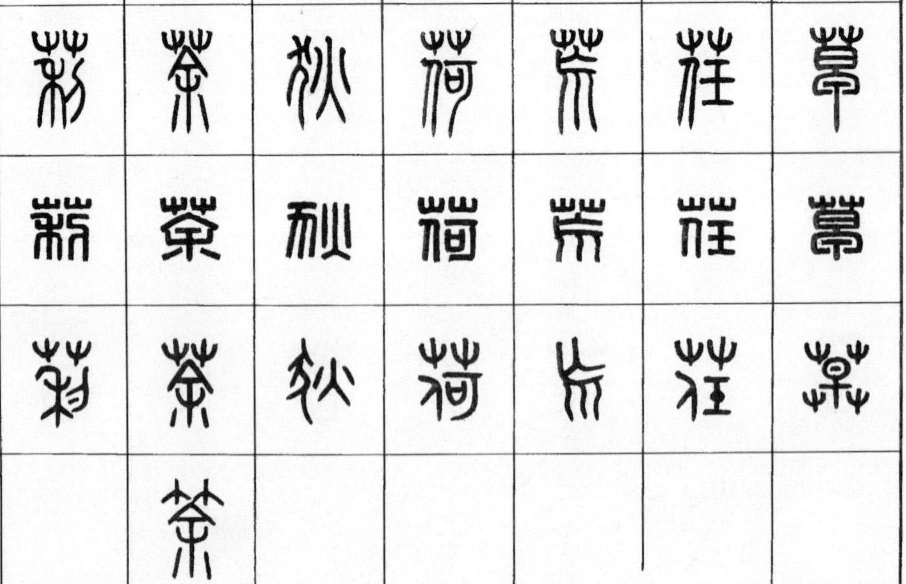

	莊（脥庄荘）	莖（茎）	莫（暮）	莽	菁	菅	菊（蘜菊）
小篆							
印篆							
金文							
古鉩							

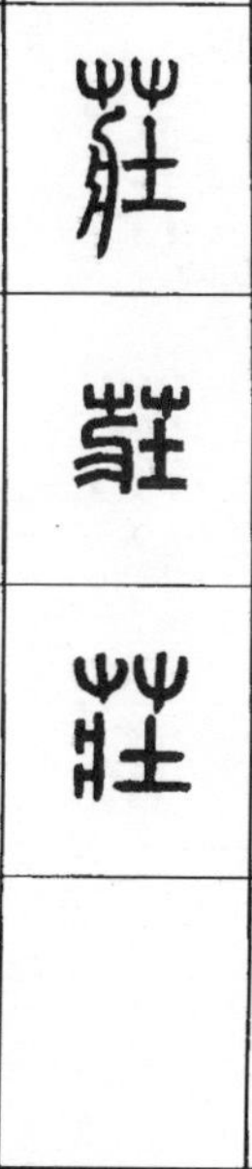
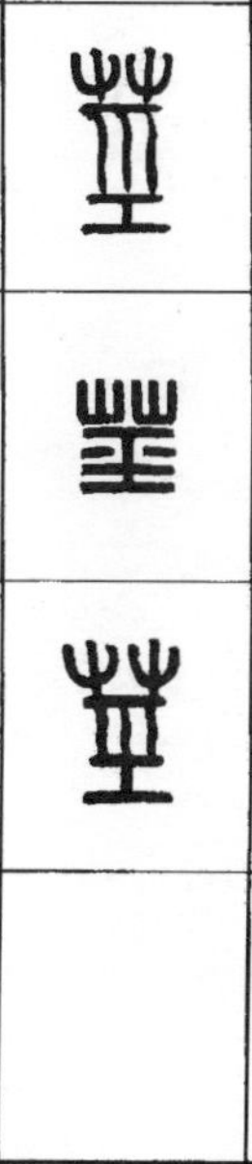

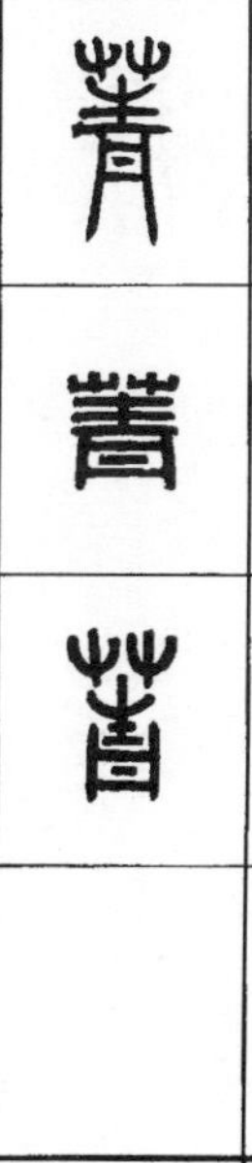

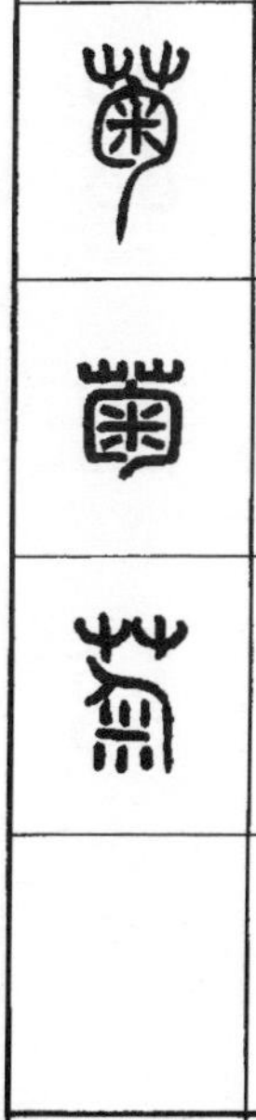

	菌（菌）	菜（菜）	菩	華（花華）	菲	萃	萄
小篆							
印篆							
金文							
古鉩							

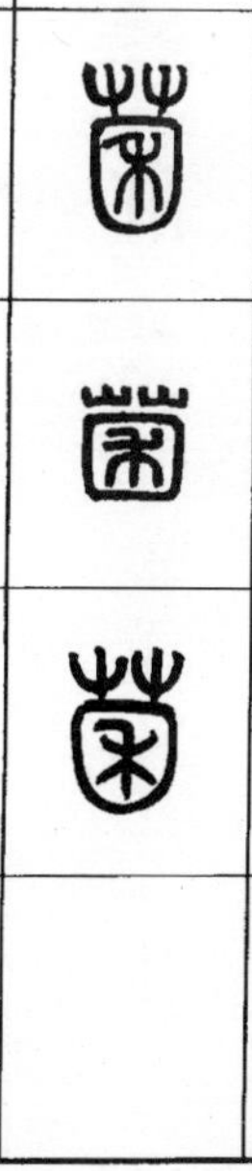
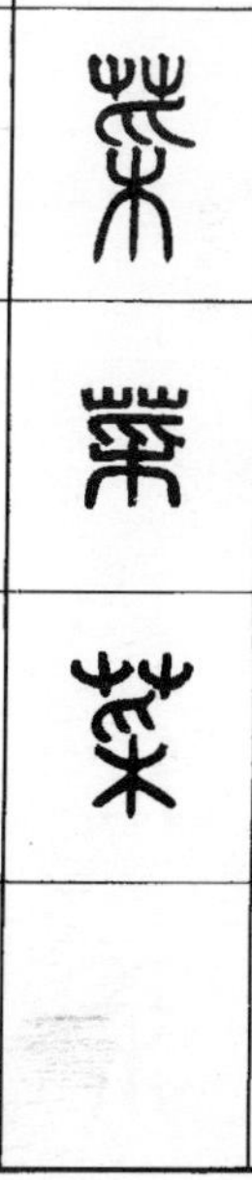

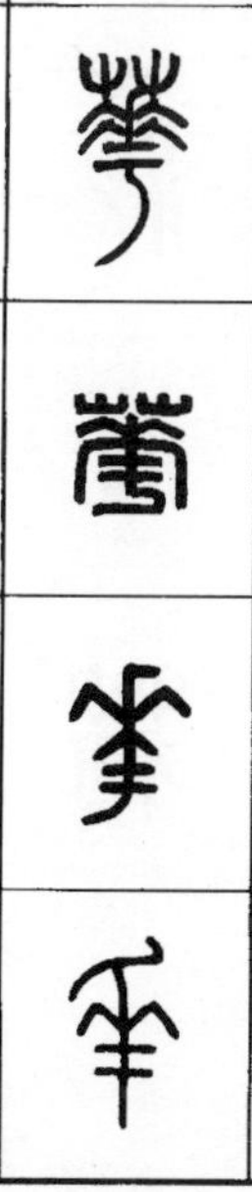
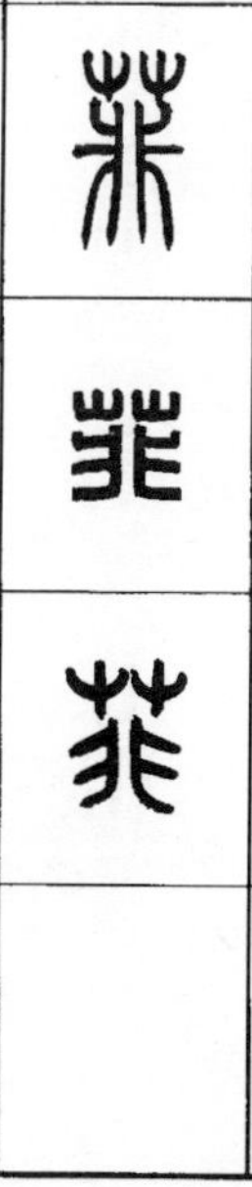

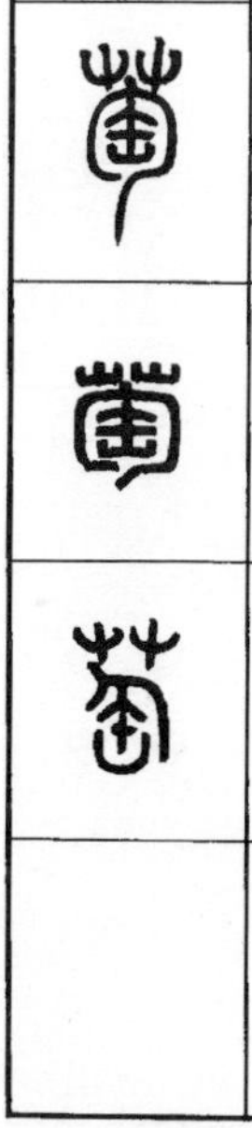

	万 萬	秼 萩	葌	蓱 萍	萌	蔞	萊
小篆							
印篆							
金文							
古鉢							

	葬	葦	蓳 蓳	葛	枼 葉	洛 落	萓
小篆							
印篆							
金文							
古鉢					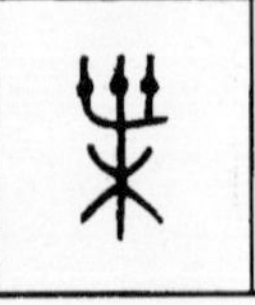		

	葭	葵	葺	蒐	蒔	蒙	蒲 蒱
小篆							
印篆							
金文							
古鈢							

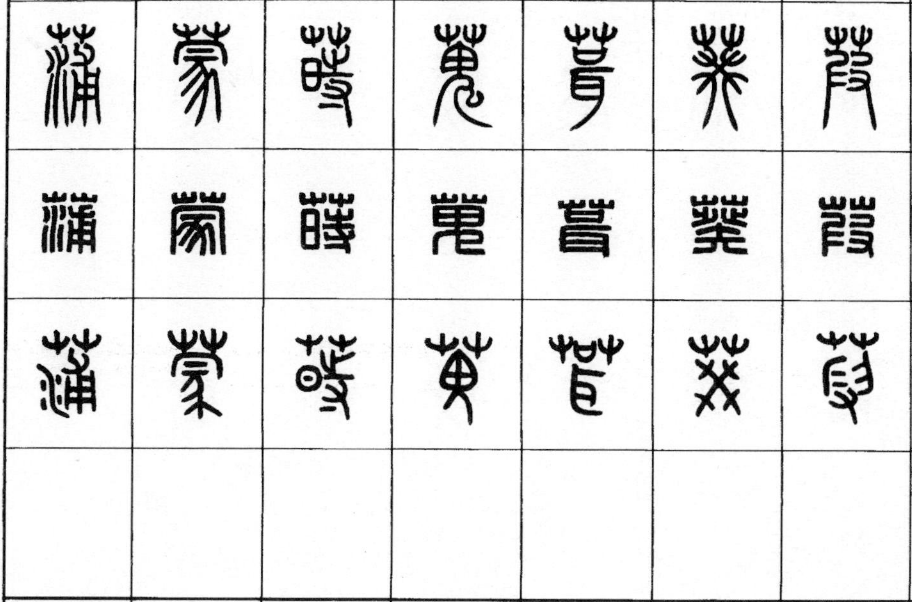

	蒸 蒸	蒹	蒼	蒿	蓄 蓄	蓆	蓉
小篆							
印篆							
金文							
古鈢							

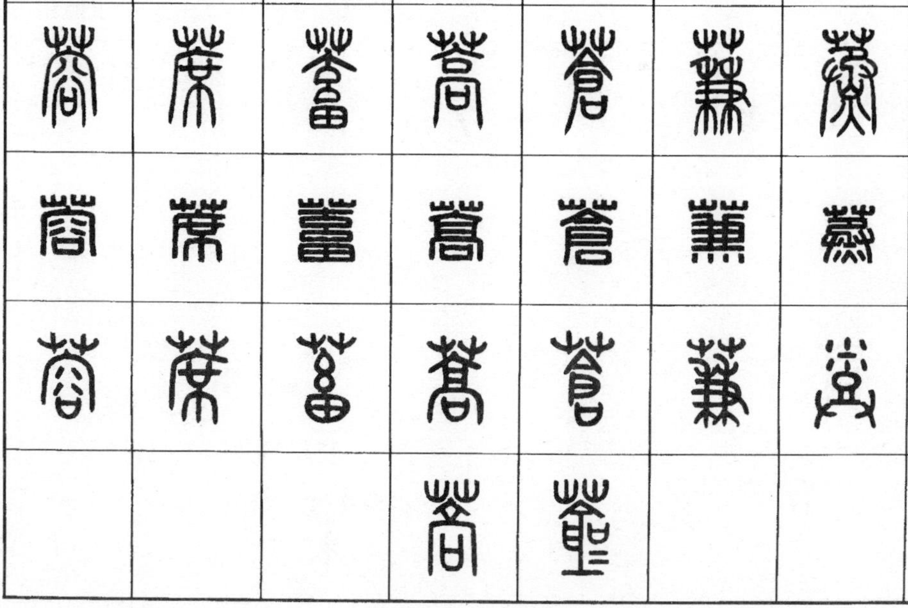

	蔓	蔑	蔘	蓮	蓬	蓑	盖 蓋
小篆	蔓	蔑	蔘	蓮	蓬	蓑	蓋
印篆	蔓	蔑	蔘	蓮	蓬	蓑	蓋
金文	蔓	蔑	蔘	蓮	蓬	蓑	蓋
古鉩		蔑					蓋

	蕉	蕃	蔽	蔭	蔬	蔦	蔚
小篆	蕉	蕃	蔽	蔭	蔬	蔦	蔚
印篆	蕉	蕃	蔽	蔭	蔬	蔦	蔚
金文	蕉	蕃	蔽	蔭	蔬	蔦	蔚
古鉩							

	蕗	蕨	蕩	蕪	蕭	薀	薄（薄）
小篆							
印篆							
金文							
古鈢							

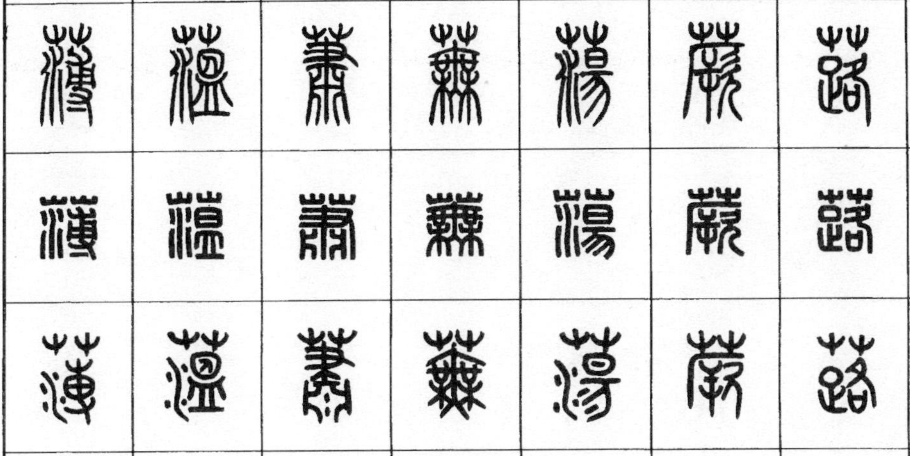

	薇	薊	薔	薙	薛	薦（薦）	蕘
小篆							
印篆							
金文							
古鈢							

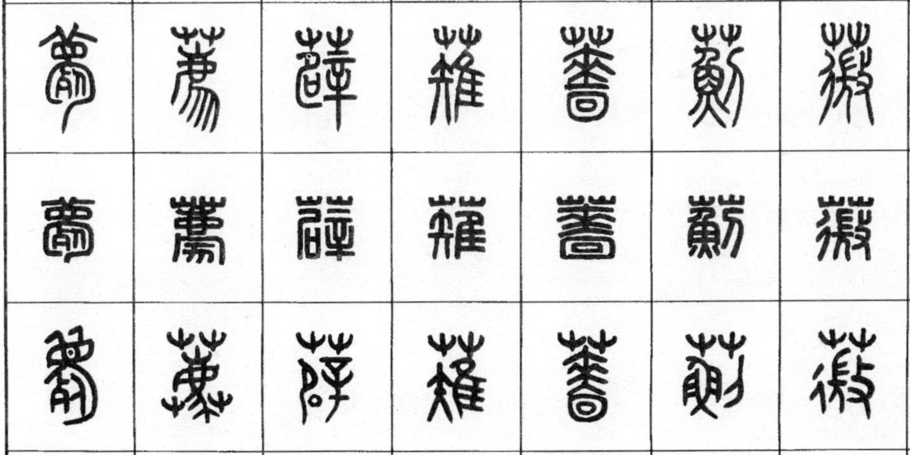

	埶芸 藝	臧 藏	藍	藉	埋 薶	薫 薰	薪 薪
小篆							
印篆							
金文							
古鉨							

	蘇	芦 蘆	薻 藻	藪	藩	薬 藥	滕藤 藤
小篆							
印篆							
金文							
古鉨							

虛 虚	處 処	虔	虐 [illegible] 虐	虎	蘿	蘭 蘭	

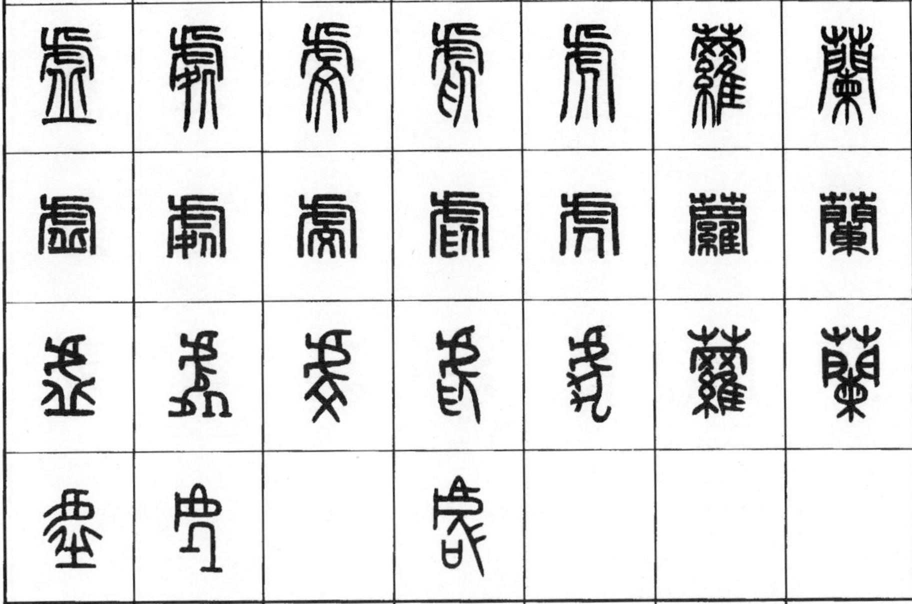

小篆 印篆 金文 古鉥

蚊 蟁	虺	虹	虫	號 号	虞 虞	虜 虜	

小篆 印篆 金文 古鉥

	鳄 蝉	蛤	蛟	鼃 蛙	它 虵 蛇	蚤	蚌
小篆							
印篆							
金文	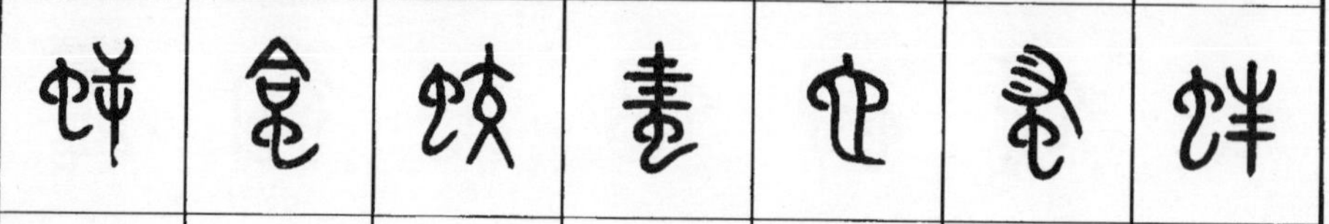						
古鉥							

	蜃	蠭 蜂	蜀	蛾	蛺	蛹	蛸
小篆							
印篆							
金文	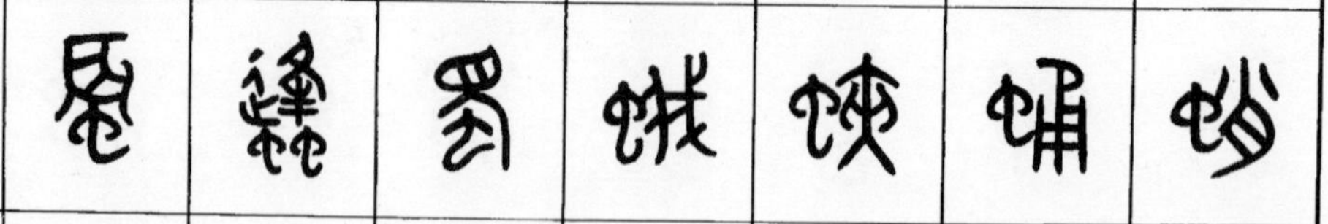						
古鉥							

蜨 蝶	螋	蝦	蝠	蜩	飠虫 蝕	蠠 蜜	

小篆 印篆 金文 古鉨

虫 蟲	蟬	蟄	螭	荧萤 螢	蟻 螘	融	

小篆 印篆 金文 古鉨

虫部 蟹 蠡 蠢 蠱 蠶 蠻 血部 血 行部 行 衍 衒 術 街 衝 衛

	血	蛮 蠻	蚕 蠶	蠱	蠢	蠡	蟹
小篆							
印篆							
金文							
古鉨							

	衛 衞	衝 衝	街	術 術	衒 衒	衍	行
小篆							
印篆							
金文							
古鉨							

䘳 衿	衷	蓑 衰	𧘝 表	衣	衢	衡	
							小篆
							印篆
							金文
							古鉥

絝 袴	被	褎 袖	袍	帒 袋	袂	袁	
							小篆
							印篆
							金文
							古鉥

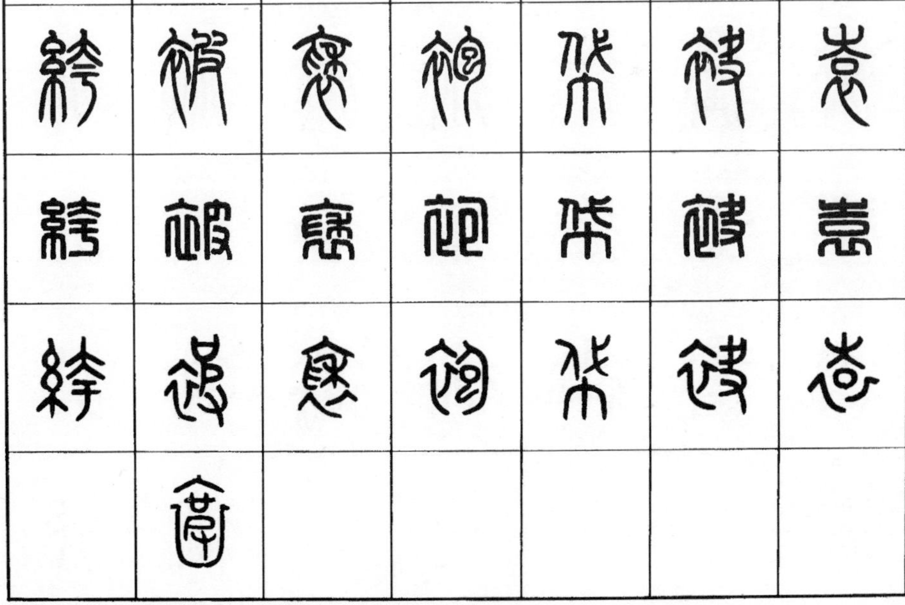

	補	求 裘	裕	裔	裏	裂	裁 裁
小篆							
印篆							
金文							
古鉥							

	裾	製	臝 裸	裴	常 裳	裨	装 裝
小篆							
印篆							
金文							
古鉥							

	複 複	褐	褻 褻	襞	襟 衿 裣	襤	襲
小篆							
印篆							
金文							
古鉨							

	西 棲	要 要	覃	覆 覆	見	規 規	視 眡 眂 視
小篆							
印篆							
金文							
古鉨							

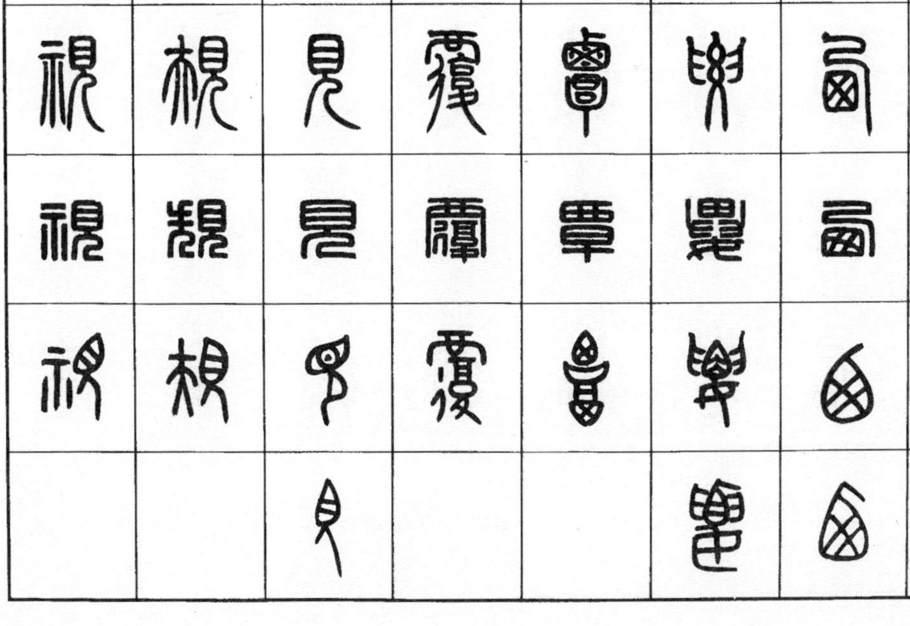

	解	觚	角	觀 観	覽 覧	覺 覚	親 寴
小篆							
印篆							
金文							
古鉨							

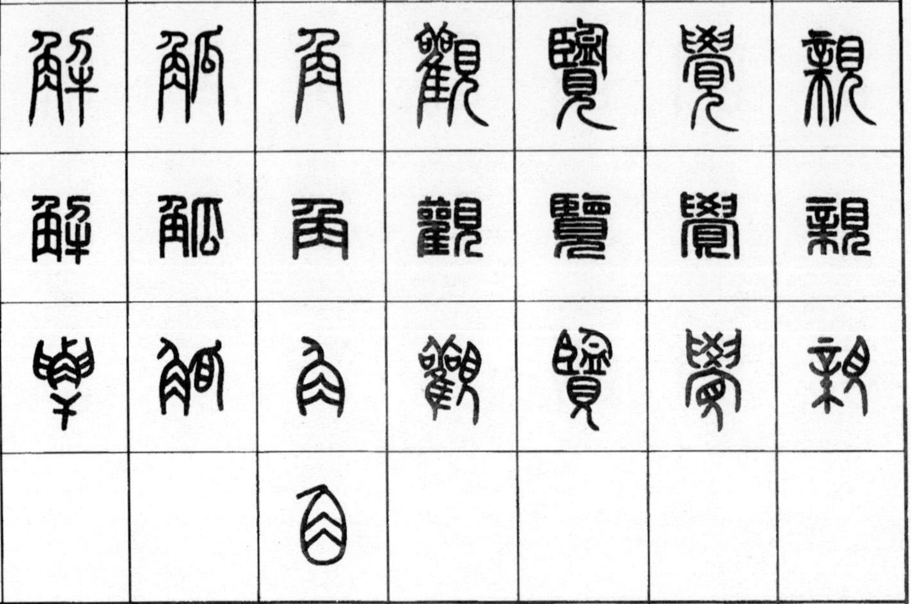

	討	訊	計	訂	言	觸 触	觴
小篆							
印篆							
金文							
古鉨							

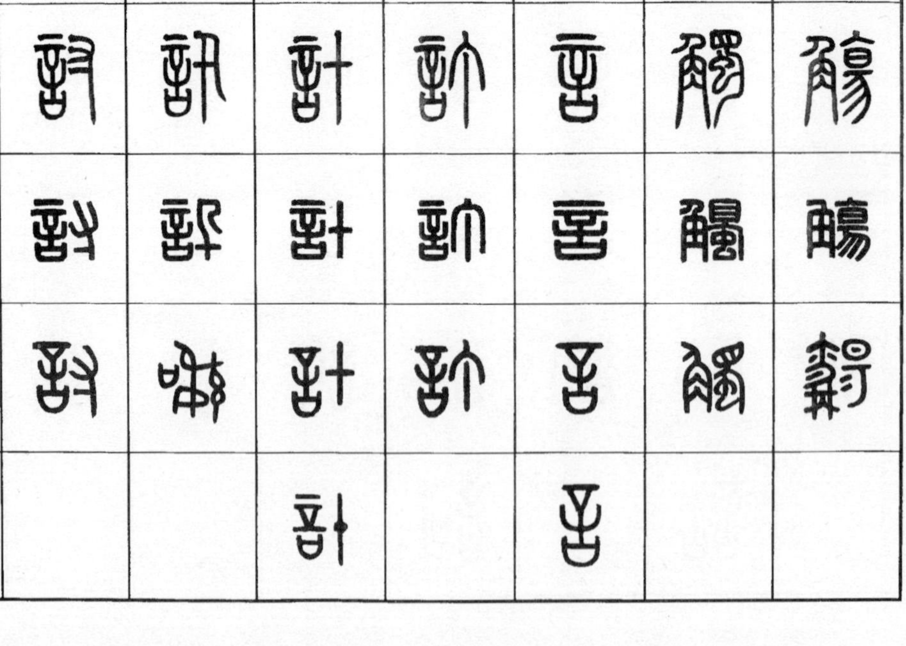

	訓	託	記	訟（訟）	訣	訥	訪
小篆							
印篆							
金文							
古鈢							

	設	許	訴（訢 𧦝）	訶	診	詁	詐
小篆							
印篆							
金文							
古鈢							

	試	詣	咏 詠	詞	平評 評	詔	詒
小篆							
印篆							
金文							
古鉥							

	誇	詳	該	語 話	詰	詭	詩
小篆							
印篆							
金文							
古鉥							

	誌	認 訒認	誓	誕	誘 羑	語	誠 誠
小篆							
印篆							
金文							
古鉩							

	誡 誡	誣	誤 誤	誥	誦	誨	說 説
小篆							
印篆							
金文							
古鉩							

	請 請	譚 談	諄	調	詝 誼	課	誰
小篆							
印篆							
金文							
古鈢							

	諦	謚	諜	諛 諛	論	諒	諏
小篆							
印篆							
金文							
古鈢							

	諧	諫	諭	諱	諷	諸	諺
小篆							
印篆							
金文							
古鉥							

	諾	謀	謁	謂	謎	譃	謗
小篆							
印篆							
金文							
古鉥							

言部 謙講謝謠謦謫謬謳謹證譌識譜警

	謬	謫	謦	謡 謠	[illegible] 謝	講 講	謙 謙
小篆							
印篆							
金文							
古鉩							

	警 警	譜	識	譌	証 證	謹 謹	謳
小篆							
印篆							
金文							
古鉩							

小篆 印篆 金文 古鉥	譬	譯 訳	議	譴	護 護	譽 誉	讀 読

小篆 印篆 金文 古鉥	變 変	讎 讐	讒 讒	讓 譲	識 識	讜	谷
							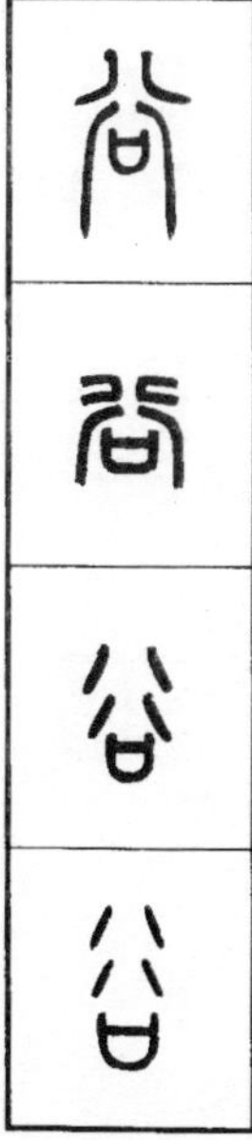

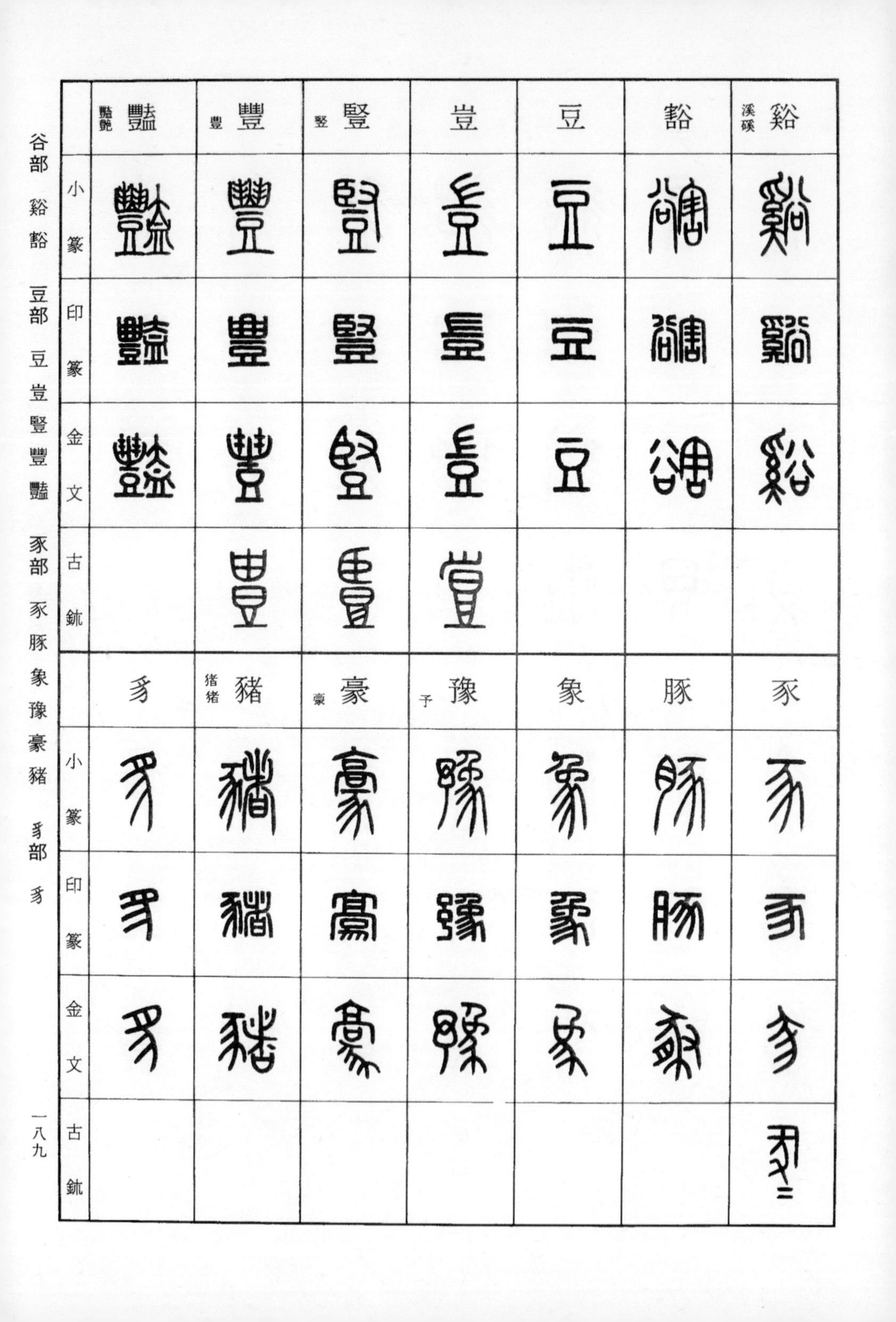

	豔 豓艶	豐 豊	豎 竪	豈	豆	豁	谿 溪磎
小篆							
印篆							
金文							
古鉩							

	豸	豬 猪猪	豪 豪	豫 予	象	豚	豕
小篆							
印篆							
金文							
古鉩							

	豹	豺（犲）	貍（狸）	貓（猫）	貘	貝	貞
小篆							
印篆							
金文							
古鉩							

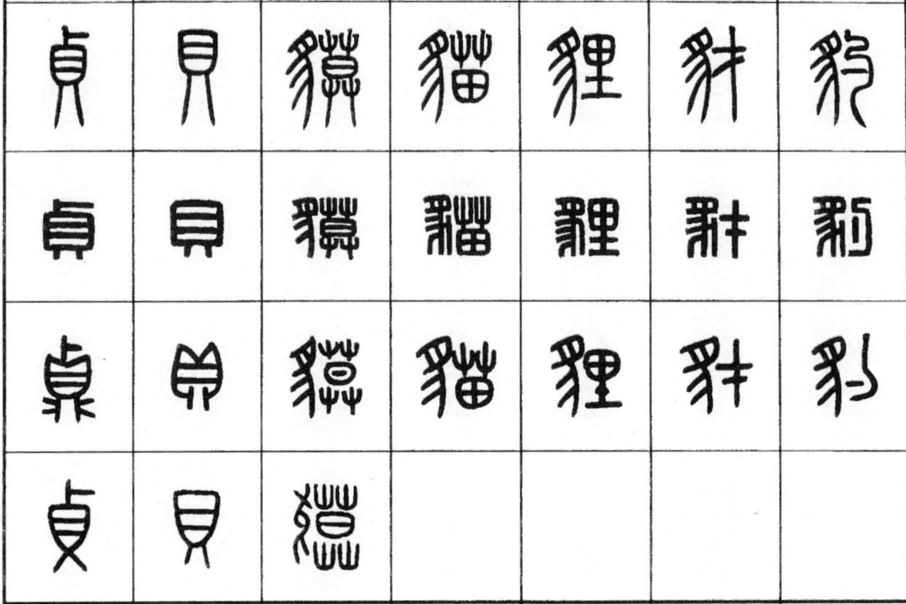

	負（負）	財	貢	貧	貨（貨）	販	貪
小篆							
印篆							
金文							
古鉩							

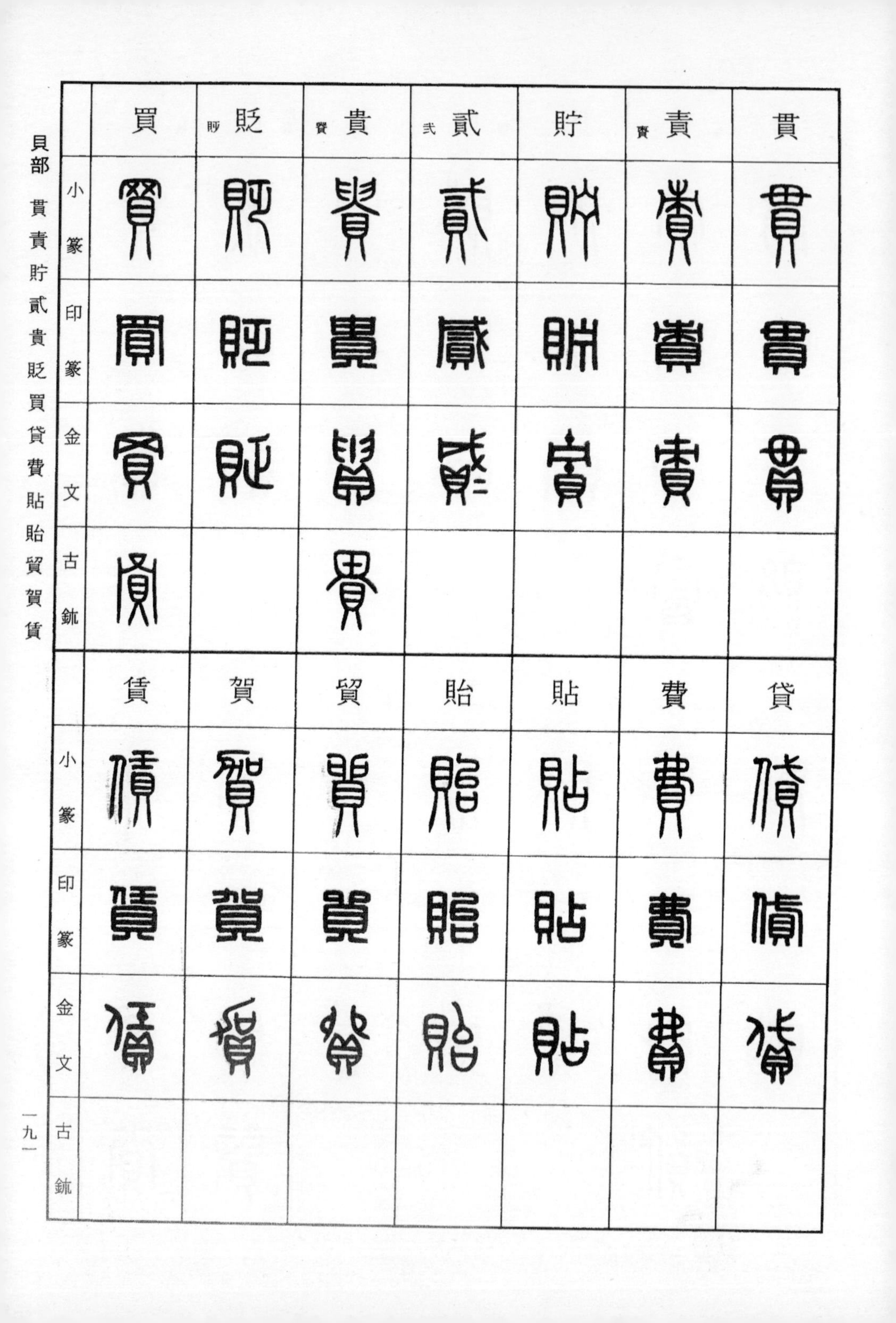

	買	眨 貶	賢 貴	弍 貳	貯	賫 責	貫
小篆							
印篆							
金文							
古鉥							

	賃	賀	貿	貽	貼	費	貸
小篆							
印篆							
金文							
古鉥							

	賁 賁	資 欶資	賈	賊 賊	賑	賓 賔	賜
小篆							
印篆							
金文							
古鈢							

	賞	賢	賣 売	賤	賦	質	賭
小篆							
印篆							
金文							
古鈢							

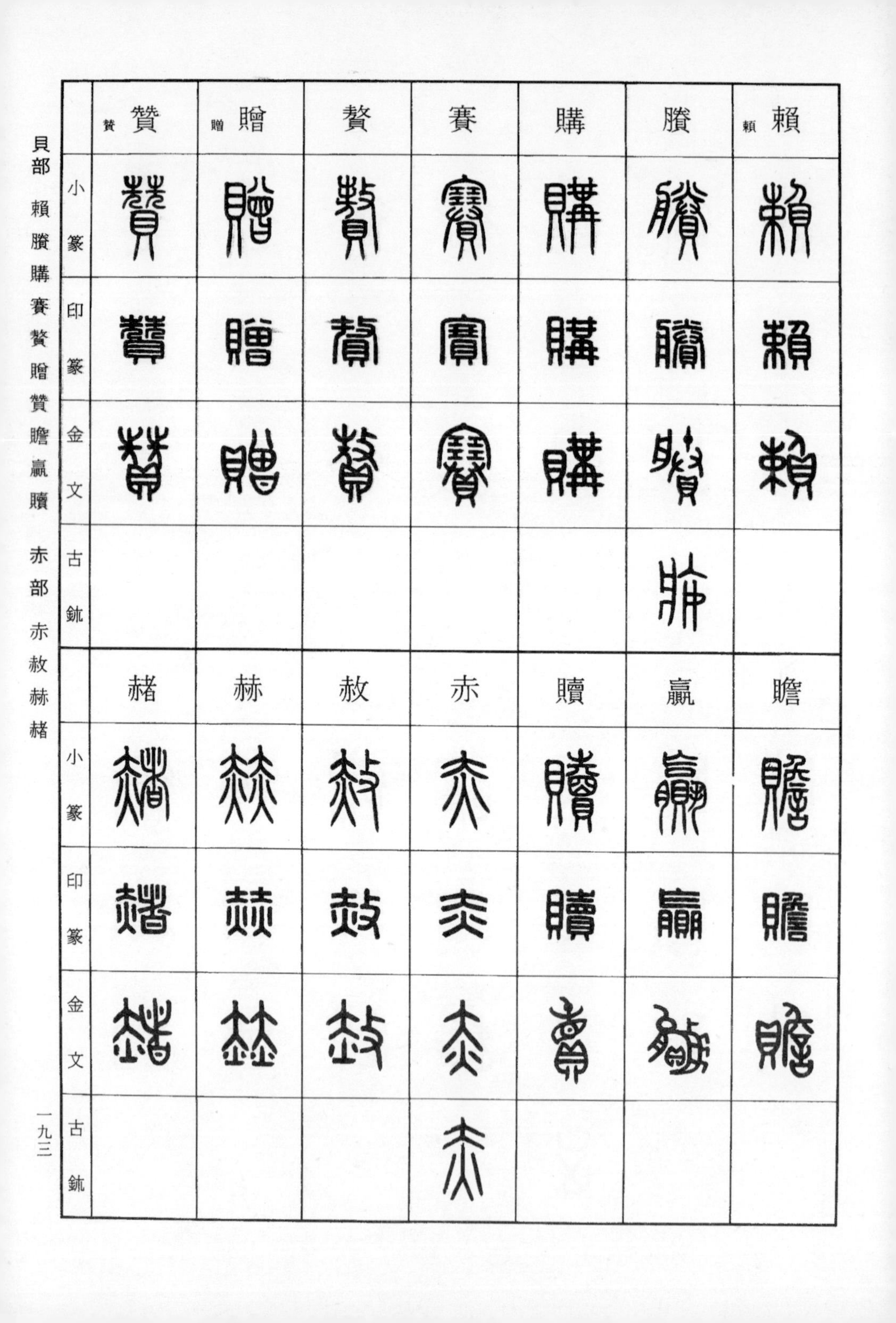

	賛 贊	贈 贈	贅	賽	購	賸	頼 賴
小篆							
印篆							
金文							
古鈢							

	赭	赫	赦	赤	贖	贏	贍
小篆							
印篆							
金文							
古鈢							

	走	赳	赴	起（起）	超	越	趙
小篆	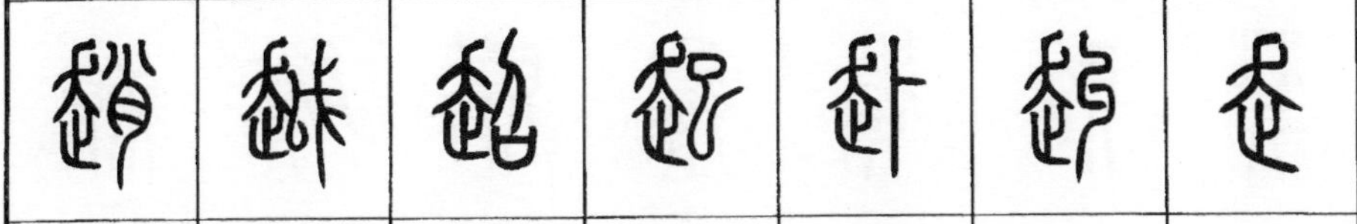						
印篆	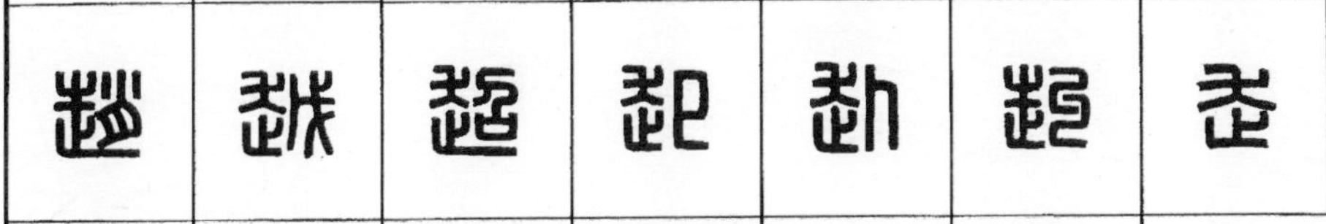						
金文	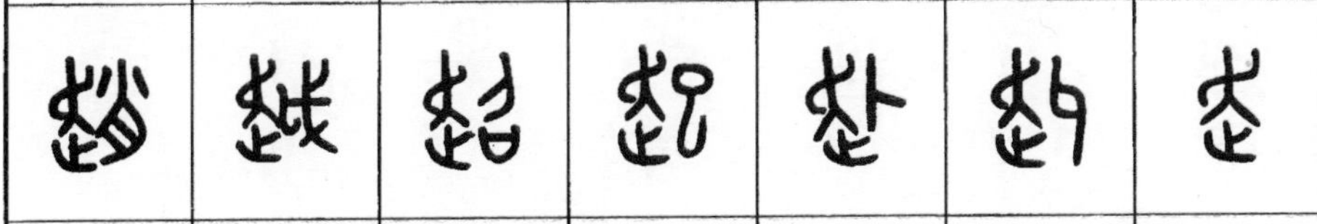						
古鈢							

	趣	趨（趍）	趮（躁）	趯	足	跂	跋（䟦）
小篆							
印篆							
金文	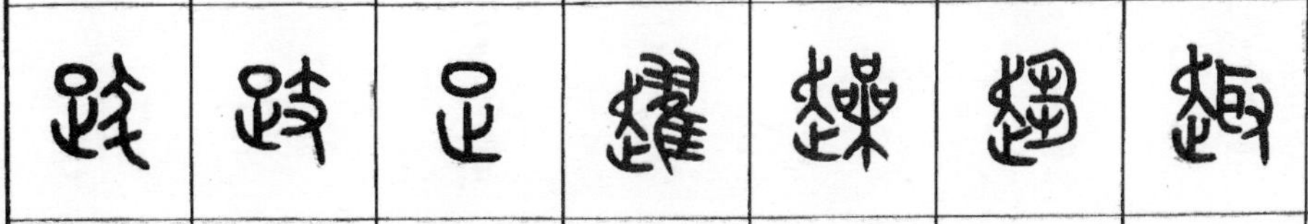						
古鈢							

	跌	距	跨	跪	路	跳	踊
小篆							
印篆							
金文							
古鉨							

	踏 蹋	踐 践	踞	踰	踵	蹄 蹏	蹇
小篆							
印篆							
金文							
古鉨							

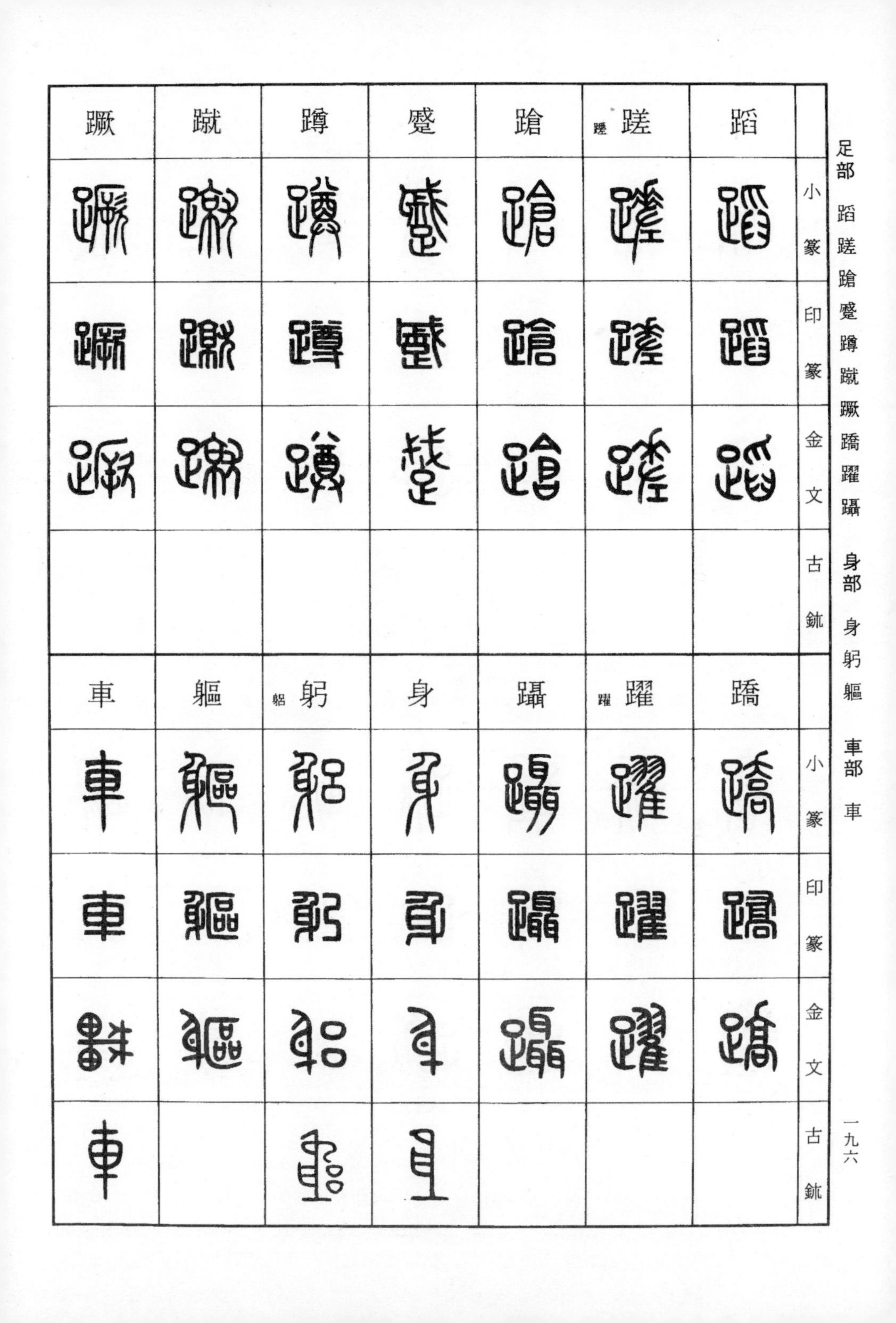

蹶	蹴	蹲	蹩	蹌	蹉 蹉	蹈	
							小篆
							印篆
							金文
							古鉢

車	軀	躳 躬	身	躡	躍 躍	蹻	
							小篆
							印篆
							金文
							古鉢

	載	較 較	軸	耎 軟	軒	軍	軌
小篆							
印篆							
金文							
古鉨							

	輪	輩	輟	煇 輝	軽 輕	輔	輓
小篆							
印篆							
金文							
古鉨							

輯	輸（輸）	輻	輿	轅	轉（転）	轍

小篆 印篆 金文 古鉨

轟	轡	辛	辟	辨（弁）	辭（𤔲辞辤）	辯（弁）

小篆 印篆 金文 古鉨

	迎 迎	迅 迅	迄	迂	農	辱	辰
小篆							
印篆							
金文							
古鉥							

	迭 迭	迫 迫	迪	逥 迴	迢	返 返	近 近
小篆							
印篆							
金文							
古鉥							

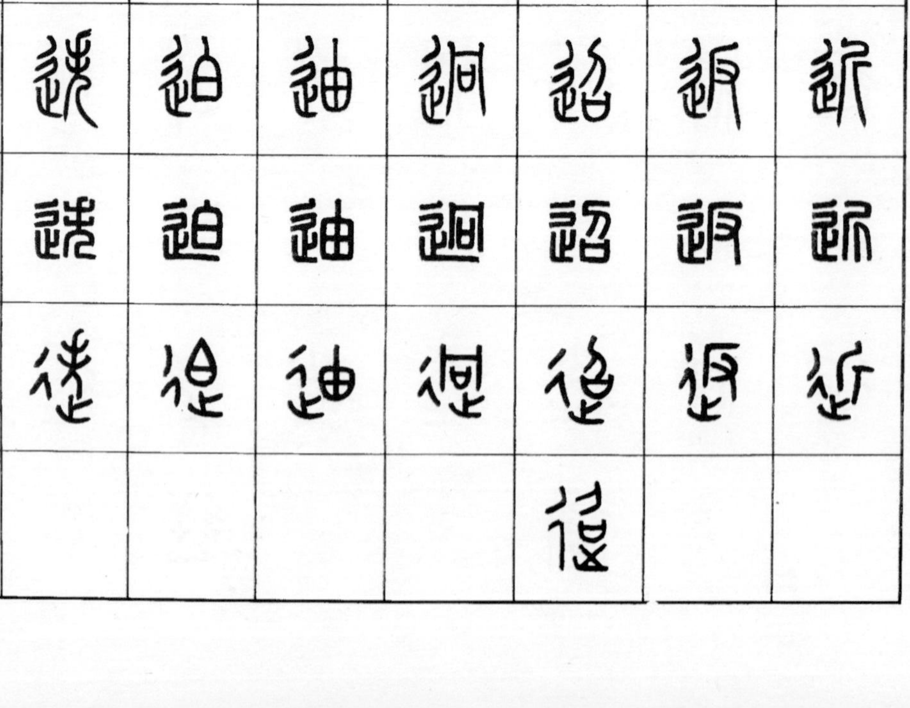

逃 逃	逬送 送	復退 退	追 追	蹟跡 迹	迷 迷	述 述	
							小篆
							印篆
							金文
							古鉨

逗	涂 途	逐 逐	透 透	逍	逆 逆	逅	
							小篆
							印篆
							金文
							古鉨

	逢	逡	造 造	速 速	逞	逝	通 通
小篆 印篆 金文 古鉥	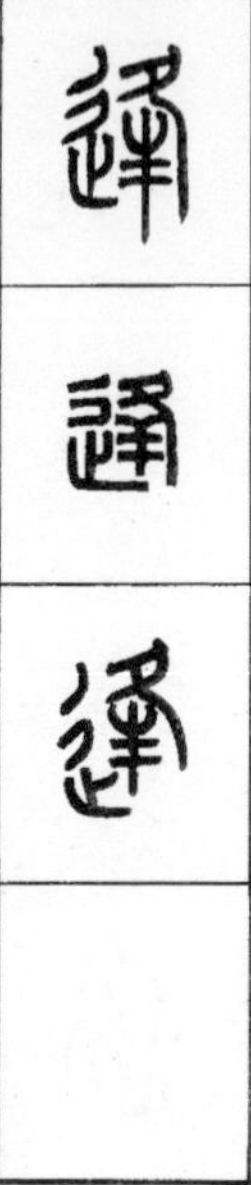	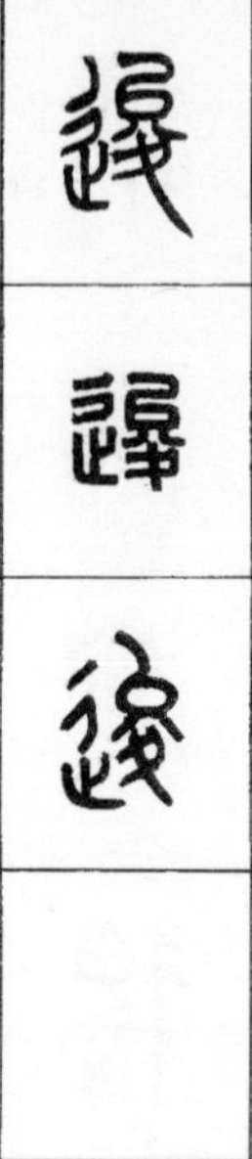			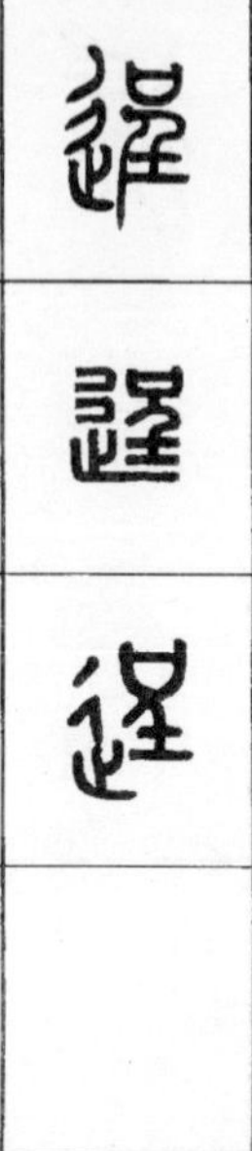	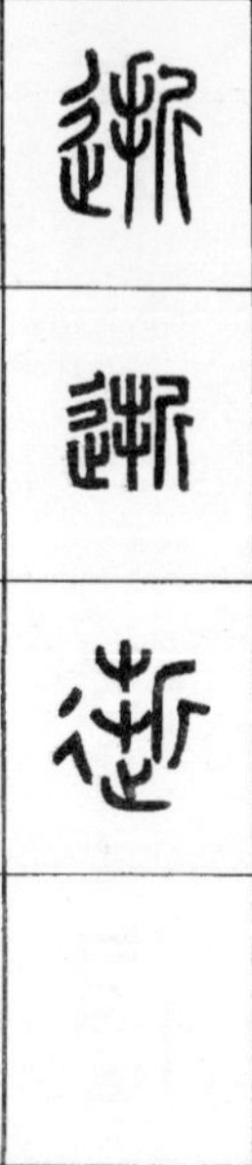	

	遁	逾	逼	逸 逸	進 進	逮 逮	連 連
小篆 印篆 金文 古鉥	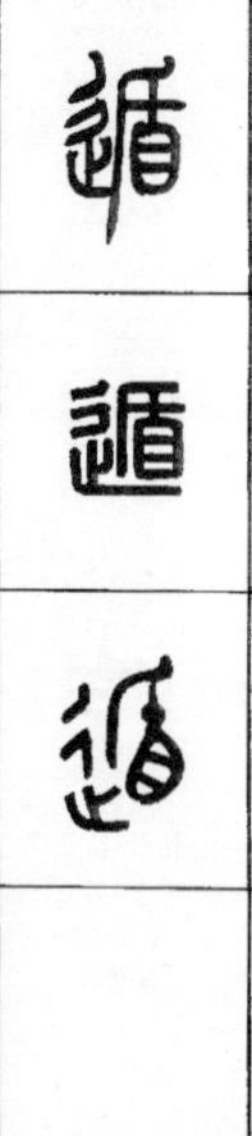	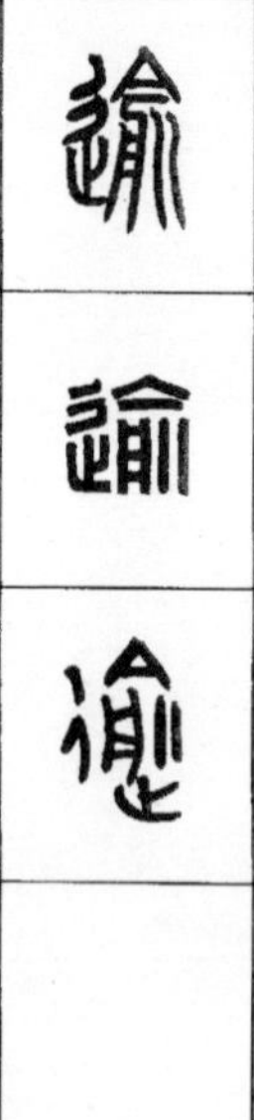		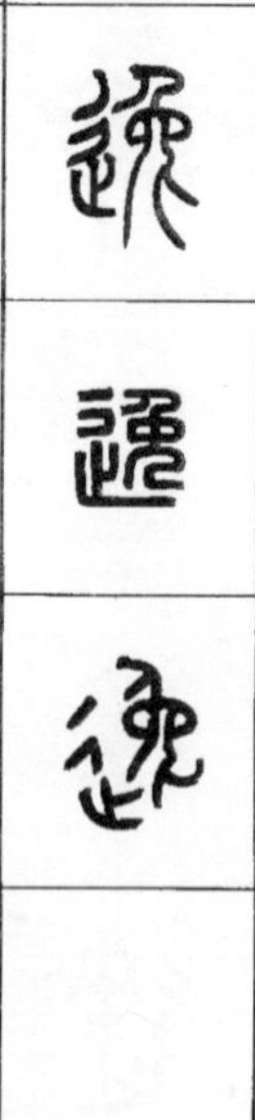	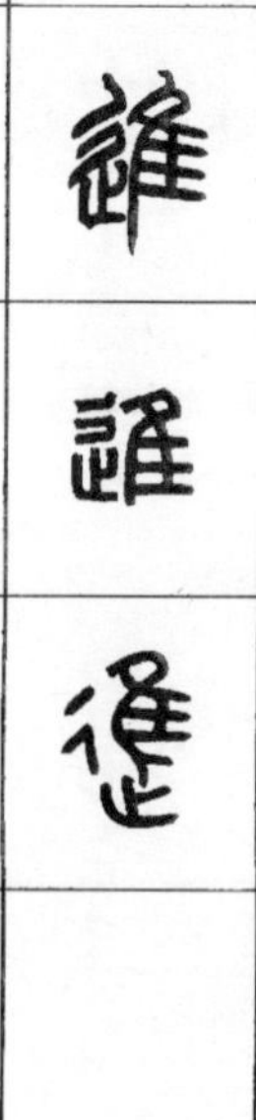	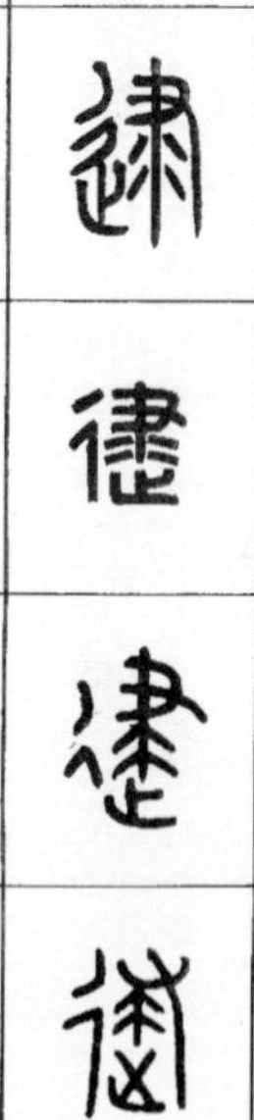	

	遂 遂	遇 遇	遊 游遊	運 運	遍 徧遍	過 過	遐
小篆							
印篆							
金文							
古鉨							

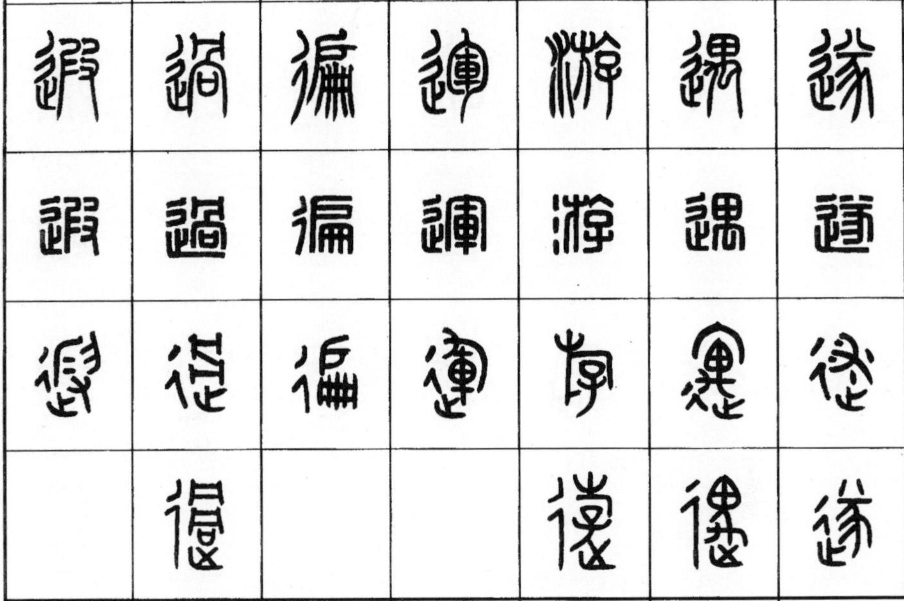

	遑	遒 迺	道 衜道	達 达達	違 違	遘	遙
小篆							
印篆							
金文							
古鉨							

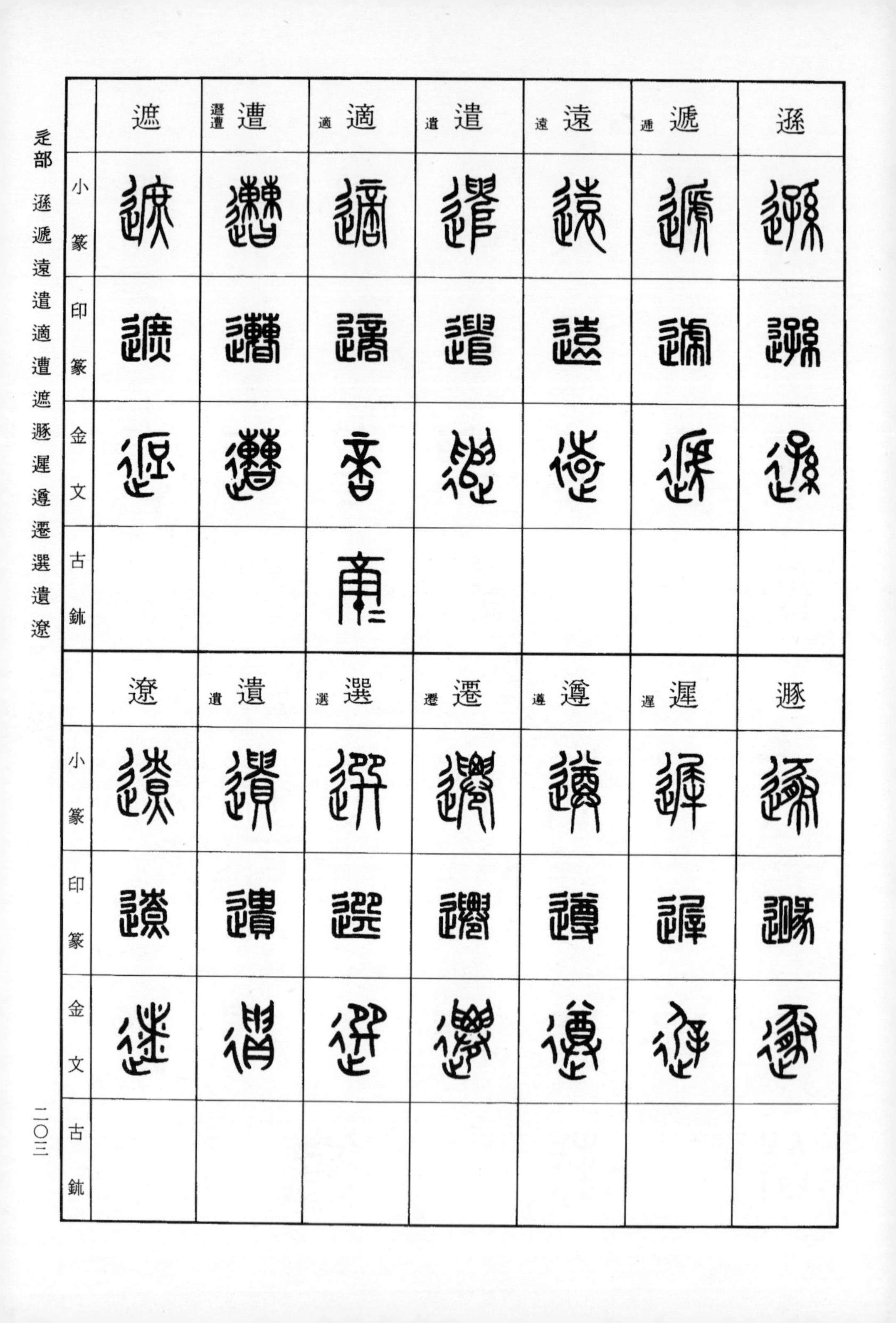

	遮	遭遭 遭	適 適	遣 遣	遠 遠	遞 遞	遜
小篆							
印篆							
金文							
古鈢							

	遼	遺 遺	選 選	遷 遷	遵 遵	遲 遲	遯
小篆							
印篆							
金文							
古鈢							

迩 邇	邃	還 還	邂	邁	避 避	遽	
							小篆
							印篆
							金文
							古鉩

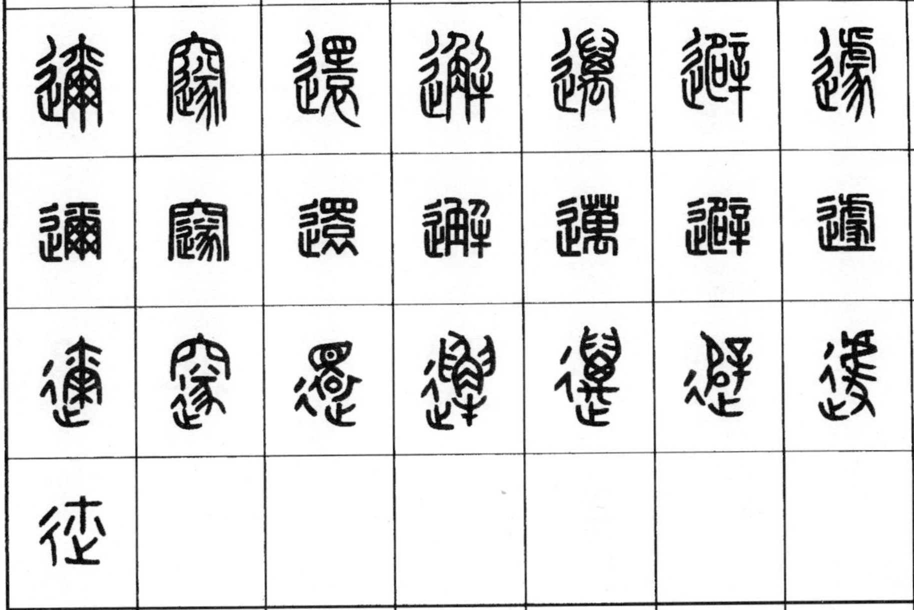

邪 邪	村 邨	邦 邦	那 那	邑	辺 邊	邈 邈	
							小篆
							印篆
							金文
							古鉩

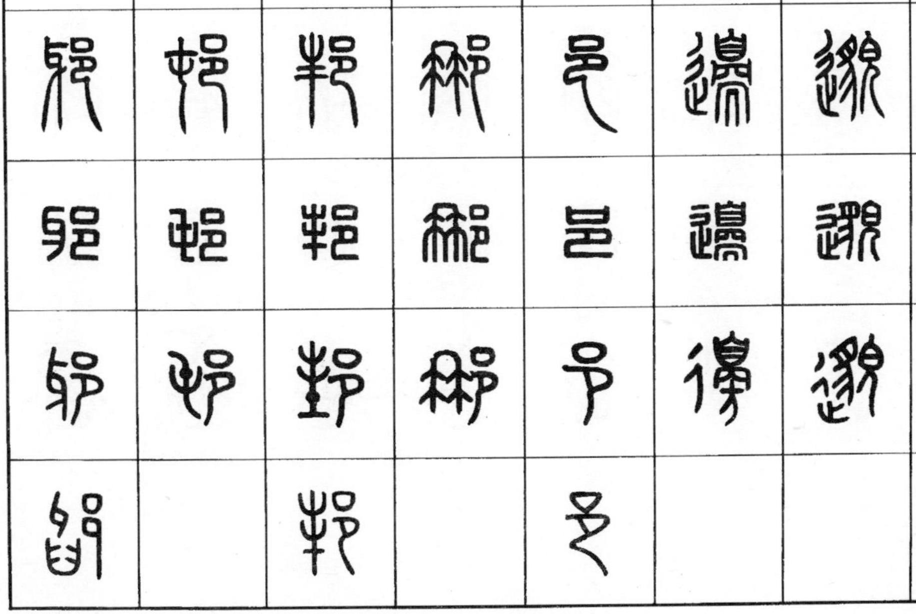

	部	郡	郎 郎	郊	郁	邸	邯
小篆							
印篆							
金文							
古鉨							

	鄧	亹許 鄦	鄙	鄉 鄉	都 都	郵	郭
小篆							
印篆							
金文							
古鉨							

	鄭	隣 鄰	丣 酉	酓	酌 酌	配	酎
小篆							
印篆							
金文							
古鈢							

	酒	酢	酣	酪	酸 酸	醇	醉 醉
小篆							
印篆							
金文							
古鈢							

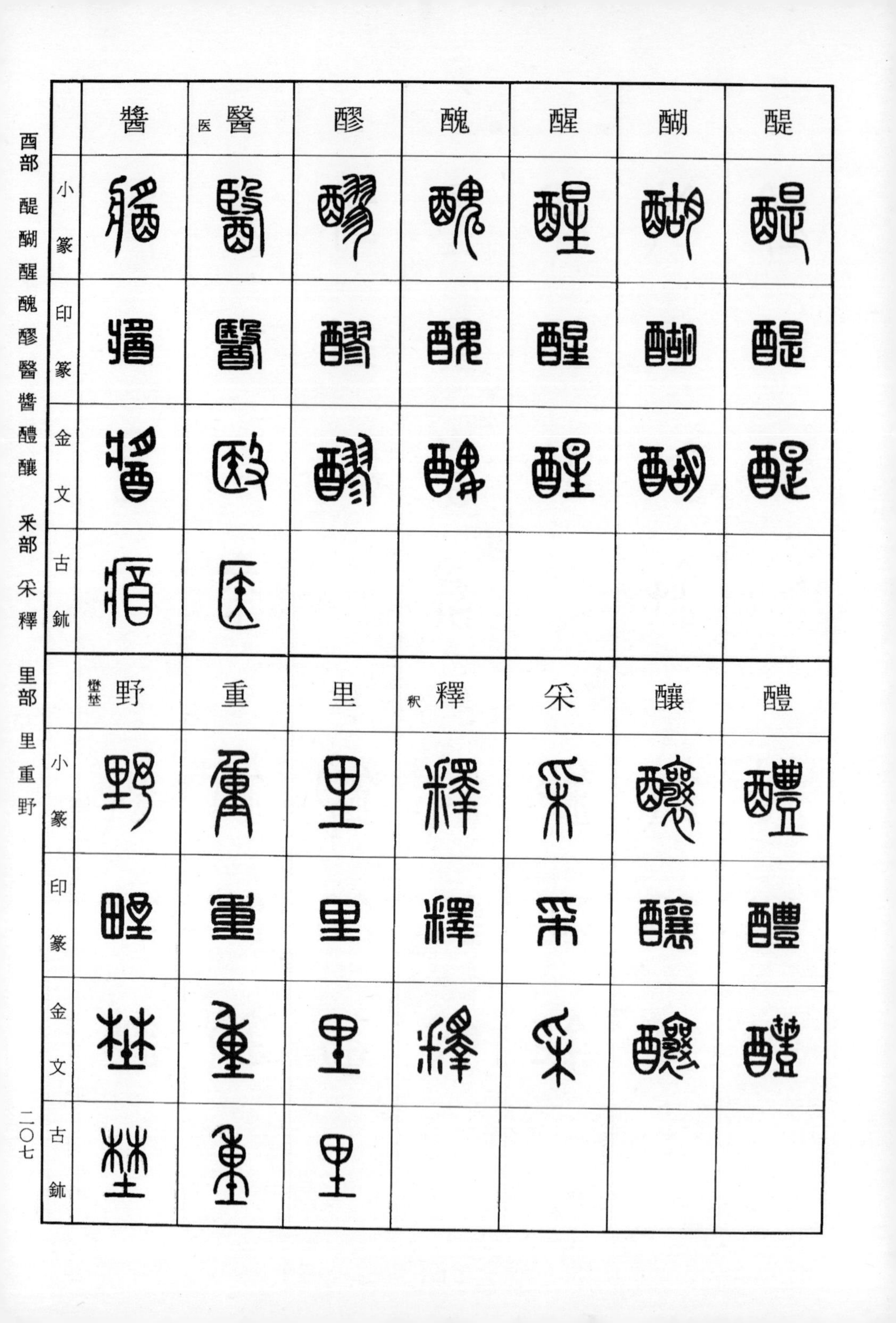

	醬	医 醫	醪	醜	醒	餬	醍
小篆							
印篆							
金文							
古鉨							

	壄埜 野	重	里	釈 釋	釆	釀	醴
小篆							
印篆							
金文							
古鉨							

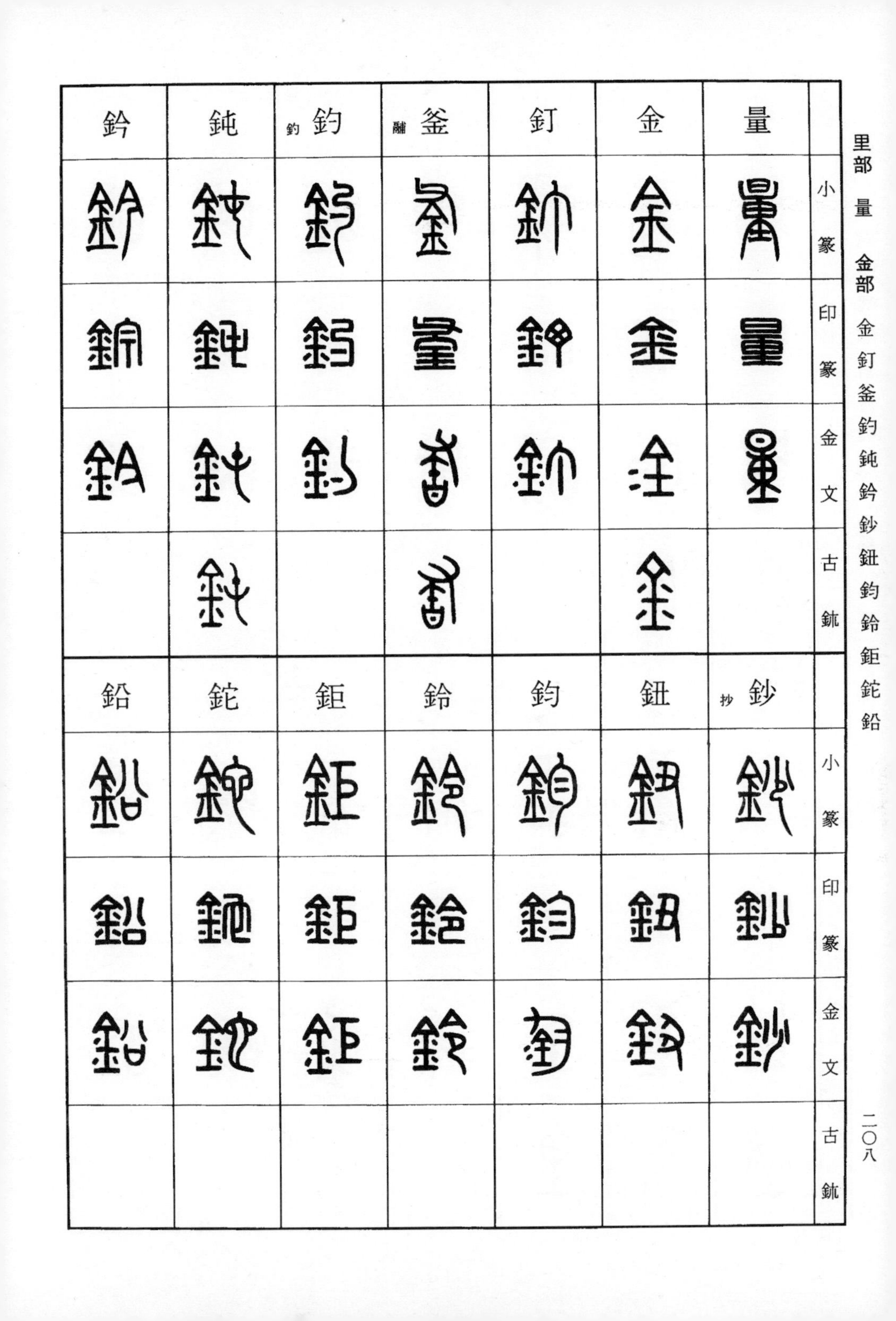

	量	金	釘	釜 鬴	釣 釣	鈍	鈐
小篆							
印篆							
金文							
古鉨							

	鈔 抄	鈕	鈞	鈴	鉅	鉈	鉛
小篆							
印篆							
金文							
古鉨							

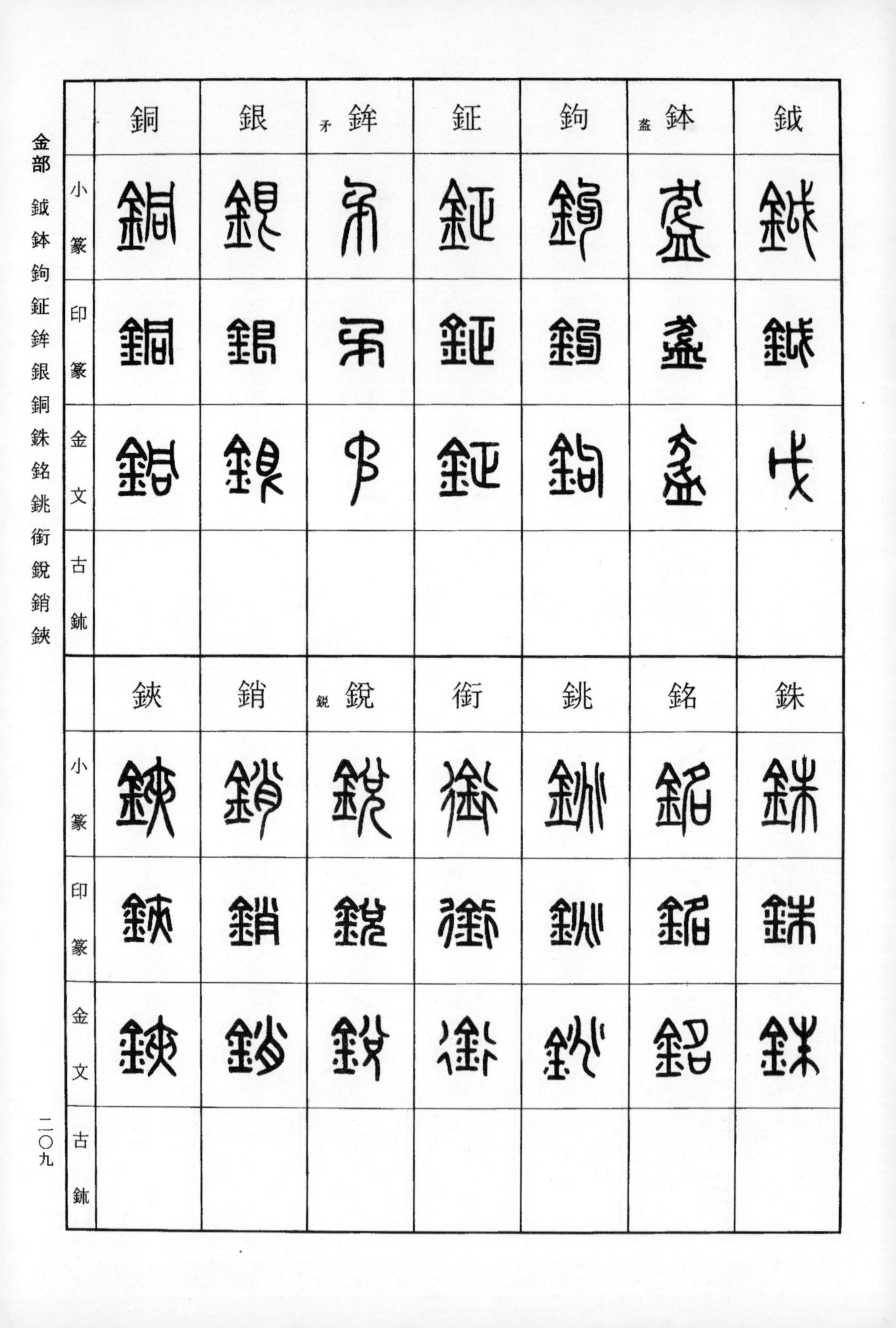

	銅	銀	矛 鉾	鉦	鉤	盋 鉢	鉞
小篆							
印篆							
金文							
古鉨							

	鋏	銷	鋭 銳	銜	銚	銘	銖
小篆							
印篆							
金文							
古鉨							

	鋸	剛 鋼	録 錄	錐	錠	銭 錢	錦
小篆							
印篆							
金文							
古鉢							

	錫	錯	錬 鍊	鍛	鍫 鍬	鍵	針 鍼
小篆							
印篆							
金文							
古鉢							

	鏡	鏑	鎭 鎮	鎻 鎖	鎔	鐮 鎌	鍾
小篆							
印篆							
金文							
古鉥							

	鋳 鑄	鐸	銕 鉄 鐵	鎸 鐫	鐙	鏞 鐘	鏤
小篆							
印篆							
金文							
古鉥							

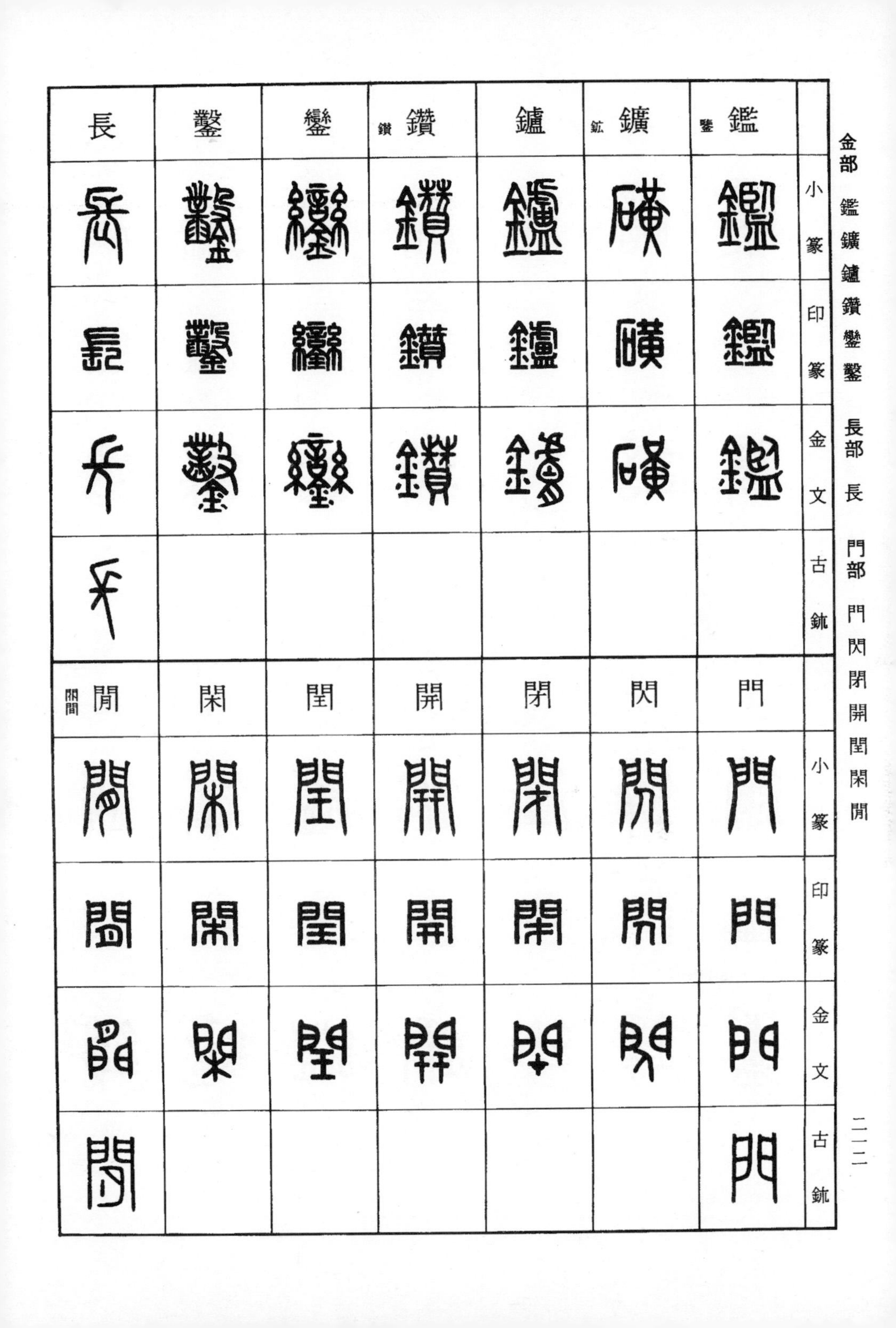

長	鑿	鑾	鑚 鑽	鑪	鉱 鑛	鑒 鑑	
							小篆
							印篆
							金文
							古鉥

閑間 閒	閑	閏	開	閉	閃	門	
							小篆
							印篆
							金文
							古鉥

	閻	閲（閱）	閭	閨	閥	閤	閣
小篆							
印篆							
金文							
古鈢							

	闢（闢）	闡	關（関）	闕	闌（闌）	闊	闇
小篆							
印篆							
金文							
古鈢							

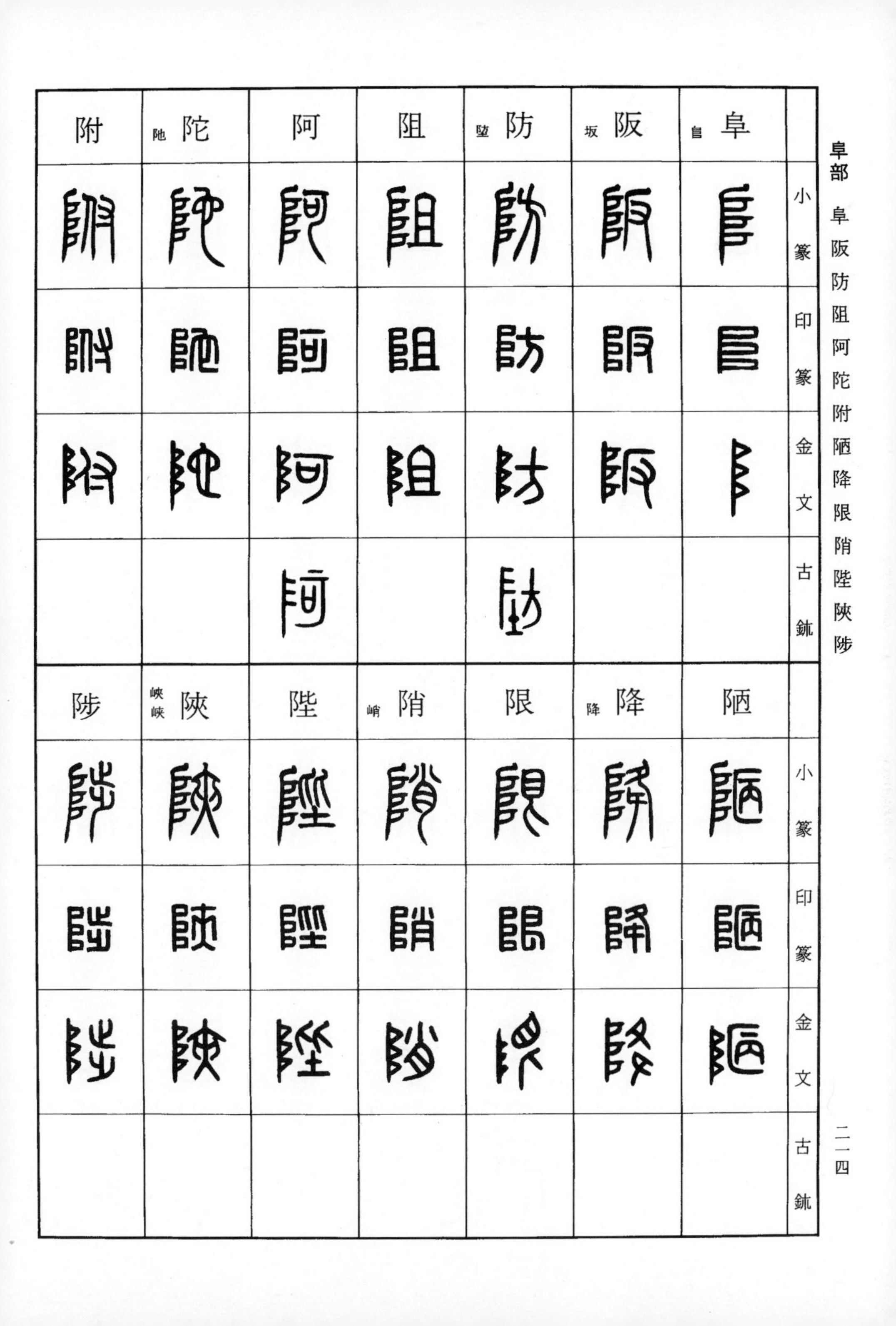

	阜 𠂤	阪 坂	防 埅	阻	阿	陀 阤	附
小篆							
印篆							
金文							
古鉨							

	陋	降 夅	限	陗 峭	陛	陜 峽 峡	陟
小篆							
印篆							
金文							
古鉨							

	陵 陵	敶 陳	陰	陪	除	敶 陣	院
小篆							
印篆							
金文							
古鉨							

	隆 隆	隅	隄	陽	陸	陷 陷	陶
小篆							
印篆							
金文							
古鉨							

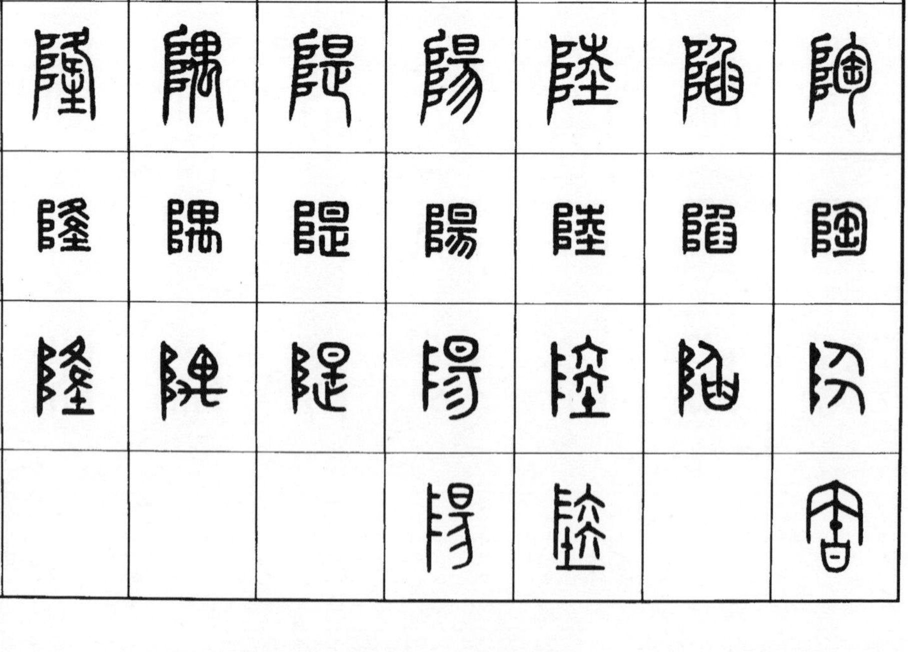

	隈	隊 (隊)	階	隔 (隔)	隕	隗	隘
小篆							
印篆							
金文							
古鉨							

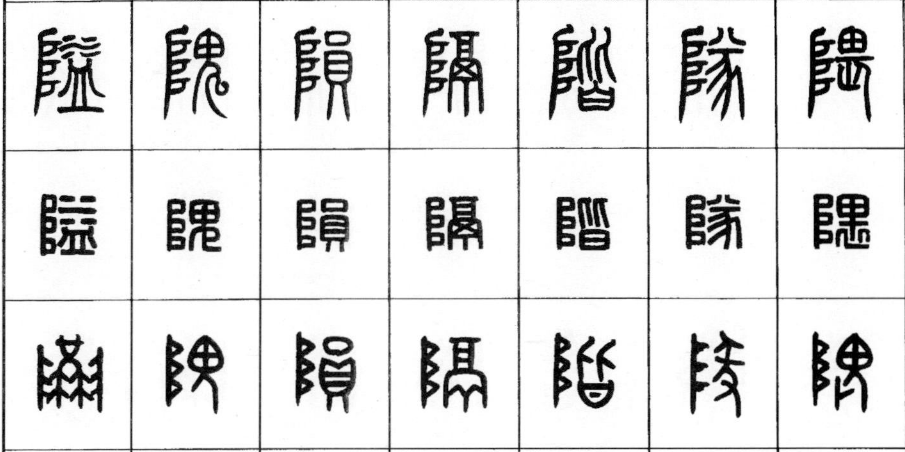

	隙	際	障	隨 (随)	險 (险)	隰	隱 (隐)
小篆							
印篆							
金文							
古鉨							

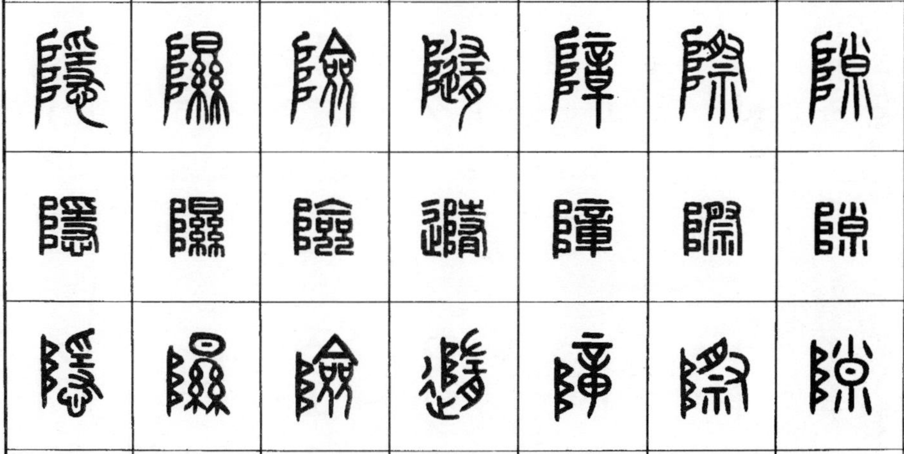

	雀	隼	隻	隺	隹	隷 隸	隴
小篆							
印篆							
金文							
古鉨							

	雋 雋	雉	雇 雇	雧 集	雅 雅	雄	雁
小篆							
印篆							
金文							
古鉨							

	雎	雍	雕	雖	雙	雛	雜 襍雑
小篆							
印篆							
金文							
古鉨							

	離	難 鷬難	雨	雪 䨮雪	雾 氛	雲 云	零
小篆							
印篆							
金文							
古鉨							

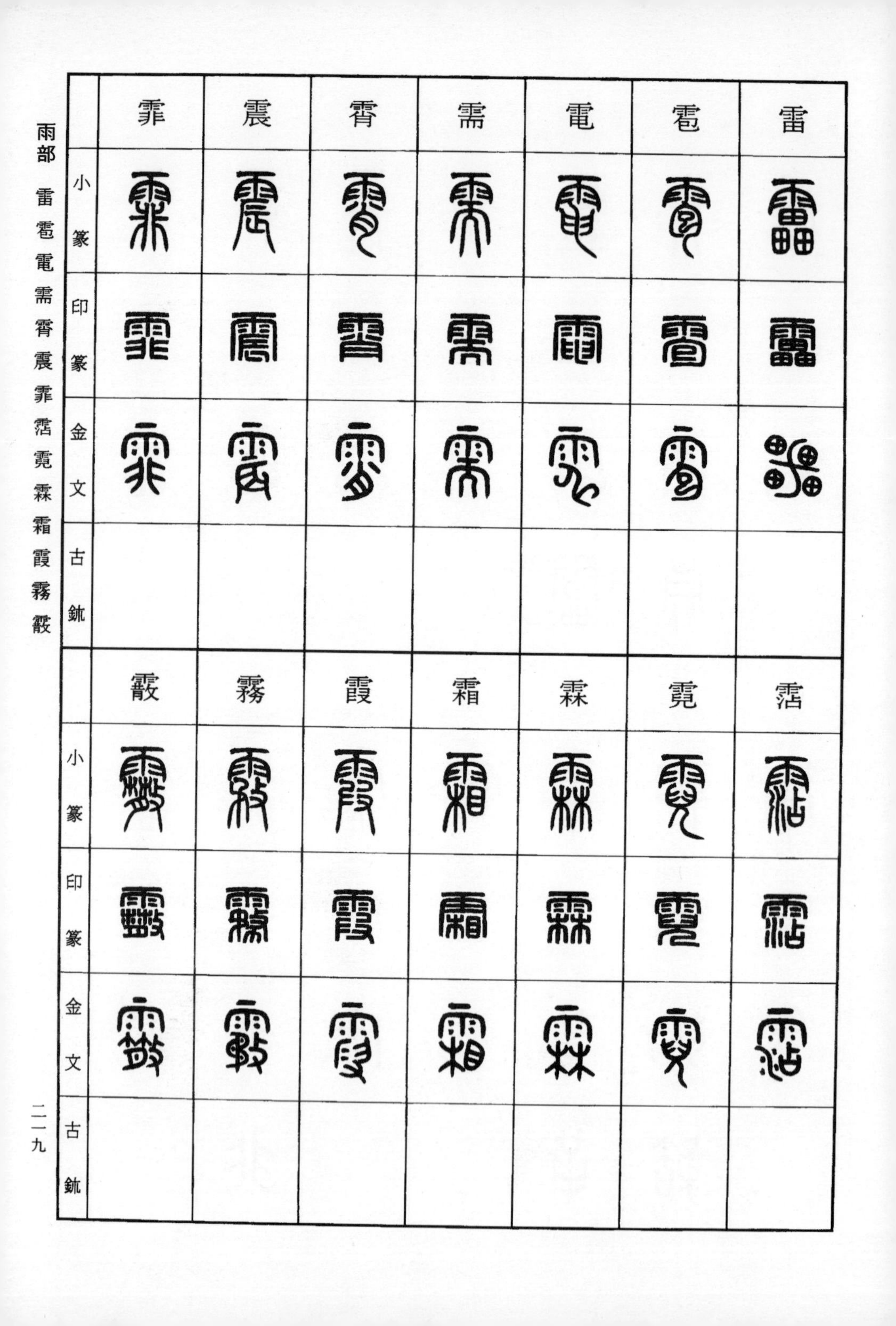

	雷	雹	電	需	霄	震	霏
小篆							
印篆							
金文							
古鉨							

	霑	霓	霖	霜	霞	霧	霰
小篆							
印篆							
金文							
古鉨							

靖 靖	青 青	靈 䨓 霊	靄	霽	霸	露	

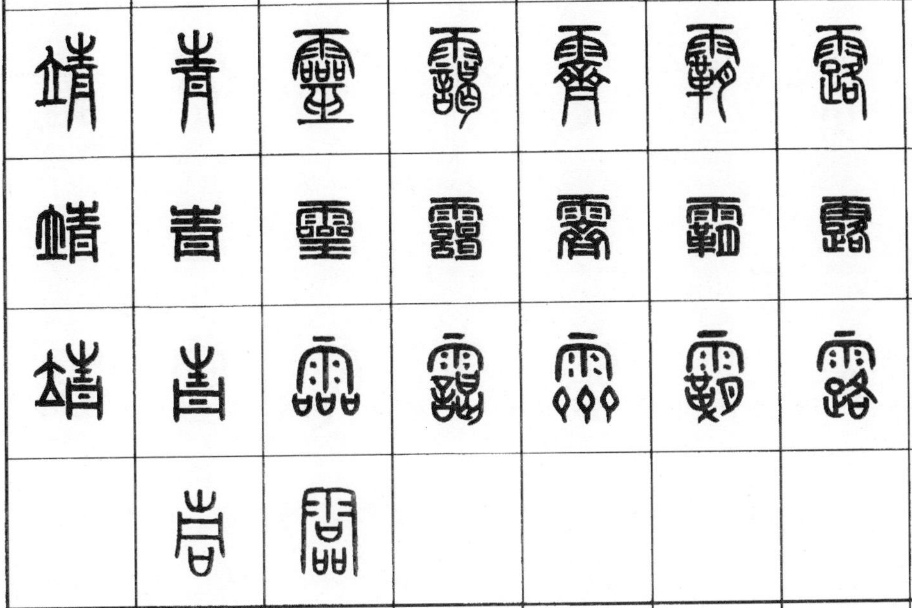

小篆
印篆
金文
古鉩

鞍	鞄	革	面	靡	非	靜 静	

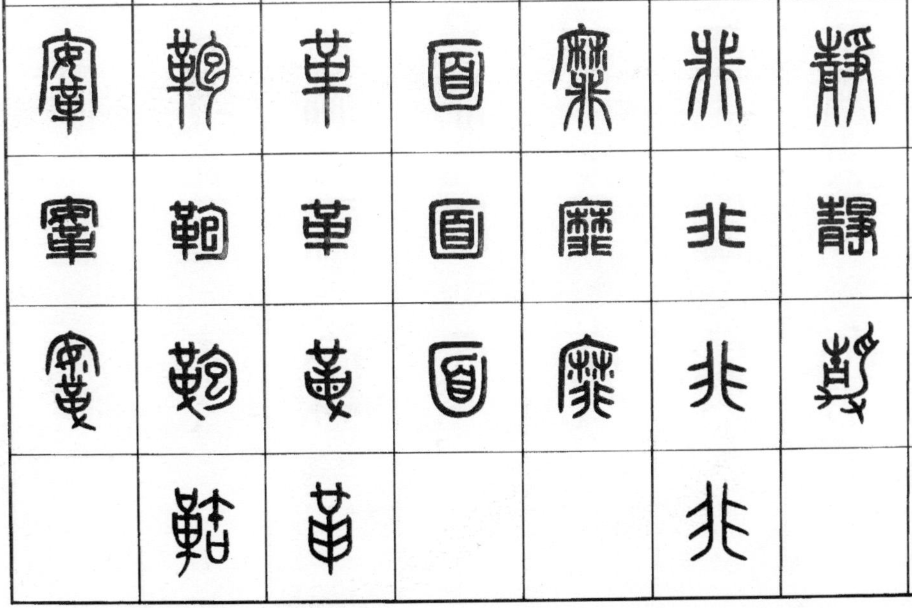

小篆
印篆
金文
古鉩

雨部 露霸霽靄靈 青部 青靖靜 非部 非靡 面部 面 革部 革鞄鞍

	韜	韓	韋	靴 韡	鞭	鞠	鞘
小篆							
印篆							
金文							
古鉥							

	顶 頂	頁	響	韻	韶	音 音	韭
小篆							
印篆							
金文							
古鉥							

	頃	項	順	須	頌	預	頑
小篆							
印篆							
金文							
古鉥							

	頒	頓	頗	領	頭	頰	頸
小篆							
印篆							
金文							
古鉥							

頁部 頹 頻 顆 題 額 顏 願 顛 類 顧 顯

風部 風 颯 颺

	願 願	顔 顏	頟 額	題	顆	頻 頻	頹
小篆							
印篆							
金文							
古鉨							

	颺	颯	風	顕 顯	顧 顧	類 類	顛
小篆							
印篆							
金文							
古鉨							

	飄	飛	食	飢	㱃 飮 飲	饭 飯	飴
小篆	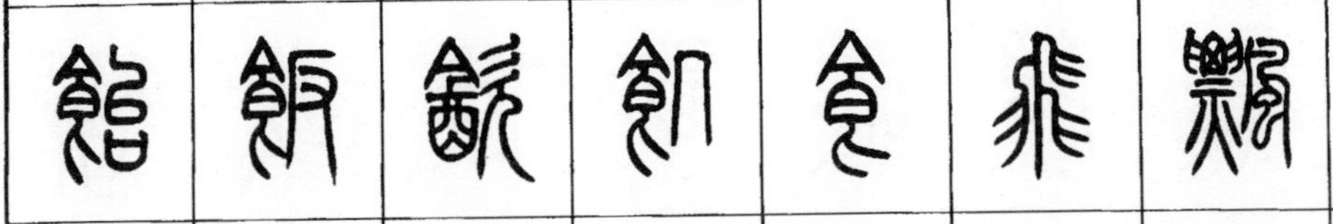						
印篆							
金文							
古鉥					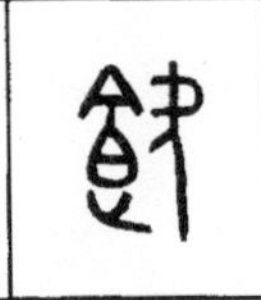		

	饲 飼	饱 飽	饰 飾	养 養	鬻 餌	湌 餐	饿 餓
小篆							
印篆							
金文	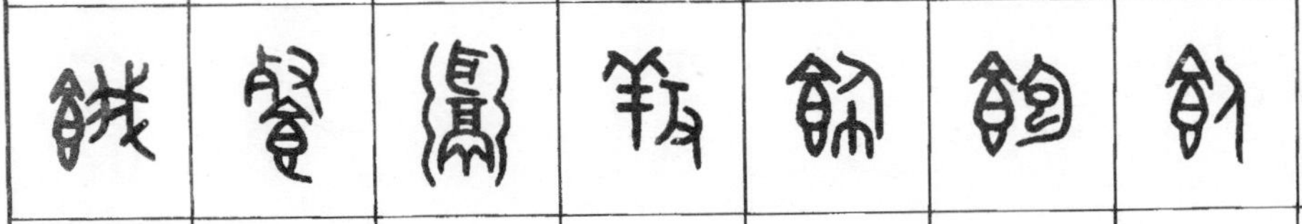						
古鉥							

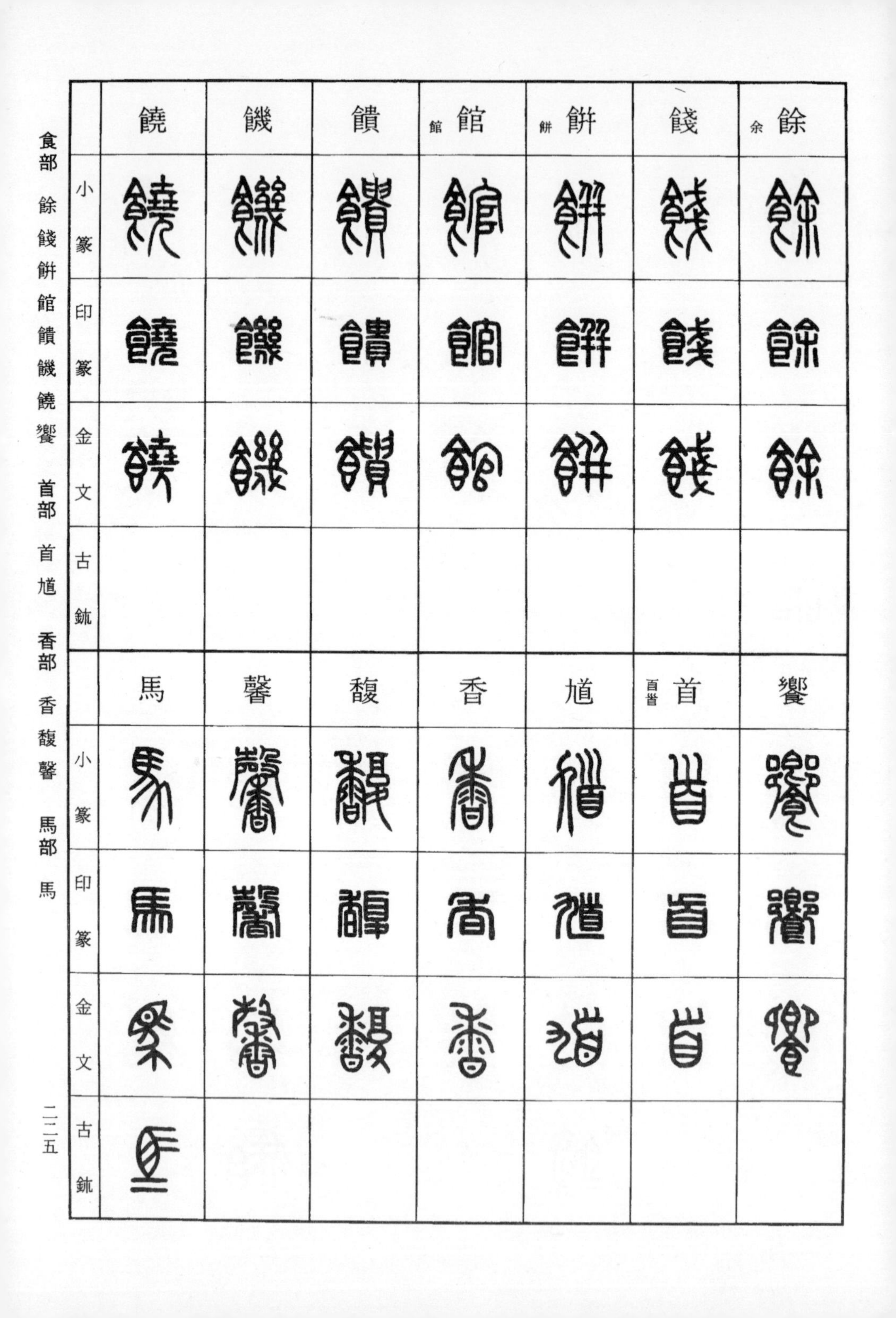

食部　餘錢餅館饋饑饒饗　首部　首馗　香部　香馥馨　馬部　馬

	饒	饑	饋	館 館	餅 餅	錢	余 餘
小篆							
印篆							
金文							
古鉥							

	馬	馨	馥	香	馗	百𩠐 首	饗
小篆							
印篆							
金文							
古鉥							

駒	駐 駐	駮 駁	馴	馳	馱	馮	
	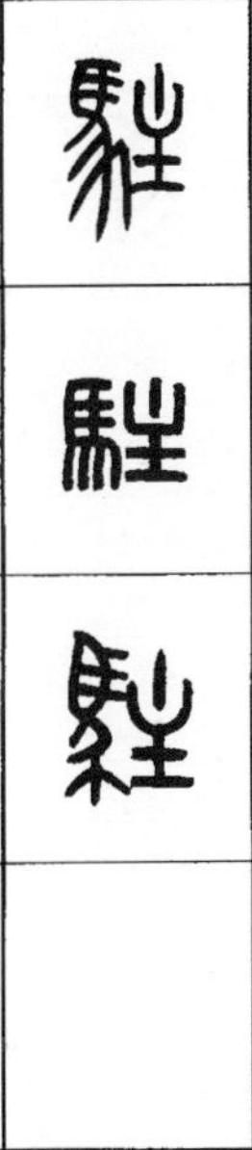		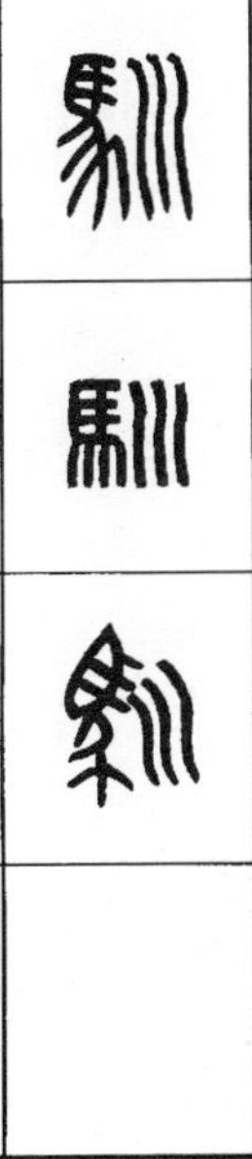				小篆 印篆 金文 古鉨

騫	騏	騎	駿	駭	駘	駕	
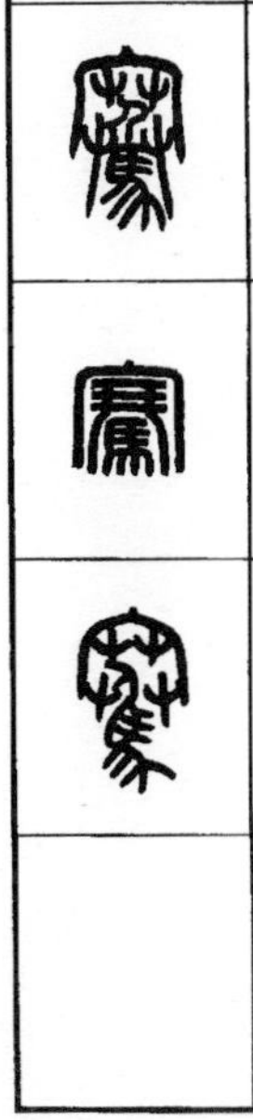	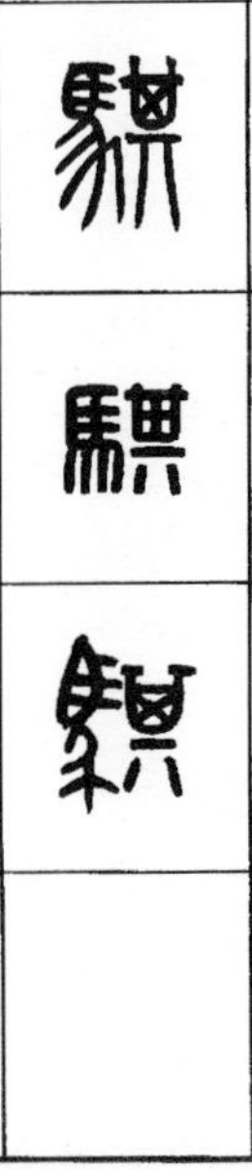				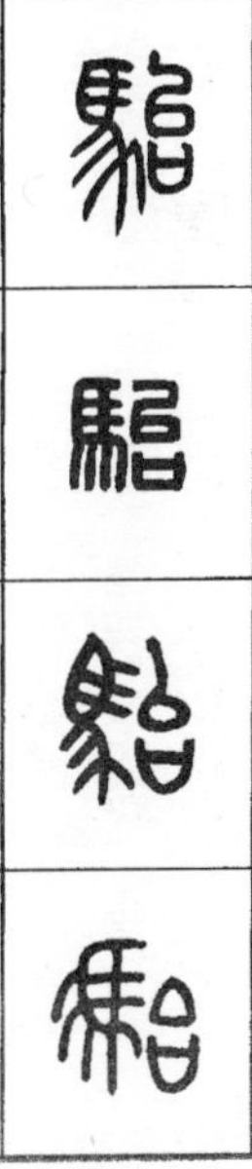		小篆 印篆 金文 古鉨

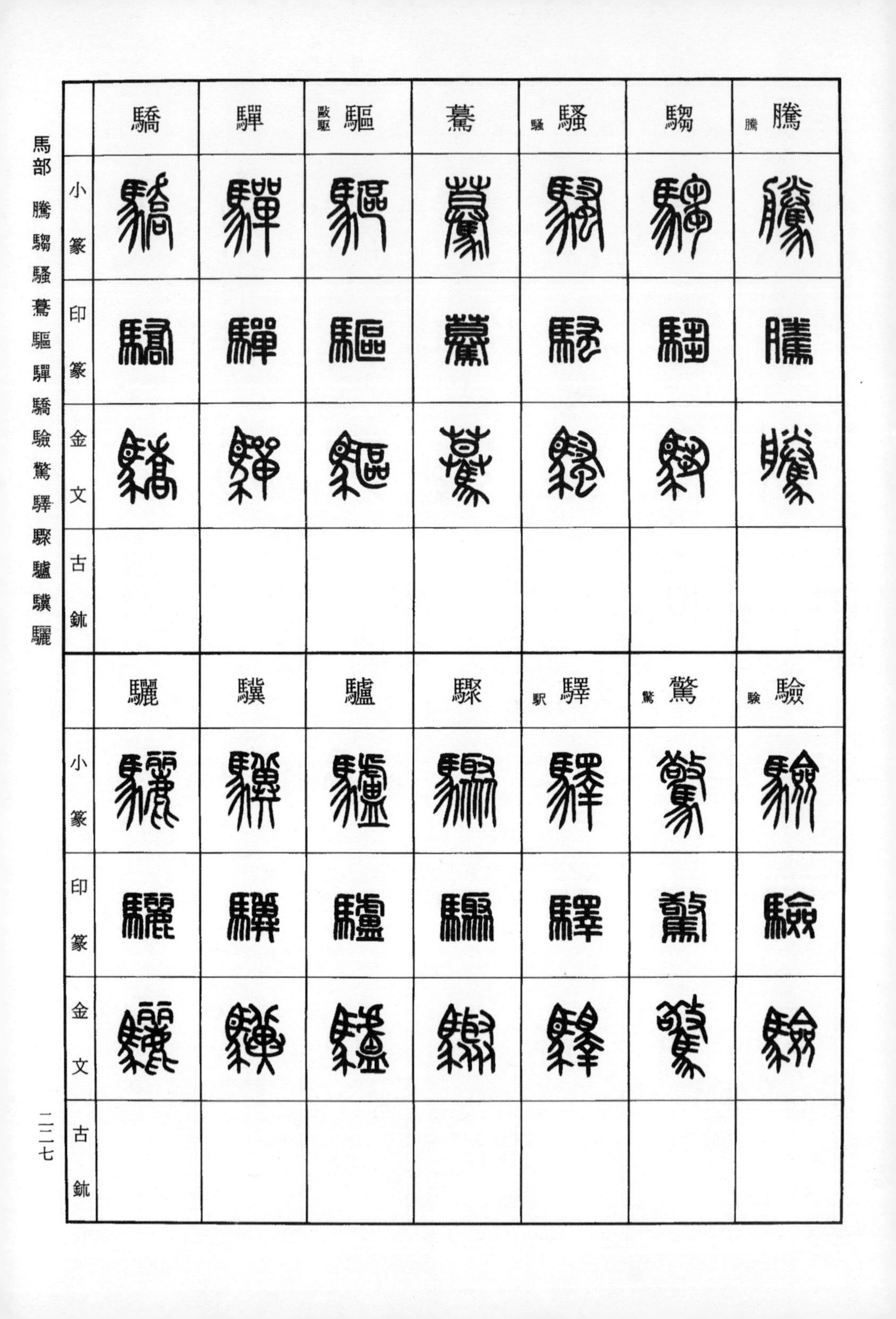

	驕	驒	敺駆 驅	驀	騒 騷	騶	騰 騰
小篆							
印篆							
金文							
古鉥							

	驪	驥	驢	驟	駅 驛	驚 驚	験 驗
小篆							
印篆							
金文							
古鉥							

	骨	骸	骾	髓 𩪜 髓	體 体	高 髙	髡
小篆							
印篆							
金文							
古鉨							

	髭 頾	髮 髪	鬢	鬧	鬭 鬪 闘	鬱 欝	鬲
小篆							
印篆							
金文							
古鉨							

鬻 粥
鬼
魁
魂
魄
魅 鬽
魏 巍
小篆
印篆
金文
古鉨

魑
魔 魔
魚
魯
魴
鲇
鮑
小篆
印篆
金文
古鉨

	鲋	鮨	鮪	鮫	鮭	鱻 鮮	鯁
小篆							
印篆							
金文							
古鉨							

	鯉	鯖	鯛 鯛	䲔 鯨	鰍 鰌	蝆 鰐	鯤 鰥
小篆							
印篆							
金文							
古鉨							

	鱶	鱧	鱗	鱒	鰻	鰺 鰈	鰹
小篆							
印篆							
金文							
古鉨							

	鴈	鴇	雉 鳶	鳴	鵬 朋 鳳	鳩	鳥
小篆							
印篆							
金文							
古鉨							

	鴉 雅	鴛	鴨	鴻	鵜 䳘	鵝 鵞	鵠

小篆 / 印篆 / 金文 / 古鉨

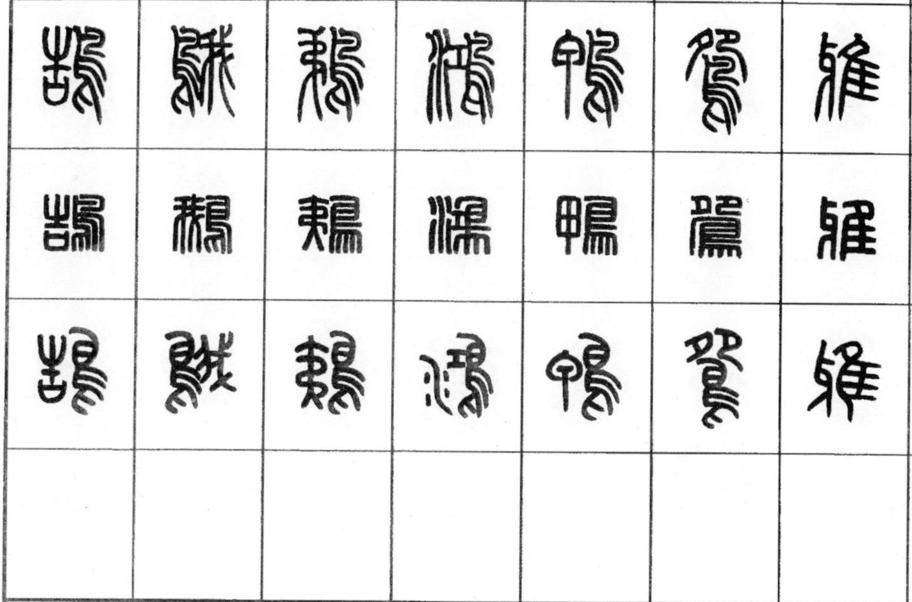

	鶉	鶯	鶴	鷄 雞	鷗	鷲	鷺

小篆 / 印篆 / 金文 / 古鉨

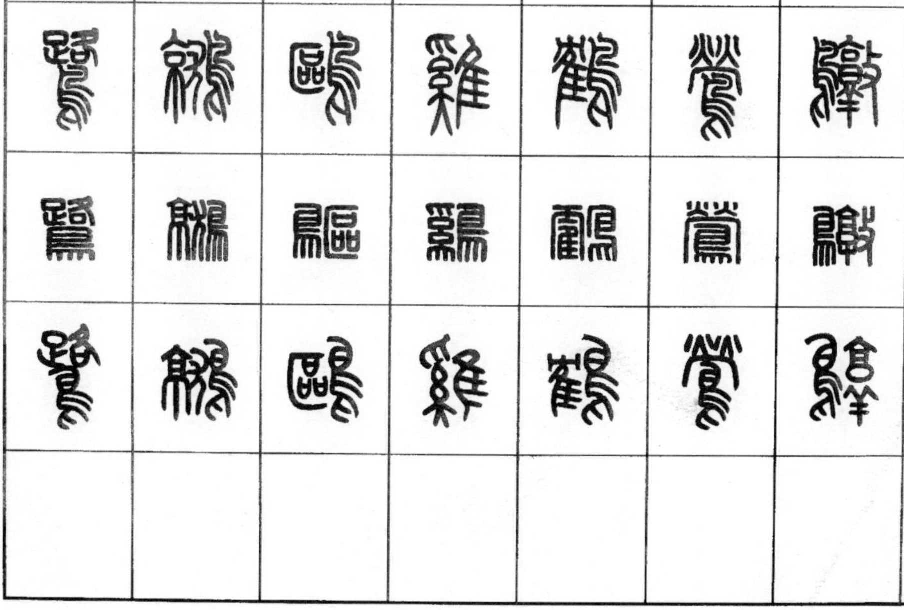

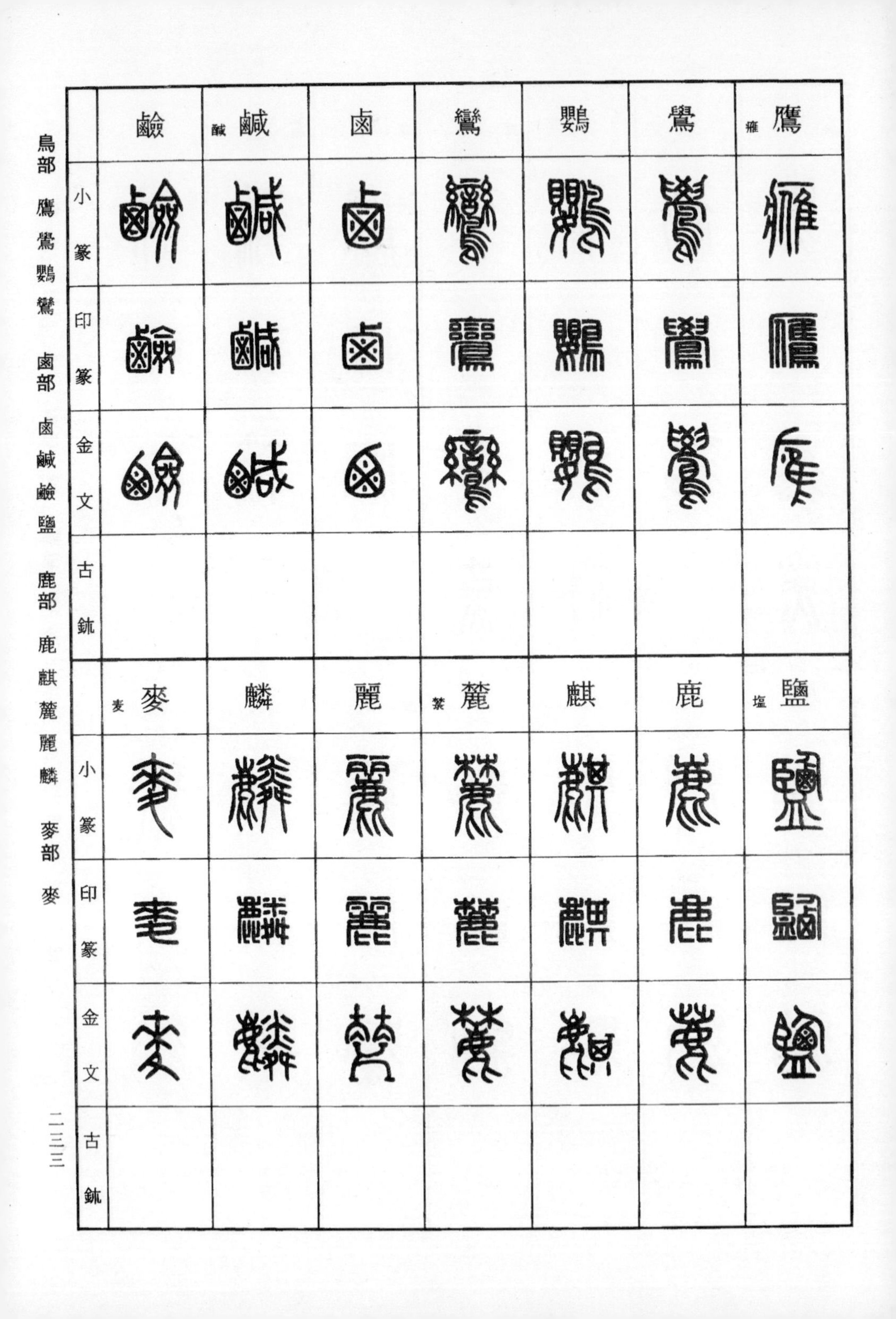

	鹼	醎 鹹	鹵	鸞	鸚	鶯	雁 鷹
小篆							
印篆							
金文							
古鉥							

	麦 麥	麟	麗	禁 麓	麒	鹿	塩 鹽
小篆							
印篆							
金文							
古鉥							

黑 黒	黎	黍	黃 黄	麻 麻	麴 鞫鞠	麩	
							小篆
							印篆
							金文
							古鉩

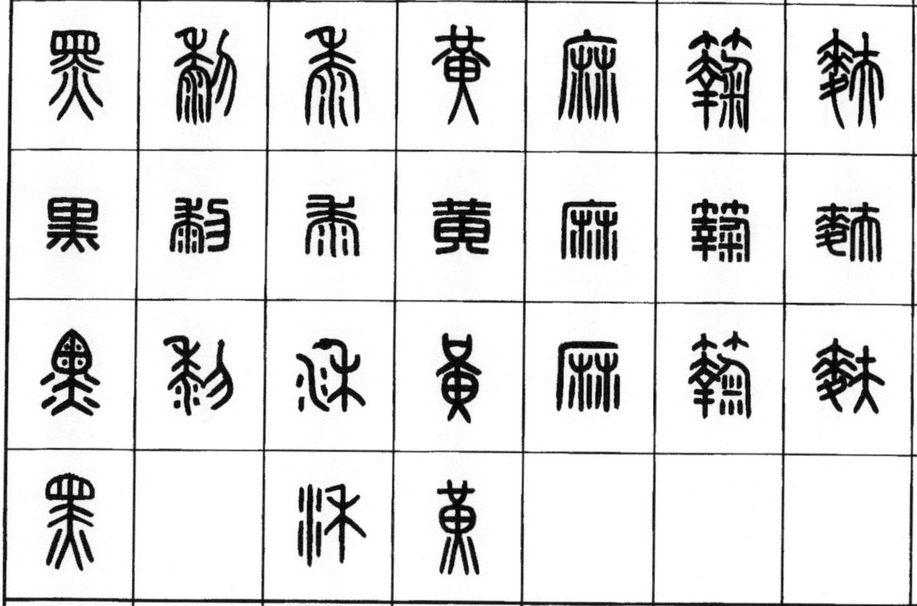

黠	黟	點 点	黜	黛 黱	默 默	黔	
							小篆
							印篆
							金文
							古鉩

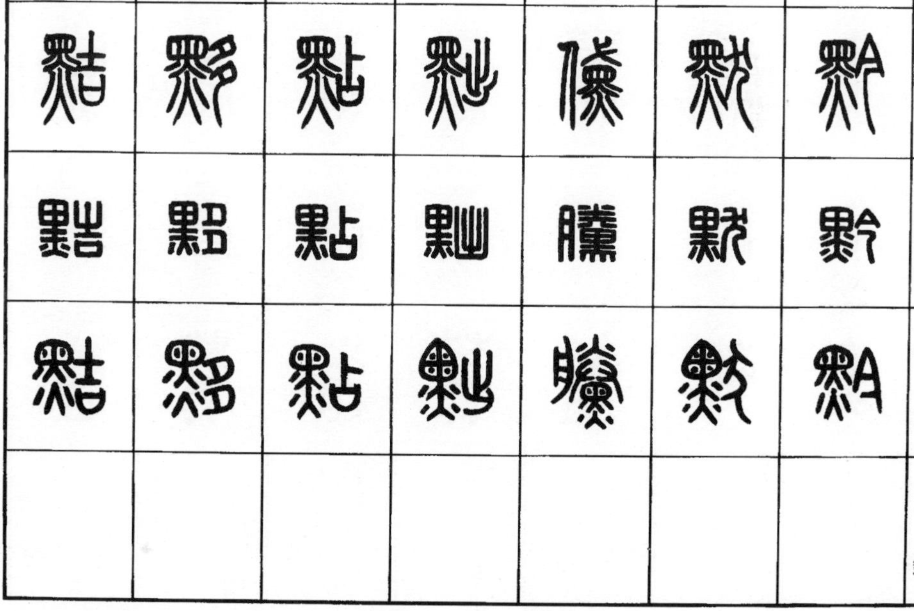

	鼇 鰲	黽	黻	黴	黯	黨 党	黥
小篆							
印篆							
金文							
古鉥							

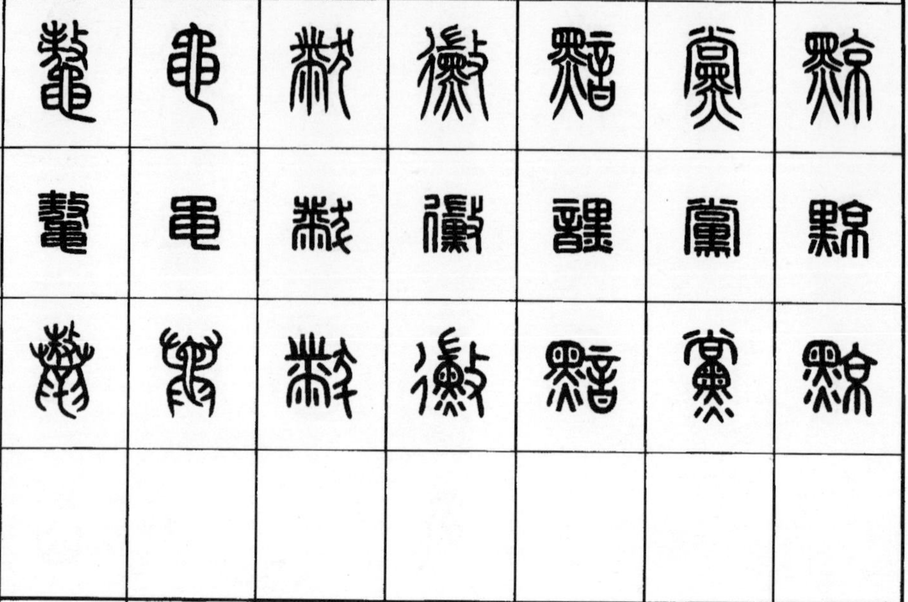

	齋 斎	齊 斉	鼻 鼻	鼠	鼓	鼎	鼈
小篆							
印篆							
金文							
古鉥							

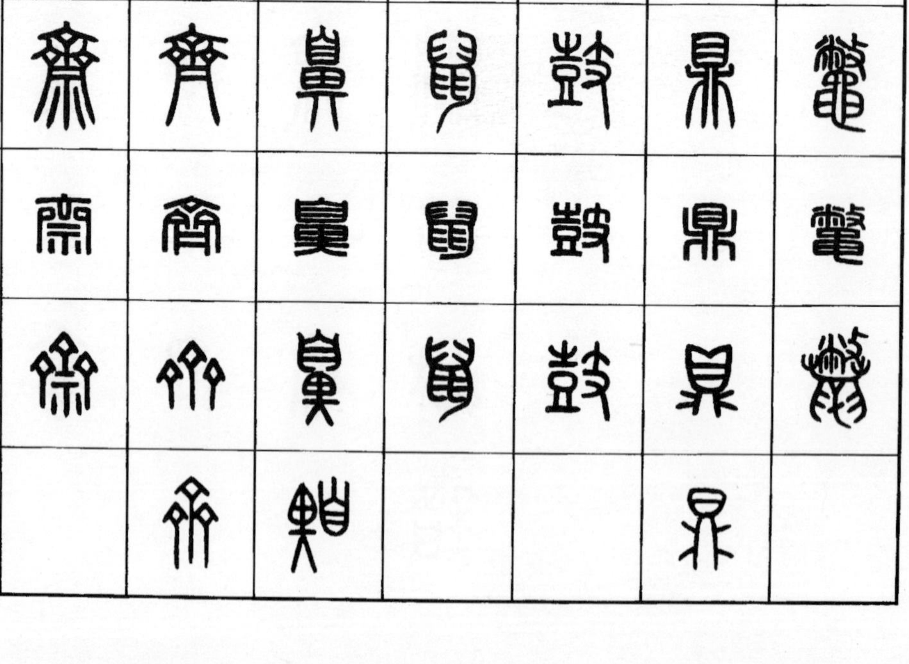

	齒 歯	齡 齢	齧	龍 竜	龏	龐	龔
小篆							
印篆							
金文							
古鉩							

	龕	龜 亀	龠	龢			
小篆							
印篆							
金文							
古鉩							

	俣	働	凧	凩	凪	匂	枠
小篆							
印篆							
金文							
古鉨							

	枉	栃	椚	椙	椡	榊	樫
小篆							
印篆							
金文							
古鉨							

	畑	畠	笹	桒	辻	込	鑓
小篆							
印篆							
金文							
古鈢							

	鯰	鰯	鳴	鵤	麿 麿		
小篆							
印篆							
金文	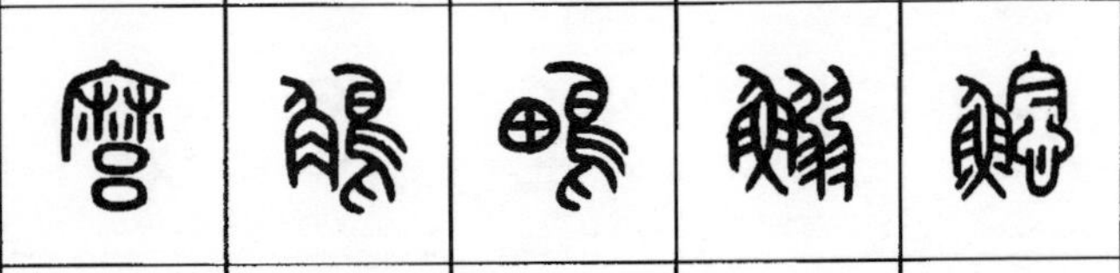						
古鈢							

总画索引

一、本书收录的文字都是按照笔画的顺序排列的。（笔画数相同的按照部首的顺序，部首相同的按照《康熙字典》里的排序。）

一、括号里所标明的字，是异体字或常用汉字的正字。但是，当常用汉字与正字笔画数相同时，就会省略其一。

一画

部首	字	页码
一	一	一
乙	乙	二

二画

部首	字	页码
一	丁	一
	七	一
丿	乃	二
乙	九	三
亅	了	三
二	二	三
人	人	四
入	入	四
八	八	四
冫	冫	六
几	几	六
刀	刀	七
力	力	九
十	十	二三
卜	卜	二三
厂	厂	二四
又	又	二五

三画

部首	字	页码
一	万	一
	（萬）	一六九
	丈	一
	三	一
	上	一
	下	一
	与	一
丶	丸	二
	丸	二
丿	久	二
乙	也	三
二	于	三
	亏	三
亠	亡	四
入	亾	四
几	凡	六
刀	刀	七
	刃	七
	刄	七
勹	勺	二一
干	千	二三
	廿	二三
又	叉	二五
	及	二五
口	口	二五
土	土	三三
士	士	三七
夕	夕	三八
大	大	三八
女	女	四〇
子	子	四二
寸	寸	四六
小	小	四九
尢	尢	五〇
山	山	五一
巛	巛	五二
	川	五三
工	工	五四
己	己	五四
	已	五四
	巳	五四
巾	巾	五四
干	干	五六
弓	弓	五九

四画

部首	字	页码
手	才	七一
一	不	一
	与	一
	（與）	一六三
	丑	一
	丑	一
丨	中	二
丶	丹	二
丿	之	二
亅	予	三
	（豫）	一八九
	厺	五六
二	云	三
	互	三
	五	三
	井	三
人	仁	四
	仇	五
	今	五
	介	五
	仏	七
	内	四
	仌	六
儿	允	一三
	元	一三
入	內	一四
八	公	一四
	六	一五
	兮	一五
冂	円	一三
冖	冗	一五
凵	凶	一七
	办	一九
刀	分	一七
	切	一七
	刈	一七
	刂	一八
勹	勿	二一
	勾	二六
匕	匂	二七
	化	二二
匚	匹	二三
	区	二三
十	卅	二三
	升	二三
	午	二三
	卆	二三
厂	厄	二四
厶	厷	一五九
又	及	二五
	友	二五
	叐	二五
	反	二五
士	壬	三七
大	天	三八
	太	三八
	夫	三八
	夭	三九
子	孔	四二
小	少	四九
尢	尤	五〇
尸	尹	五〇
	尺	五〇
屮	屯	五一
	出	二
工	乇	五四
己	巴	五四
巾	市	五四
幺	幻	五六
廾	廿	一二
弋	式	一
弓	弔	五九
	引	五九
心	心	六三
戈	戈	六九
戶	戶	七〇
手	手	七一
支	支	七六
文	文	八〇
斗	斗	八〇
斤	斤	八一
方	方	八一
无	无	八二
日	日	八二
曰	曰	八六
月	月	八六
木	木	八七
欠	欠	九六
	（缺）	一〇四
止	止	九九
毋	毋	一〇二
比	比	一〇二
毛	毛	一〇二
氏	氏	一〇三
气	气	一〇三
水	水	一〇三
火	火	一一五
爪	爪	一一九
父	父	一一九
片	片	一二〇
牙	牙	一二〇
牛	牛	一二〇
犬	犬	一二三
玉	王	一二三

五画

部首	字	页码
一	且	一
	世	一
	丘	一
	丙	二
丶	主	二
	丼	三
丿	乎	二
	兮	二
	乏	二
人	仕	五
	他	五
	付	五
	仙	五
	代	五
	令	五
	以	五
	仝	一四
儿	兄	一三
	充	一三
冂	冊	一五
	册	一五
冖	写	四八
冫	冬	一六
几	凥	五〇
	処	一六
	（處）	一七四
	凧	三七
凵	出	一七
刀	刊	一七
力	功	一九

部首	字	页
	加	一九
勹	匂	二一
	匃	二一
	包	二一
	包	二一
	句	二六
匕	北	二一
十	半	二二
	卉	二二
卜	占	二三
卩	卯	二三
厂	压	二七
厶	去	二四
又	収	一八
口	古	二五
	句	二六
	只	二六
	召	二六
	可	二六
	台	二六
	（臺）	一六三
	叱	二六
	史	二六
	右	二六
	叶	二三
	号	二六
	（號）	一七四
	司	二六
囗	囚	二二
	四	二二
	回	二二
土	出	二五
夕	外	二八
大	央	二九
	失	二九
	夲	二八
女	奴	四〇
	妃	四一
子	孕	四四
宀	它	四五
	宂	四五
小	尒	一一九
尸	尻	五〇
	尼	五〇
	尻	五〇
工	左	五四
	巧	五四
	巨	五四
己	㠯	五
巾	市	五三
	布	五三
干	平	五六
幺	幼	五六
广	広	五八
	庁	五八
廾	弁	一六八
弋	式	三
弓	弗	五九
	弘	五九
心	必	六三
戈	戊	六九
手	扑	七七
	打	七一
	払	七二
斤	斥	八一
日	旦	八三
	旧	一六三
木	未	八七
	末	八七
	本	八七
	札	八八
止	正	九九
	玉	二
	此	九九
毋	母	一〇一
氏	民	一〇三
水	氷	一六
	永	一〇三
	氾	一〇三
	汀	一〇三
	汁	一〇三
犬	犯	一一一
玄	玄	一一三
玉	玉	一一三
瓜	瓜	一一五
瓦	瓦	一一六
甘	甘	一一六
生	生	一一六
用	用	一一六
田	田	一一七
	由	一一七
	甲	一一七
	申	一一七
疋	疋	一一八
白	白	一二〇
皮	皮	一二〇
皿	皿	一二〇
目	目	一二一
矛	矛	一二三
矢	矢	一二四
石	石	一二四
示	示	一二六
	礼	一二七
禾	禾	一二八
穴	穴	一四〇
立	立	一四一
辵	辺	二〇四

六画

部首	字	页
一	丞	二
	両	一四
亅	争	二九
二	亘	四
	亙	四
亠	交	四
	亥	四
	亦	四
人	仰	五
	仲	五
	件	五
	任	五
	份	六二
	仿	六
	企	六
	伊	六
	伍	六
	伎	六
	伏	六
	伐	六
	休	六
	仮	二
	伝	三
	会	八六
儿	充	一三
	兆	一三
	先	一四
	光	一四
入	全	一四
八	共	一五
冂	再	一五
冫	冰	一六
	冲	一〇三
几	凩	三七
	凪	三七
刀	刑	一七
	刔	一七
	列	一七
力	劣	一九
勹	匈	二一
匚	匠	二二
	匡	二二
十	卅	二二
	卉	二二
卩	印	二三
	危	二三
	叧	二七
厶	厽	二七
口	各	二六
	合	二六
	吉	二六
	吉	二六
	同	二六
	名	二七
	后	二七
	吏	二七
	吐	二七
	向	二七
	吸	二八
口	回	三二
	因	三二
	団	三三
土	在	三三
	圭	三三
	地	三三
	壮	三七
夕	夙	三八
	多	三八
大	夷	三九
女	好	四〇
	如	四〇
	妃	四〇
	妄	四〇
子	孝	四四
	字	四四
	存	四四
	宅	四五
	宇	四五
	守	四五
	安	四五
寸	寺	四九
小	当	一二八
巛	州	五三
	巡	五三
巾	帆	五三
	希	一〇一
干	年	五六
	并	五六
广	庄	一六八
弋	弐	一
	式	五九
	弐	一五
弓	弛	五九
心	忙	六三
戈	戌	六九
	戍	六九
	戎	六九
	成	六九
手	扱	七二
攴	收	七八
	攷	七八
日	旨	八三
	早	八三
	旬	八三
	旭	八三
曰	曲	八六
	曳	八六
月	有	八七
木	朱	八八
	朴	八八
	朵	八八
	朶	八八
	朽	八八
欠	次	九八
止	正	九九
歹	歹	八八

部首	字	页
	死	一〇〇
毋	每	一〇一
氏	乒	一四
气	気	一〇三
水	汐	一〇三
	汎	一〇三
	汗	一〇三
	汙	一〇四
	汚	一〇四
	汝	一〇四
	江	一〇四
	池	一〇四
火	灰	一一六
	灰	一一六
	灯	一一八
牛	牝	一二〇
	牟	一二〇
犬	犲	一二九
白	百	一三〇
竹	竹	一四三
米	米	一四六
糸	糸	一四七
缶	缶	一五四
网	网	一五〇
羊	羊	一五四
羽	羽	一五五
老	老	一五六
	考	一五六
	考	一五六
而	而	一五七
耒	耒	一五七
耳	耳	一五七
聿	聿	一五八
肉	肉	一五八
	肌	一五八
	肓	一五九
臣	臣	一六三
自	自	一六三
至	至	一六三
臼	臼	一六三
舌	舌	一六三
舟	舟	一六四
艮	艮	一六四
色	色	一六四
艸	艸	一六四
	芋	一六四
虫	虫	一七四
	（蟲）	一七六
血	血	一七七
行	行	一七七
衣	衣	一七八
襾	西	一八〇
辵	迅	一九九
	辻	二一八
	込	二一八
阜	陁	二二四

七画

部首	字	页
丨	串	二
乙	乱	三
二	亜	四
亠	亨	四
人	伯	六
	伴	六
	伶	六
	伸	六
	伺	六
	似	六
	俩	六
	侶	六
	佃	七
	但	七
	位	七
	低	七
	住	七
	佐	七
	佑	七
	何	七
	佗	五
	余	七
	（餘）	二三五
	佛	七
	作	七
	体	二三八
儿	克	一四
	免	一四
	兎	一四
	児	一四
八	兵	一五
冖	冝	四六
冫	冶	一六
	冷	一六
	况	一〇四
刀	初	一七
	判	一七
	別	一七
	利	一八
	利	一八
力	助	一九
	努	二〇
	劫	二〇
	労	二〇
	励	二一
匚	医	二〇七
卩	卵	二三
	却	二四
	即	二四
厂	底	一二四
口	君	二七
	吝	二七
	呑	二七
	吞	二七
	吟	二七
	吠	二七
	否	二七
	含	二七
	启	一二〇
	呈	二七
	呉	二七
	吸	二八
	吹	二八
	吾	二八
	告	二八
	呂	二八
	邑	一三六
囗	囦	一〇八
	囱	一四一
	囬	三一
	困	三一
	囲	三一
	図	三三
土	均	三三
	坊	三三
	坎	三三
	坐	三三
	坴	三四
	坏	一三五
	坂	二三四
士	壯	三七
	壱	三七
	声	一五八
	売	一九二
夂	麦	二三三
夕	夙	三八
大	夾	三九
女	妊	四一
	妍	四三
	妖	四一
	妙	四一
	妝	四一
	孜	四〇
	妣	四一
	妥	四一
	妨	四一
子	孚	四四
	孝	四四
宀	宋	四五
	完	四五
	宏	四五
寸	対	四九
	寿	三八
尢	尨	五〇
尸	尾	五〇
	局	五〇
山	岐	五一
	岑	五一
巛	巡	五三
工	巫	五四
巾	希	五五
广	庇	五七
	床	一一九
	序	五七
廴	延	五八
	廷	五九
廾	弃	九三
	弄	五九
弓	弟	五九
	弡	五九
彡	形	六〇
	彣	六〇
彳	役	六一
心	忌	六三
	忍	六三
	志	六三
	忘	六三
	応	六九
	快	六三
戈	成	六九
	我	六九
	戒	六九
戶	戼	三三
手	扱	七一
	扶	七一
	批	七一
	技	七一
	抄	二〇八
	把	七一
	抑	七一
	抒	七一
	投	七一
	抗	七一
	折	七三
	抛	七三
	拔	七三
	択	七七
攴	改	七八
	攻	七九
日	旱	八三
	昀	一三〇
	更	八六
木	来	八
	杉	八八
	李	八八
	杏	八八
	材	八八
	村	八八
	（邨）	二二四
	杓	八八
	杖	八八
	杜	八八
	杞	八八
	束	八九
	条	九三
止	步	九九
歹	夙	一〇〇

部首	字	頁
毋	每	一〇二
水	求	一〇三
	汪	一〇三
	汲	一〇三
	決	一〇三
	汽	一〇三
	沃	一〇三
	沈	一〇三
	沐	一〇三
	沒	一〇三
	没	一〇三
	沖	一〇三
	沙	一〇四
	沛	一〇四
	沢	一一四
火	炙	一一六
	灸	一一六
	灼	一一六
	災	一一六
	灾	一一六
牛	牡	一二〇
	牢	一二〇
犬	狂	一二一
	狄	一〇七
	状	一二一
用	甫	一二六
田	男	一二七
	町	一二七
矢	矣	一三四
示	社	一三六
禾	禿	一三八
	秀	一三八
	私	一三八
	究	一四〇
糸	糺	一四七
	系	一四七
肉	肓	一五九
	肖	一五九
	肘	一五九
	肝	一五九
自	百	一二五
艮	良	一六四
艸	芋	一六四
	芒	一六四
	苡	一六六
	芝	一六五
	花	一六八
	芳	一六五
	芸	一七三
見	見	一八〇
角	角	一八一
言	言	一八一
谷	谷	一八八
豆	豆	一八九
豕	豕	一八九
豸	豸	一八九
貝	貝	一九〇
赤	赤	一九三
走	走	一九四
足	足	一九四
身	身	一九六
車	車	一九六
辛	辛	一九八
辰	辰	一九九
辵	达	二〇三
	迁	一九九
	迄	一九九
	迅	一九九
	迎	一九九
	近	一九九
	返	一九九
邑	邑	二〇四
	郊	五一
	那	二〇四
	邦	二〇四
	邢	二〇四
	邨	二〇四
	（村）	八八
	邪	二〇四
酉	酉	二〇六
里	里	二〇七
阜	阪	二二四
	防	二二四

八画

部首	字	頁
一	並	一四
乙	乳	三
亅	事	三
二	亞	四
亠	享	四
	京	四
	亩	一五六
人	佩	七
	佳	七
	使	七
	來	八
	侈	八
	例	八
	侍	八
	侑	八
	侔	八
	供	八
	依	八
	侮	八
	併	九
	価	一三
儿	兒	一四
	兎	一四
	兔	一四
	免	一四
入	兩	一四
八	其	一五
	具	一五
	典	一五
凵	函	一七
刀	到	一八
	刑	一七
	刱	一九
	制	一八
	刷	一八
	刪	一七
	券	一八
	刹	一八
	刹	一八
	刺	一八
	刺	一八
	刻	一八
	刿	一七
力	券	二〇
	効	一九
	劾	二〇
勹	匋	八二
十	卑	二二
	卒	二二
	卓	二二
	協	二二
卜	兆	二二
	卦	二二
	斜	二六
	卧	一六二
卩	巻	二二
	卸	二四
厂	厓	二四
厶	参	二四
又	叔	二五
	取	二五
	受	二五
口	周	二六
	味	二六
	呼	二六
	命	二六
	咀	二六
	咄	二六
	和	二六
	咊	二六
	咎	二六
	咏	二六
	吟	二六
	舎	一六三
囗	固	三一
	国	三一
土	坡	三二
	坐	三五
	坤	二四
	坦	二四
	坪	二四
	坫	二七
	坼	二四
	垂	二四
	坽	一二五
夕	夜	二八
	姓	八四
大	奄	三九
	奇	三九
	奈	三九
	奉	三九
	奔	三九
女	妹	四一
	妻	四一
	妾	四一
	姊	四一
	姉	四一
	始	四一
	姐	四一
	姑	四一
	姓	四三
	委	四三
子	孟	四四
	季	四四
	孤	四四
	学	四五
宀	宕	四六
	宗	四六
	官	四六
	宙	四六
	定	四六
	宛	四六
	宜	四六
	実	四八
	宝	四八
小	尚	四九
尸	居	五〇
	屈	五〇
	届	五〇
	屆	五〇
山	岡	五一
	丕	二
	岫	五一
	岬	五一
	岱	五一
	岳	五三
	岸	五三
	岩	五三
巾	帖	五五
	帛	五五
	帒	一七八
干	并	五六
广	底	五七
	庖	五七
	店	五七
	庚	五七
	府	五七
弓	弧	五九
	弥	六〇
	弦	五九

部首	字	页码
	弧	五九
	弩	五九
彳	彼	六一
	往	六一
	征	六一
	径	六二
心	忠	六三
	忠	六三
	念	六三
	忽	六三
	忿	六三
	怖	六三
	怡	六四
	性	六四
	怪	六四
弋	戚	六九
	或	七〇
戸	戻	七〇
	房	七〇
	房	七〇
	所	七〇
	所	七〇
手	承	七一
	披	七二
	抱	七二
	抱	七二
	抵	七二
	抹	七二
	押	七二
	抽	七二
	拂	七二
	拋	七二
	拍	七二
	拒	七二
	拓	七二
	拔	七二
	拘	七二
	拙	七三
	招	七三
	拜	七三
	担	七八
	拠	七八
	拡	七八
支	放	七九
	政	七九
	效	七九
文	斉	二三五
斤	斧	八一
方	杭	一六四
	旁	八一
	於	八一
	（烏）	二一六
日	㫚	八三
	昂	八二
	昃	八三
	晒	八三
	昆	八三
	昇	八三
	昌	八三
	明	八三
	昏	八三
	易	八三
	昔	八三
	旹	八四
月	朋	八七
	（鳳）	三一一
	朋	八七
	服	八七
	服	八七
木	杭	八九
	杯	八九
	東	八九
	杲	八九
	杳	八九
	杵	八九
	杶	八四
	杷	八九
	松	八九
	板	八九
	枇	八九
	枏	八五
	析	八九
	枕	八九
	林	八九
	枚	九〇
	果	九〇
	枝	九〇
	枝	九〇
	枠	二三七
欠	欣	九九
	欧	九九
止	步	九九
	武	一〇〇
歹	歾	一〇〇
	殁	一〇〇
	殁	一〇〇
殳	殴	一〇一
毋	毒	一〇一
氏	氓	一〇三
气	氛	二一八
水	沓	一〇三
	沫	一〇四
	沱	一〇三
	河	一〇四
	沸	一〇四
	油	一〇四
	治	一〇四
	沼	一〇四
	沾	一〇九
	沿	一〇四
	沿	一〇四
	況	一〇四
	泊	一〇四
	泌	一〇四
	泓	一〇四
	法	一〇五
	泫	一〇五
	泛	一〇五
	沍	一〇五
	泝	一一二
	浅	一〇三
	泠	一〇五
	泡	一〇五
	泡	一〇五
	波	一〇五
	泣	一〇五
	泥	一〇五
	注	一〇五
	泳	一〇五
火	炊	一一六
	炎	一一六
	炙	一一六
	災	一一六
爪	争	一一九
爿	牀	一一九
片	版	一二〇
牛	牧	一二〇
	物	一二〇
犬	狀	一一三
	狐	一一三
	狗	一一三
玉	玩	一二三
田	画	一一六
白	的	一三〇
目	盲	一一三
	直	一一三
矢	知	一二四
示	社	一三六
	祀	一二六
	祈	一二六
	祉	一三六
内	禽	一二八
禾	季	一三六
	秉	一二八
穴	穹	一四〇
	空	一四一
	突	一四一
竹	竺	一四三
糸	糾	一四七
网	罔	一五四
羊	羌	一五五
老	者	一五六
肉	股	一五九
	肢	一五九
	肣	一七
	肥	一五九
	肩	一五九
	肩	一五九
	胄	二
	肯	一五九
	肱	一五九
	育	一五九
	肴	一五九
	肺	一五九
臣	臤	一六三
	臥	一六三
	卧	一六三
舌	舍	一六三
艸	芙	一六四
	芝	一六五
	芥	一六五
	芳	一六五
	芸	一六五
	芹	一六五
	芽	一六五
	苗	一六五
	若	一六五
	苦	一六五
	英	一六六
	茂	一六六
	茎	一六八
虍	虎	一七四
衣	表	一七八
辵	迎	一九九
	近	一九九
	返	一九九
	迫	一九九
	迭	一九九
	述	二〇〇
邑	邯	二〇五
	邸	二〇五
	邪	二〇四
釆	采	二〇七
金	金	二〇八
長	長	二一二
門	門	二一二
阜	阜	二一四
	自	二一四
	阻	二一四
	阿	二一四
	陀	二一四
	附	二一四
隹	隹	二一七
雨	雨	二一八
青	青	二二〇
非	非	二二〇

九画

部首	字	页码
丿	乘	二
	乖	一五六
亠	亭	四
	亮	四
	亯	四
	奇	三九
人	侮	八

部首	字	頁
	侯	八
	侵	八
	侶	八
	便	八
	係	八
	促	九
	俄	九
	俊	九
	俗	九
	俛	九
	保	九
	信	九
	俣	一二七
冂	冑	一五
	冒	一五
	冐	一五
冖	冠	一五
刀	則	一八
	削	一八
	前	一八
	剌	一八
力	勁	二〇
	勃	二〇
	勅	二〇
	敕	二〇
	勇	二〇
	勆	二〇
	勉	二〇
匚	匽	二一
十	南	二二
	卑	二二
	単	二一
卩	卸	二四
	即	二四
厂	厚	二四
又	叛	二五
	叜	二五
	叙	二七
口	咨	二九
	咫	二九
	咸	二九
	咽	二九
	哀	二九
	品	二九
	哉	二九
囗	囿	三一
土	垔	三二
	型	三四
	垢	三四
	垣	三四
	城	三四
夂	変	一八八
大	奎	三九
	奏	三九
	契	三九
	契	三九
	奓	四〇
	奔	三九
	奕	三九
女	姜	四三
	姦	四三
	姪	四三
	姫	四三
	姻	四三
	姿	四三
	威	四三
子	孤	四四
宀	客	四六
	宣	四六
	宋	四七
	室	四六
寸	封	四九
	専	四九
尸	屋	五〇
	屑	五〇
	屏	五一
山	岡	五一
	峡	二一四
己	巽	五四
	巷	五四
巾	帝	五五
	帥	五五
幺	幽	五七
广	庠	六一
	度	五七
廴	建	五九
弓	弭	六〇
彡	彦	六〇
	彦	六〇
	形	六〇
彳	待	六二
	律	六二
	後	六二
	徂	六二
心	怒	六三
	思	六四
	怠	六四
	急	六四
	恐	六四
	怨	六四
	恢	六四
	恒	六四
	恡	六七
	恨	六四
	恪	六七
	恬	六五
	悔	六五
戈	戒	六九
	戚	六九
戸	扁	七〇
手	拝	七三
	括	七三
	拓	七二
	拾	七三
	持	七三
	挂	七三
	指	七三
	按	七三
	挑	七三
	挟	七四
攴	耎	八六
	故	七九
	政	七九
方	施	八一
日	星	八三
	映	八三
	春	八三
	昧	八三
	昨	八三
	昭	八三
	是	八四
	昚	六七
	昴	八四
	昶	八四
	昼	八四
木	枯	九〇
	架	九〇
	枷	九〇
	柛	九〇
	柿	九〇
	柄	九〇
	柏	九〇
	某	九〇
	染	九〇
	柔	九〇
	柘	九〇
	柚	九〇
	柜	九八
	柞	九一
	柢	九一
	柤	九一
	査	九一
	柯	九一
	柰	三九
	柱	九一
	柳	九一
	柴	九一
	柵	九一
	栄	九五
	柾	一二七
	栃	一二七
止	歫	七三
歹	殆	一〇〇
殳	段	一〇〇
比	毖	一〇一
水	泉	一〇四
	洋	一〇五
	洒	一〇五
	洗	一〇五
	洄	一〇四
	洛	一〇五
	洞	一〇六
	津	一〇六
	洪	一〇六
	洵	一〇六
	洸	一〇六
	活	一〇六
	派	一〇六
	流	一〇六
	海	一〇七
	浄	一〇八
	浅	一〇九
火	炭	一一六
	為	一一九
	点	一二四
爪	爰	一一九
爻	延	一一八
牛	牲	一二〇
犬	狡	一二一
	狩	一二一
	狭	一二一
	独	一二一
玄	妙	四二
玉	玲	一二三
	珊	一二三
	珍	一二三
瓦	瓷	一二六
甘	甚	一二六
田	界	一二七
	畎	一二七
	畏	一二七
	畑	一二八
疒	疫	一二九
癶	癸	一三〇
	発	一三〇
白	皆	一三〇
	皇	一三〇
皿	盃	八九
	盆	一三〇
	盈	一三一
目	相	一三二
	盾	一三二
	省	一三二
	眇	一三二
	眉	一三二
	看	一三二
	眂	一八〇
矛	矜	一三三
矢	矦	八
石	砂	一三四
	砌	一三四
	研	一三四
	砕	一三五
示	祇	一三六
	祈	一三六

部首	字	页
	祉	一三六
	祐	一三六
	祖	一三六
	祝	一三六
	神	一三六
内	禹	一三八
禾	秋	一三八
	炑	一三八
	物	一八
	秏	一三七
	科	一三八
	秒	一三八
穴	穿	一四一
	突	一四一
	窃	一四一
竹	竽	一四三
	竿	一四三
米	籴	一三八
糸	紀	一四七
	紂	一四七
	約	一四七
	紅	一四七
	級	一四八
网	罔	一五四
羊	美	一五五
老	者	一五六
而	耎	一五七
	耏	一五七
	耐	一五七
耳	耶	一五七
肉	胃	一五九
	背	一六〇
	胎	一六〇
	胑	一五九
	胞	一六〇
	胞	一六〇
	胡	一六〇
	胤	一六〇
	胆	一六二
自	臭	一六二
至	致	一六三
臼	曳	八六
艸	苑	一六五
	苔	一六五
	苗	一六五
	苛	一六五
	苞	一六五
	苟	一六五
	若	一六五
	苦	一六五
	苫	一六六
	英	一六六
	茉	一六六
	苺	一六六
	茂	一六六
	范	一六六
	茄	一六六
	茅	一六六
	荼	一六七
	草	一六七
	荒	一六七
	荘	一六八
虍	虐	一七四
虫	虵	一七三
	虹	一七四
	虺	一七四
行	衍	一七七
衣	衷	一七八
	衿	一七八
	袂	一七八
襾	要	一八〇
言	訂	一八一
	計	一八一
貝	貞	一九〇
	負	一九〇
走	赳	一九四
	赴	一九四
車	軌	一九七
	軍	一九七
辵	迢	一九九
	迥	一九九
	迩	二〇四
	迪	一九九
	延	六一
	迫	一九九
	迭	一九九
	述	二〇〇
	迷	二〇〇
	追	二〇〇
	退	二〇〇
	送	二〇〇
	逃	二〇〇
	逆	二〇〇
	郁	二〇五
	郊	二〇五
	郎	二〇五
酉	酋	二〇六
里	重	二〇七
阜	陋	二一四
	降	二一四
	限	二一四
面	面	二二〇
革	革	二二〇
韋	韋	二二一
非	韭	二二一
音	音	二二一
頁	頁	二二一
	風	二二三
飛	飛	二二四
食	食	二二四
首	首	二二五
香	香	二二五

十画

部首	字	页
丿	乘	二
人	修	九
	俯	九
	倶	九
	俳	九
	俵	九
	俶	九
	俸	九
	併	九
	倉	一〇
	倍	一〇
	倒	一〇
	候	一〇
	倚	一〇
	倜	一〇
	借	一〇
	倡	一〇
	値	一〇
	倦	一〇
	倫	一〇
	倬	一〇
	倭	一〇
	偈	一一
	豗	一四
	党	二三五
八	兼	一五
冖	冢	一五
	冥	一六
冫	凉	二〇八
	凋	一六
	凌	一六
	凍	一六
刀	剖	一八
	剛	一八
	剝	一八
	剣	一九
	剤	一九
力	勅	二〇
匚	匪	二三
卩	卿	二四
厂	原	二四
又	叟	二五
口	員	二九
	哭	二九
	哲	二九
	唇	二九
	唐	二九
	哉	二九
囗	圃	三二
	函	一七
土	埅	二一四
	埋	三四
	垔	三三
	城	三四
夂	夏	三八
大	奘	四〇
	奚	四〇
女	娑	四三
	娛	四三
	娥	四三
	姬	四三
子	孫	四五
宀	宮	四六
	宰	四六
	害	四六
	害	四六
	宴	四六
	宵	四七
	家	四七
	宷	四八
	容	四七
	㝐	四六
寸	射	四九
	将	四九
尸	屑	五〇
	展	五一
屮	峑	五二
山	峨	五三
	峩	五三
	峭	二一四
	峯	五三
	峰	五三
	島	五三
	峻	五三
	峡	二一四
工	差	五四
巾	師	五五
	席	五五
	帯	五五
	帰	一〇〇
广	座	三三
	庫	五七
弓	庭	五七
彳	弱	六〇
彳	徐	六二
	徑	六二
	徒	六二
	復	二〇〇
	従	六二
心	恐	六四
	恕	六四
	恙	六四
	恣	六四
	耻	六四
	恩	六五
	恭	六五
	恭	六五
	息	六五
	悦	六五
	悋	二七
	悌	六五

部首	字	页
	悑	六三
	悔	六五
	悟	六五
	悦	六五
	恵	六六
	恋	六九
戸	扇	七〇
	扇	七〇
手	拳	七三
	挙	一六三
	挨	七三
	挫	七三
	振	七三
	挟	七四
	挿	七五
	捉	七四
	捋	七三
	捐	七四
	捕	七四
支	效	七九
	敚	六三
	敏	七九
斗	料	八〇
斤	斬	七三
方	旁	八一
	旂	八一
	旃	八一
	旅	八一
	旅	八一
无	既	八三
日	時	八四
	晃	八四
	晄	八四
	晉	八四
	晋	八四
	晏	八四
曰	書	八六
月	朔	八七
	朕	八七
	朗	八七
木	栗	九一
	栝	九一
	校	九一
	株	九一
	核	九一
	根	九一
	格	九三
	栽	九三
	桀	九三
	桂	九三
	桃	九三
	案	九三
	桐	九三
	桑	九三
	桓	九三
	梅	九三
	桜	九八
	桧	九八
止	歬	一八
歹	殊	一〇〇
	残	一〇〇
殳	殸	一〇〇
	殷	一〇〇
	殺	一〇一
气	氣	一〇三
水	泰	一〇五
	洼	一〇三
	浙	一〇六
	浚	一〇六
	浜	一一五
	浣	一一四
	浥	一〇六
	浦	一〇六
	涽	一〇六
	浩	一〇六
	浩	一〇六
	浪	一〇六
	浮	一〇七
	浴	一〇七
	海	一〇七
	浸	一〇七
	浸	一〇七
	涅	一〇七
	涇	一〇七
	消	一〇七
	涉	一〇七
	涌	一〇七
	涕	一〇七
	流	一〇六
	涙	一〇八
火	烈	一一六
	烏	一一六
	（於）	八一
	烕	一一一
	烖	一一六
	烝	一一六
	烟	一一七
牛	特	一二一
犬	猑	四〇
	猖	一二二
	狸	一九〇
	狹	一二二
	狼	一二二
	狴	一二二
玉	珠	一三三
	珪	一三三
	班	一三三
田	畔	一二七
	留	一二八
	畜	一二七
	畞	一二七
	畝	一二七
	畠	一二八
疒	疲	一二九
	疵	一二九
	疾	一二九
	病	一二九
癶	癸	一三〇
白	皋	一三〇
皿	益	一三一
	益	一三一
	盍	一二九
	盌	一三一
目	眞	一三三
	真	一三三
	眠	一三三
	眡	一八〇
矢	矩	一三四
石	砥	一三四
	破	一三四
示	祐	一三六
	祑	一三九
	祓	一三六
	祕	一三六
	祖	一三六
	祝	一三六
	神	一三六
	祟	一三六
	祠	一三七
	祥	一三七
禾	租	一三八
	秣	一三八
	秦	一三八
	秩	一三九
	秘	一三六
	称	一三九
穴	窈	一四一
立	竜	一三六
	竝	一四二
竹	笠	三
	笑	一四三
米	粉	一四六
	粋	一四六
糸	紊	一四七
	紋	一四七
	納	一四七
	紐	一四七
	純	一四八
	紗	一四八
	紙	一四八
	級	一四八
	紛	一四八
	素	一四八
	紡	一四八
	索	一四八
缶	缺	一五四
网	罠	一五四
羊	羔	一五五
	美	一五五
羽	翁	一五五
	狓	一五五
	翅	一五五
	翠	一五六
	翁	一五五
老	耆	一五七
耒	耕	一五七
	耗	一五七
耳	耽	一五七
	耿	一五七
肉	胴	一六〇
	胷	一六〇
	胸	一六〇
	能	一六〇
	脂	一六〇
	脅	一六〇
	脇	一六〇
	脈	一六〇
臣	朢	八七
自	皇	一三〇
	臭	一六三
至	致	一六三
舟	般	八七
	航	一六四
	舫	一六四
	般	一六四
艸	茗	一六六
	茘	一六六
	茜	一六六
	茯	一六六
	茫	一六六
	茉	八四
	茱	一六六
	茲	一六七
	茶	一六七
	茷	一六七
	茸	一六七
	茹	一六七
	荃	一六七
	荅	一四三
	荊	一六七
	草	一六七
	荏	一六七
	荒	一六七
	荷	一六七
	華	一六八
虍	虔	一七四
虫	蚊	一七四
	蚌	一七五
	蚤	一七五
	蚕	一七七
衣	衷	一七八
	衰	一七八
	衾	一七八
	袁	一七八
	袍	一七八

部首	字	页
	袖	一七八
	被	一七八
見	覓	六二
言	訊	一八一
	討	一八一
	訒	一八四
	訓	一八三
	託	一八三
	記	一八三
豆	豈	一八九
豸	豹	一九〇
	豺	一九〇
貝	財	一九〇
	貢	一九〇
走	起	一九四
	起	一九四
身	躬	一九六
車	軒	一九七
辰	辱	一九九
辵	辻	六二
	逸	六一
	迷	二〇〇
	迹	二〇〇
	迻	一三九
	追	二〇〇
	退	二〇〇
	送	二〇〇
	逃	二〇〇
	逅	二〇〇
	逆	二〇〇
	迸	二一〇
	逥	一九九
	透	二〇〇
	逐	二〇〇
	途	二〇〇
	通	二〇二
	速	二〇二
	造	二〇二
	連	二〇二
	逓	二〇三
邑	郎	二〇五
	郡	二〇五
酉	酌	二〇六
	配	二〇六
	酎	二〇六
	酒	二〇六
金	釘	二〇八
	針	二一〇
	釜	二〇八
門	閃	二一三
阜	陏	二二四
	陞	二二四
	陜	二二四
	陟	二二四
	院	二二五
	陣	二二五
	除	二二五
	陥	二二五
隹	雀	二二七
	隻	二二七
	隼	二二七
	雋	二二七
食	飢	二三四
首	𩠐	二三五
馬	馬	二三五
骨	骨	二三八
高	高	二三八
鬲	鬲	二三八
鬼	鬼	二三九

十一画

部首	字	页
乙	乾	三
	亀	二三六
人	偁	一三九
	倏	一〇
	候	一〇
	偃	一〇
	假	一一
	偈	一一
	偉	一一
	偏	一一
	偕	一一
	停	一一
	健	一一
	側	一一
	偵	一一
	偶	一一
	偽	一三
儿	兜	一四
冖	冨	四七
刀	剪	一九
	副	一九
	剛	一八
力	勒	二〇
	動	二〇
	勘	二〇
	務	二〇
匕	匘	一六一
	匙	二一
匸	匿	二三
	區	二三
厶	參	二四
又	叙	二九
口	唫	二七
	唯	二九
	唱	二九
	喉	三〇
	唾	三〇
	啄	三〇
	商	三〇
	問	三〇
	啓	三〇
	啟	三〇
	圈	三三
	國	三三
土	埜	二〇七
	域	三四
	（或）	七〇
	埴	三四
	埶	三四
	執	三四
	培	三五
	基	三五
	埽	三五
	堀	三五
	堂	三五
	堅	三五
	埼	三五
士	壷	三七
女	婆	四三
	婉	四三
	娸	四一
	婚	四三
	婦	四三
子	孰	四五
宀	宿	四七
	宿	四七
	寂	四七
	寄	四七
	寅	四七
	密	四七
	寇	四七
	寇	四七
寸	將	四九
	專	四九
	尉	四九
尸	屏	五一
山	崇	五三
	崋	五三
	崎	五三
	崐	五三
	崑	五三
	崔	五三
	崕	五三
	崖	五三
	崙	五三
	崘	五三
	崛	五三
	崩	五三
	崩	五三
巛	巢	五四
	巣	五四
巾	帳	五五
	帶	五五
	帷	五五
	常	五六
广	庵	五七
	庶	五七
	庱	五七
	康	五八
	庸	五八
弓	張	六〇
	強	六〇
彐	彗	六〇
彡	彩	六一
	彪	六一
	彫	六一
	彬	六一
彳	得	六二
	從	六二
	御	六二
心	悉	六五
	悊	二九
	恐	六四
	悠	六五
	患	六五
	悴	六五
	悵	六五
	悼	六六
	悽	六六
	情	六六
	惨	七〇
	惜	六六
	惟	六六
	悪	六六
	悀	六四
	慰	六八
戈	戚	七〇
手	捧	七四
	捨	七四
	捨	七四
	据	七四
	捲	七四
	捷	七四
	掃	七四
	授	七四
	排	七四
	掘	七四
	掛	七三
	採	七五
	探	七五
	接	七五
	控	七五
	推	七五
	掩	七五
	措	七五
	掲	七六
攴	敍	七九
	教	七九
	教	七九
	敏	七九
	救	七九
	敕	二〇
	敖	七九
	敗	七九

部首	字	页
文	斎	二三五
斗	斜	八〇
斤	斬	八一
	断	八一
方	旋	八二
	旌	八二
	族	八二
无	既	八二
日	晩	八四
	晝	八四
	晦	八四
	晧	一三〇
	晨	八四
曰	曹	八六
	曼	八六
	曽	八六
月	朖	八七
	朗	八七
	望	八七
木	栝	八九
	梏	九一
	桶	九二
	梆	九一
	梁	九二
	梅	九二
	梓	九二
	梗	九二
	條	九三
	梢	九三
	梧	九三
	梯	九三
	械	九三
	梵	九三
	梨	九三
	梶	九三
	梼	九五
	栽	九二
欠	欲	九九
殳	毆	一〇〇
	殷	七九
	殺	一〇一
	殼	一〇〇
毛	毬	一〇一
水	涯	一〇七
	液	一〇七
	涵	一〇七
	渓	一〇三
	淛	一〇六
	涸	一〇七
	涼	一〇八
	淋	一〇八
	淑	一〇八
	淒	一〇八
	淖	一一三
	淚	一〇八
	游	一一〇
	淡	一〇八
	淥	一一三
	淨	一〇八
	淩	一〇八
	淪	一〇八
	淫	一〇八
	淮	一〇八
	深	一〇八
	淳	一〇八
	淵	一〇八
	渕	一〇八
	混	一〇九
	清	一〇九
	淹	一〇九
	淺	一〇九
	添	一〇九
	渋	一一三
	澆	一一四
	涉	一〇七
	渇	一一〇
	溢	一一一
	滅	一一一
	溪	一〇九
	済	一一四
火	烽	一一六
	焉	一一六
爻	爽	一一九
牛	牽	一二一
犬	猗	一二三
	猛	一二三
	猪	一〇九
	猟	一二三
	猫	一九〇
玄	率	一二三
玉	琊	一二五
	現	一二四
	球	一二四
	琅	一二四
	理	一二四
瓦	瓶	一二六
	瓷	一二六
生	産	一二六
	產	一二六
田	畢	一二七
	略	一二七
	畦	一二八
	異	一二八
疋	疏	一二八
疒	痕	一二九
白	皎	一三〇
	皐	一三〇
皿	盖	一七一
	盛	一三一
	盗	一三一
目	眷	一三三
	眸	一三三
	眺	一三三
	眼	一三三
	衆	一三三
	眥	一三三
石	研	一三四
示	祥	一三七
	票	一三七
	祭	一三七
禾	移	一三九
穴	窒	一四一
	窓	一四一
	窕	一四一
立	竟	一四三
	章	一四三
竹	笙	一四三
	笛	一四三
	笞	一四三
	笠	一四三
	笥	一四三
	符	一四三
	第	一四三
	笵	一四三
	笹	一三八
米	粒	一四六
	粕	一四六
	粗	一四六
	粘	一四六
糸	紫	一四八
	紬	一四八
	累	一四八
	細	一四八
	紳	一四八
	紹	一四八
	紺	一四九
	終	一四九
	絃	一四九
	組	一四九
	絆	一四九
	経	一五〇
网	罠	一五四
羊	羞	一五五
羽	翊	一五五
	翌	一五五
	習	一五六
耳	聊	一五七
聿	肅	一五八
肉	脚	一六一
	脛	一六〇
	脣	一六〇
	脩	一六〇
	脱	一六一
	脳	一六一
舟	船	一六四
艸	荷	一六七
	荻	一六七
	荼	一六七
	莉	一六七
	荘	一六八
	莖	一六八
	莫	一六八
	菊	一六八
	菌	一六八
	菜	一六八
虍	處	一七四
	虚	一七四
虫	蛇	一七五
	（它）	四五
	蛍	一七六
行	衒	一七七
	術	一七七
衣	袋	一七八
	袤	七三
	袴	一七八
見	規	一八〇
	視	一八〇
言	訟	一八二
	訡	二七
	訣	一八二
	訥	一八二
	訪	一八二
	設	一八二
	許	一八二
	（鄦）	二三五
	訳	一八八
豕	豚	一八九
貝	貧	一九〇
	貨	一九〇
	販	一九〇
	貪	一九〇
	貫	一九一
	責	一九一
	貶	一九一
赤	赦	一九三
足	跂	一九四
車	軟	一九七
	転	一九八
辵	逖	六三
	逍	二〇〇
	逎	二〇三
	透	二〇〇
	逐	二〇〇
	途	二〇〇
	逗	二〇〇
	通	二〇一
	逝	二〇一
	逞	二〇一
	速	二〇一
	造	二〇一
	逡	二〇一
	逢	二〇一
	連	二〇一
	逮	二〇一
	進	二〇一

部首	字	页
	逸	三〇二
邑	部	三〇五
	郭	三〇五
	郵	三〇五
	都	三〇五
	郷	三〇五
酉	酔	三〇六
釆	釈	三〇七
里	野	三〇七
金	釣	三〇八
門	閉	三一三
阜	陪	三一五
	朙	五三
	陰	三一五
	陳	三一五
	陵	三一五
	陶	三一五
	陥	三一五
	陸	三一五
	隆	三一五
	険	三一六
隹	雄	三二一
	雀	三一七
雨	雪	三一八
貝	頂	三二一
	頃	三二三
食	飢	三二四
首	馗	三二五
	高	三二八
魚	魚	三二九
鳥	鳥	三三一
鹵	鹵	三三三
鹿	鹿	三三三
麥	麥	三三三
麻	麻	三三四
黄	黄	三三四
黒	黒	三三四

十二画

部首	字	页
人	傍	一一
	傑	一一
	傘	一一
	備	一一
	偉	一一
冫	滕	一六
刀	割	一九
	割	一九
	創	一九
	剃	一九
	勛	二一
力	勝	二〇
	労	二〇
	勤	二一
十	博	二三
	博	二三
卩	卿	二四
	卿	二四
厂	厥	二四
	厚	二四
	厨	二八
口	啻	三〇
	啼	三〇
	善	三〇
	喚	三〇
	喜	三〇
	喝	三〇
	喪	三〇
	㗊	三〇
	喫	三〇
	喬	三二
	單	三二
	営	二八
口	圍	三三
	圏	三三
土	堺	三四
	堤	三五
	堪	三五
	塔	三五
	堯	三五
	坐	三四
	報	三五
	場	三五
	堕	三六
	塁	三七
士	壹	三七
	壺	三七
	壻	三八
大	奠	四〇
	奢	四〇
	奥	四〇
女	婿	三八
	媒	四三
	媚	四三
	媛	四三
	媧	四三
宀	富	四七
	寐	四七
	寒	四七
	寓	四七
寸	尊	四九
尢	就	五〇
	尋	四九
	尋	四九
	封	四七
	尊	四九
尸	屠	五一
	属	五一
山	嵐	五三
	嵒	五三
	嵓	五三
工	琞	五一
己	巽	五四
巾	帽	五六
	幅	五六
幺	幾	五七
广	廈	五八
	廂	五八
	廊	五八
	廃	五八
弓	強	六〇
	弾	六〇
彡	彭	六一
彳	徧	六三
	復	六三
	循	六三
	御	六三
	復	六三
心	悲	六五
	悳	六三
	悶	六六
	惑	六六
	恵	六六
	悪	六六
	惰	六六
	惻	六六
	愉	六七
	愒	六八
戈	戟	七〇
戶	扉	七一
手	掌	七四
	揃	七五
	揆	七五
	提	七五
	揷	七五
	揚	七五
	揆	七六
	換	七五
	握	七五
	掲	七六
	揮	七六
	援	七六
	揺	七六
支	敝	七九
	敢	七九
	敨	七九
	散	七九
	敦	八〇
	敬	八〇
文	斌	八二
	斐	八〇
斤	斯	八一
日	普	八四
	景	八四
	晴	八四
	晶	八五
	筈	八三
	智	八五
	晩	八四
	暑	八五
	暁	八五
	曾	八六
	替	八六
	最	八六
月	朝	八七
	朝	八七
	期	八七
木	棃	九三
	棄	九三
	棊	九三
	棋	九三
	棒	九三
	棓	九三
	棗	九三
	棘	九三
	棟	九三
	棠	九四
	棧	九四
	森	九四
	棱	九四
	棲	九四
	（西）	一八〇
	棹	九八
	椀	一三一
	椅	九四
	椋	九四
	植	九四
	椎	九四
	椒	九四
	検	九八
	棉	一五一
	椚	二二七
	椙	二二七
	椪	二二七
欠	欺	九九
	欽	九九
	款	九九
止	帰	一〇〇
	登	一二三
歹	殖	一〇〇
	残	一〇〇
殳	殻	一〇〇
	殿	一〇二
水	渙	一〇九
	渚	一〇九
	減	一〇九
	渠	一〇九
	渡	一〇九
	渥	一〇九
	渦	一〇九
	測	一〇九
	渭	一〇九
	港	一二〇
	港	一二〇
	渇	一二〇
	游	一二〇

部首	字	页
	（遊）	二〇三
	渺	一一〇
	渾	一一〇
	湊	一一〇
	滄	一三四
	湍	一一〇
	湖	一一〇
	湘	一一〇
	湛	一一〇
	湧	一〇七
	湫	一一〇
	湮	一一〇
	湯	一一〇
	温	一一一
	滋	一一一
	満	一一三
	湿	一一四
	湾	一一五
火	焚	一一六
	無	一一七
	（无）	八二
	焦	一一七
	烈	一一六
	然	一一七
	集	一一七
	煮	一一七
	焼	一一八
爪	爲	一一九
爻	爽	一三六
爿	牂	一六八
片	牋	一四一
牛	犀	一三一
	犂	一三一
犬	猒	一三三
	猭	四〇
	猥	一三三
	猨	一三三
	猫	一九〇
	猶	一三三
玉	琢	一三四
	琯	一四四
	琳	一三四
	琴	一三四
	琵	一三四
生	琶	一三四
用	甥	一三六
田	甯	一三七
	番	一三八
	畫	一三八
	晦	一三七
	晙	一二八
	異	一二八
	畱	一二八
	畳	一二八
	疎	一二八
疒	痛	一二九
癶	登	一三〇
	發	一三〇
白	皓	一三〇
皿	盛	一三一
	盗	一三一
	盟	一三一
目	着	一三二
矛	矞	一三四
矢	短	一三四
石	硬	一三四
	确	一三五
	硯	一三五
示	禄	一三七
禾	稀	一三九
	税	一三九
	程	一三九
	稍	一三九
	税	一三九
	程	一三九
穴	窗	一四一
立	竣	一四二
	童	一四二
竹	筆	一四三
	等	一四三
	筋	一四三
	筍	一四三
	筐	三一
	筑	一四三
	筒	一四三
	答	一四三
	策	一四三
米	粟	一四六
	粥	一三九
	粧	四一
糸	結	一四九
	絶	一四九
	絶	一四九
	絜	一四九
	絝	一七八
	絞	一四九
	絡	一四九
	絢	一四九
	給	一四九
	紫	一四八
	絮	一四九
	統	一四九
	絲	一五〇
	絪	一四八
	絵	一五三
羊	美	一五五
	羑	一八四
羽	翔	一五六
肉	腎	一六一
	腕	一六一
臼	舄	一一三
舌	舒	一六三
舛	舜	一六三
艸	莽	一六八
	菁	一六八
	菅	一六八
	菊	一六八
	菌	一六八
	菓	九〇
	菜	一六八
	菩	一六八
	落	一六五
	華	一六八
	菲	一六八
	萃	一六八
	萄	一六八
	菖	八三
	萊	一六九
	萋	一六九
	萌	一六九
	萍	一六九
	萎	一六九
	落	一六九
	葉	一六九
虍	虚	一七四
	虜	一七四
	虗	一七四
虫	蛙	一七五
	畫	一七五
	蛟	一七五
	蛤	一七五
	蛑	一三〇
	蛭	一七五
	蛮	一七七
	衆	一三三
血	衄	一六〇
行	街	一七七
衣	裁	一七九
	裂	一七九
	装	一七九
	裕	一七九
	補	一七九
襾	覃	一八〇
見	視	一八〇
	規	一八〇
	覚	一八一
角	觚	一八一
言	訴	一八二
	訴	一八二
	訶	一八二
	診	一八二
	詁	一八二
	詐	一八二
	詒	一八三
	詔	一八三
	評	一八三
	詞	一八三
	詠	一八三
	証	一八七
豕	象	一八九
貝	貯	一九一
	貭	一九二
	貳	一九一
	貴	一九一
	貶	一九一
	買	一九一
	貸	一九一
	費	一九一
	貼	一九一
	貽	一九一
	貿	一九一
	賀	一九一
走	超	一九四
	越	一九四
足	跋	一九四
	跛	一九四
	跌	一九五
	距	一九五
車	軸	一九七
辛	辞	一九八
辵	逮	二〇一
	進	二〇一
	逸	二〇一
	逬	二〇〇
	遂	二〇三
	遇	二〇三
	遊	二〇三
	運	二〇三
	遍	二〇三
	過	二〇三
	道	二〇三
	達	二〇三
	違	二〇三
	遅	二〇三
邑	都	二〇五
酉	酢	二〇六
	酣	二〇六
里	量	二〇八
金	鈍	二〇八
	銃	二一五
	鈴	二〇八
	鈔	二〇八
	鈕	二〇八
	鈞	二〇八
門	開	二一三
	閏	二一三
	閑	二一三
	閒	二一三
	間	二一三
	閑	二一三
阜	陽	二一五
	隄	二一五
	隅	二一五
	隆	二一五
	隈	二一六

隊 二二六　階 二二六　随 二二六　〔隹〕雁 二一七　雄 二一七　雅 二一七　集 二一七　雇 二一七　雇 二一七　〔雨〕雰 二一八　雲 二一八　〔頁〕項 二二三　順 二二三　須 二二三　〔食〕飲 二二四　飯 二二四　〔馬〕馭 八二　馮 二二六　〔黄〕黄 二二四　〔黍〕黍 二二四　〔黑〕黑 二二四　〔歯〕歯 二二六

十三画

〔乙〕亂 三

〔人〕催 一二　傭 一二　傲 一二　傳 一二　債 一二　傷 一二　傾 一二　僅 一二　僊 一二　傑 一一　僧 一二　働 一二八　〔刀〕劃 一八　〔力〕募 一二　勢 一二　勤 一二　勧 一二　〔卩〕卸 一六一　〔口〕嘘 一二〇　嗇 一二　嗜 一二　嗟 一二　嗣 一二　韶 八一　嘆 一二

〔口〕園 二三　圓 二三　〔土〕塊 二五　塔 二五　塗 二六　塘 二六　墻 二六　塚 一五　塞 二六　塡 二六　墓 二六　塩 二二三　〔夕〕夢 二八　〔大〕奥 四〇　奪 四〇　奨 四〇　〔女〕媿 四三　嫁 四三　嫋 四三　嫌 四三　〔子〕孳 四五　〔宀〕寗 四八　寧 四八　寢 四八　寬 四八

〔寸〕對 一〇三　〔小〕尟 四九　尠 四九　〔山〕嵕 五二　嵩 五三　嵬 五三　嵯 五三　〔巾〕幕 五六　〔干〕幹 五六　〔广〕廉 五九　廊 五九　〔彐〕彙 六〇　〔彳〕微 六三　〔心〕想 六六　惹 六六　愁 六六　愁 六六　意 六七　慝 六八　惷 六七　愚 六七　愛 六七　感 六七　慈 六七　愧 四三

愴 六七　愼 六七　愼 六七　慨 六八　〔戈〕戦 七〇　〔手〕擊 一六一　損 七六　搏 七六　搔 七六　搖 七六　搥 七一　搜 七六　搬 七六　携 七八　揑 七三　揆 七五　摂 七八　〔支〕敬 八〇　敭 七五　数 八〇　〔斤〕新 八一　〔无〕旣 一二七　〔日〕暇 八五　暈 八五　暉 八五

暑 八五　暖 八五　暗 八五　〔日〕會 八六　〔木〕棗 九一　椿 九四　楊 九四　椢 四　楓 九四　楚 九四　楠 九五　楡 九五　楢 九五　楣 九五　楨 九五　業 九五　楮 九五　楯 九五　楪 九二　極 九五　楷 九五　榎 九二　概 九六　楽 九六　楼 九六

〔止〕歳 一〇〇　歳 一〇〇　〔殳〕殿 一〇一　毀 一〇一　〔水〕源 一一〇　溓 一一四　準 一一一　溜 一一四　溝 一一一　溟 一一一　涵 一〇七　溥 一一一　溪 一〇九　溫 一一一　湖 一一一　溶 一一一　溺 一一一　滂 一一一　滾 一〇八　滄 一一一　滅 一一一　滋 一一一　滑 一一一　滔 一一三　滞 一一三

漢 一一三　滝 一一五　〔火〕輝 一一七　煉 一一七　煌 一一七　煎 一一七　煑 一一七　熙 一一七　煖 一一七　煙 一一七　照 一一七　照 一一七　煩 一一七　熏 一一八　〔爻〕爽 一一九　〔片〕牒 一二〇　〔犬〕猷 一二三　獻 一二三　猿 一二三　獅 一二三　〔玉〕瑕 一二四　瑚 一二四　瑛 一二四　瑞 一二四　瑟 一二四

〔瓦〕瓶 一二六　〔甘〕甞 一三一　〔田〕當 一二八　畳 一二八　〔疒〕痴 一二九　〔皿〕盟 一三一　〔目〕睡 一三三　督 一三三　睦 一三三　〔石〕碗 一三一　碎 一三五　碑 一三五　碓 一三五　〔示〕祿 一三七　禁 一三七　禎 一三七　禍 一三七　福 一三七　禅 一三七　〔内〕禽 一三八　〔禾〕稔 一三九　稘 八七　稚 一三九　稟 一三九　〔穴〕窠 一四一

部首	字	页码
立	竪	三五
竹	筠	一四四
	箅	一四四
	筱	一四五
	筵	一四四
	節	一四四
米	粮	一四七
	粲	一四六
糸	絹	一五〇
	綏	一五〇
	經	一五〇
	緜	一五三
	繼	一五三
	統	一五三
网	罪	一五四
	置	一五四
	署	一五四
羊	羣	一五五
	群	一五五
	羨	一五五
	義	一五五
	耆	三〇
耳	聖	一五七
聿	肄	一五八
	肅	一五八
	肆	一五八
肉	腦	一六一
	腰	一六一
	腳	一六一
	腴	一六一
	腸	一六一
	腹	一六一
臼	舅	一六三
	甥	一六三
舟	艇	一六四
艸	萩	一六九
	萬	一六九
	萱	一六九
	落	一六九
	葉	一六九
	葛	一六九
	董	一六九
	葦	一六九
	葬	一六九
	葭	一七〇
	葡	一七〇
	葵	一七〇
	葺	一七〇
	菻	一六九
	蒸	一七〇
	蓄	一七〇
虍	虞	一七四
	號	一七四
	（号）	二六
	虜	一七四
	虡	一七四
虫	蛸	一七五
	蛹	一七五
	蛺	一七五
	蛾	一七五
	蜀	一七五
	蜂	一七五
	蜃	一七五
行	衙	一七七
衣	裏	一七九
	裔	一七九
	裘	一七九
	裝	一七九
	裣	一八〇
	裨	一七九
	裸	一七九
	裾	一七九
	裁	一七九
角	解	一八一
	触	一八一
言	詣	一八三
	試	一八三
	詧	四七
	詩	一八三
	詭	一八三
	詰	一八三
	話	一八三
	該	一八三
	詳	一八三
	誇	一八三
	誄	一八五
	誠	一八四
	誉	一八八
豆	豊	一八九
貝	賁	一九二
	賃	一九一
	資	一九二
	歆	一九二
	賈	一九二
	賫	一九一
	賊	一九二
走	趑	一九四
足	跡	二〇〇
	跨	一九五
	跪	一九五
	路	一九五
	跳	一九五
	践	一九五
車	較	一九七
	載	一九七
辛	辟	一九八
	辠	一五四
	辭	一九八
辰	農	一九九
辵	逼	二〇一
	逾	二〇一
	遁	二〇一
	遂	二〇三
	遇	二〇三
	遊	二〇三
	運	二〇三
	遍	二〇三
	過	二〇三
	遐	二〇三
	遑	二〇三
	遒	二〇三
	道	二〇三
	達	二〇三
	違	二〇三
	遠	二〇三
	遣	二〇三
邑	邕	五四
	鄉	二〇五
酉	酪	二〇六
金	鈴	二〇八
	鉅	二〇八
	鉈	二〇八
	鉛	二〇八
	鉞	二〇九
	鉢	二〇九
	鉤	二〇九
	鉦	二〇九
	鉄	二一一
	鉱	二一三
阜	隔	二一六
	隕	二一六
	隗	二一六
	隘	二一六
	隙	二一六
	隔	二一六
隹	雉	二一七
	雋	二一七
	雌	二一八
	雍	二一八
	雅	二一七
雨	零	二一八
	雷	二一九
	雹	二一九
	電	二一九
青	靖	二二〇
	靖	二二〇
革	靴	二二一
頁	頌	二二二
	預	二二二
	頑	二二二
	頒	二二二
	頓	二二二
食	飲	二二四
	飯	二二四
	飼	二二四
	飽	二二四
	飾	二二四
馬	馱	二二六
	馳	二二六
	馴	二二六
髟	髡	二二八
鬼	魁	二二九
鳥	鳩	二三一
黽	黽	二三五
鼎	鼎	二三五
鼓	鼓	二三五
鼠	鼠	二三五

十四画

部首	字	页码
人	僎	七
	像	一一
	僕	一一
	僞	一一
	僣	一一
	僧	一一
	僭	一一
儿	兢	一四
力	勤	二〇
	勝	二〇
	厭	二四
又	叙	二七
口	壘	八三
	嘆	三一
	嘉	三一
	營	三一
囗	圖	三三
	團	三三
土	塵	三六
	壇	三五
	墊	三六
	境	三六
	墓	三六
	增	三六
	墨	三六
士	壽	三八
夕	夢	三八
大	奪	四〇
	獎	四〇
女	嫡	四三
宀	察	四七
	寡	四八
	寢	四八
	寤	四八
	寥	四八
	實	四八
	寧	四八
	彝	四〇
寸	對	四九
尸	層	五一
山	嶋	五三
巾	幕	五六
幺	㡭	一四九
广	廐	五九
彡	彰	六二
彳	德	六三

徵 八三
心
慈 八七
態 八七
慘 八七
慚 八七
慢 八七
慨 八六
慕 八七
憎 八八
思 八九
戟 七〇
戈
截 七〇
手
擊 七六
摘 七六
摧 七六
摭 七三
摶 七六
摸 七六
摺 七七
掩 七五
支
敷 八〇
斗
斡 八〇
方
旗 八三
日
普 八六
曆 八五
暢 一二八
暮 八五
月
望 八七
木
榎 九五
榘 五四
榛 九五
榜 九五
榦 五六
榮 九五
槃 九六
槙 九六
構 九六
構 九六
槌 九六
槍 九六
槐 九六
様 九七
概 九六
模 九七
榊 一三七
欠
歌 九九
止
歴 一〇〇
殳
毀 一〇一
毋
毓 一五九
水
淹 一〇九
滯 一二二
滴 一二二
滿 一二二
漁 一二二
漂 一二二
漆 一二二
漉 一二二
漏 一二二
澈 一二二
溉 一二二
演 一二二
漕 一二二
漚 一二二
漠 一二二
漢 一一三
漣 一一三
漥 一四一
漫 一一三
漱 一一三
漸 一一三
火
熢 一一八
熊 一一七
熏 一一八
熒 一七六
爻
爾 一一九
犬
獄 一二二
玉
瑤 一二五
瑯 一二四
瑰 一二五
琵 一二四
琶 一二四
瓦
甃 一二六
甍 一二六
用
甯 五八
田
暘 一二八
疋
疑 一二九
疒
瘉 一二九
瘦 一二九
瘵 一二九
皿
盡 一三一
監 一三一
目
睿 二五
石
碣 一三五
碧 一三五
碩 一三五
示
禍 一三七
禎 一三七
福 一三七
禾
種 一三九
稱 一三九
稲 一三九
穴
窪 一四一
立
端 一四三
竹
箇 一四四
箋 一四四
箏 一四四
箕 一四四
算 一四四
管 一四四
米
粹 一四六
精 一四六
糠 一五八
糸
綜 一五〇
綠 一五〇
緑 一五〇
綫 一五一
綬 一五〇
維 一五〇
綱 一五〇
網 一五〇
綴 一五〇
綸 一五〇
綺 一五〇
綽 一五〇
綾 一五一
綿 一五一
緊 一五一
緋 一五一
緒 一五一
練 一五一
総 一五三
缶
缾 一二六
网
罫 一五四
罯 一五四
罰 一五四
署 一五四
羽
翠 一五六
耳
聚 一五七
聞 一五七
聰 一五八
聿
肇 一五八
肈 一五八
肉
腐 一六一
膂 一六八
膏 一六二
臣
臧 一六三
至
臺 一六三
臼
與 一六三
舛
舞 一六三
舟
艋 八七
艸
蒐 一七〇
蒔 一七〇
蒙 一七〇
蒲 一七〇
蒸 一七〇
蒹 一七〇
蒼 一七〇
蒿 一七〇
蓄 一七〇
蓆 一七〇
蓉 一七〇
蓋 一七一
蓑 一七一
暮 八五
虫
蜜 一七六
蜨 一七六
蜩 一七六
衣
裣 一七八
裳 一七九
裴 一七九
製 一七九
複 一八〇
褐 一八〇
言
誌 一八四
認 一八四
誓 一八四
誕 一八四
話 一八三
誘 一八四
誼 一八五
語 一八四
誠 一八四
誡 一八四
誣 一八四
誤 一八四
誥 一八四
誦 一八四
誨 一八四
說 一八四
讀 一八八
豕
豪 一八九
豸
貍 一九〇
貝
賑 一九三
賓 一九三
赤
赫 一九三
走
趙 一九四
足
踈 一二八
踊 一九五
身
躬 一九六
車
輓 一九七
輔 一九七
輕 一九七
辵
遘 二〇三
遙 二〇三
遜 二〇三
遞 二〇三
遠 二〇三
遣 二〇三
適 二〇三
遭 二〇三
邑
鄙 二〇五
酉
酸 二〇六
金
銀 二〇九
銅 二〇九
銕 二一一
銖 二〇九
銘 二〇九
銚 二〇九
銜 二〇九
鉼 二〇九
銭 二一〇
門
閣 二一三
閤 二一三
闘 二一三
閥 二一三

	閨	二三
阜	際	二六
	障	二六
	隠	二六
	雑	二八
雨	需	二九
青	静	三〇
革	鞄	三〇
韋	韍	五五
音	韶	三一
頁	頗	三三
	領	三三
	頊	三一
風	颯	三三
食	飴	三四
	飼	三四
	餘	一三八
	飽	三四
	飾	三四
馬	駁	三六
	駆	三七
	駅	三七
髟	髪	三八
鬼	魁	三九
	魂	三九
鳥	鳳	三二
	鳴	三二
	鳶	三一
鼻	鼻	三五
	鼻	三五
齊	齊	三五
	十五画	
土	龔	九三
人	價	三二
	僻	三三
	儀	三三
	億	三三
	儋	七八
冫	凜	一六
	凛	一六
刀	劇	一九
	劇	一九
	劈	一九
	劉	一九
	劍	一九
厂	厲	二四
口	噓	三一
	嘯	三一
	嗇	三一
	器	二一
	噴	二一
土	墜	二六
	增	二六
	墨	二六
	墜	二三
	墮	二六
	墬	二〇七
	墜	二六
	墳	二六
宀	審	四八
	寫	四八
	寛	四八
	寮	四八
寸	導	四九
尸	履	五一
	履	五一
	層	五一
巾	幡	五六
	幣	五六
广	廚	五八
	廟	五八
	廢	五八
	廣	五八
弓	彈	六〇
	彉	六八
彡	影	六一
	𢕟	四九
彳	徵	六三
	德	六三
	徹	六三
心	慕	六七
	慙	六七
	慧	六八
	慮	六八
	慰	六八
	慶	六八
	憂	六八
	憎	六八
	憐	六八
	憘	六八
	憚	六八
	憜	六六
	憧	六八
	惱	六六
	憤	六九
戈	戮	七〇
	戮	七〇
	戲	七〇
手	摩	七六
	摹	七六
	摩	七六
	擊	七七
	撓	七七
	擂	七二
	撞	七七
	撤	七七
	撥	七七
	撫	七七
	播	七七
	撮	七七
	撰	七七
	撲	七七
	揃	七五
攴	敵	八〇
	陬	二一五
	數	八〇
	敷	八〇
	數	八〇
	毆	二一七
日	暫	八五
	暮	八五
	暴	八五
木	概	八六
	槩	八六
	槻	九六
	槽	九六
	樂	九六
	樅	九六
	樊	九六
	樋	九六
	樓	九六
	標	九七
	樟	九七
	模	九七
	樣	九七
	横	九七
	権	九八
欠	歎	九九
	歓	二三四
	歐	九九
	歡	九九
殳	毅	一〇一
	毆	一〇一
水	橳	一〇七
	橳	一〇六
	潑	一一三
	潔	一一三
	潔	一一三
	潛	一一三
	潜	一一三
	瀉	一一三
	澗	一一三
	潤	一一三
	潭	一一三
	潮	一一三
	澁	一一三
	澂	一一四
	澄	一一四
	澆	一一四
	澑	一一四
	濟	一一二
火	𤍠	一一六
	熬	一一八
	熱	一一八
	勲	二一
	默	二一四
玉	瑩	一二五
	璃	一二五
	璆	一二四
	璋	一二五
田	畿	一二八
疒	瘦	一二九
	癕	一三三
白	皙	八六
皿	盤	一三一
	（磐）	一三五
目	瞎	一三二
	瞑	一三三
石	確	一三五
	磊	一三五
	磔	一八九
	磐	一三五
	碟	一三五
禾	稷	一三九
	稗	一三九
	稻	一三九
	稼	一三九
	稽	一四〇
	稵	一三八
	稾	一四〇
	稿	一四〇
	穀	一四〇
	穗	一四〇
穴	窮	一四一
	窯	一四一
竹	箱	一四四
	箴	一四四
	箸	一四四
	節	一四四
	篁	一四四
	範	一四四
	篆	一四五
	篇	一四五
	箇	一四二
米	糊	一四六
	粟	一四六
糸	緒	一五一
	緘	一五一
	線	一五一
	緜	一五一
	緝	一五一
	緞	一五一
	締	一五一
	緣	一五一
	編	一五一
	編	一五一
	緯	一五一
	練	一五一
	緻	一五二
	繩	一五三
	網	一五〇
	緣	一五一
网	署	一五四
	罰	一五四

部首	字	页
羽	罵	一五四
	罷	一五四
	翦	一五六
	翩	一五六
	翫	一五六
肉	膚	一六一
	膜	一六一
	膝	一六一
	膠	一六三
艸	蓬	一七一
	蓮	一七一
	蓱	一六九
	蓺	一七三
	蓼	一七一
	蔑	一七一
	蔓	一七一
	蔚	一七一
	蔦	一七一
	蔬	一七一
	蔭	一七一
	蔵	一七三
虫	蝕	一七六
	蝠	一七六
	蝦	一七六
	蝮	一七六
	蝯	一三
	蝶	一七六
行	衝	一七七
	衛	一七七
衣	褒	一七八
	褒	一八〇
言	誰	一八五
	課	一八五
	誼	一八五
	調	一八五
	諄	一八五
	談	一八五
	請	一八五
	諫	一八六
	諏	一八五
	諒	一八五
	論	一八五
	諸	一八六
	諾	一八六
	謁	一八六
豆	豎	一八九
貝	賓	二〇〇
	賜	一九二
	賞	一九二
	賢	一九二
	賣	一九二
	賤	一九二
	賦	一九二
	質	一九二
	賓	一九二
	賛	一九三
走	趣	一九四
足	踏	一九五
	踐	一九五
	踞	一九五
車	輝	一九七
	輟	一九七
	輩	一九七
	輪	一九七
辵	適	二〇三
	遭	二〇三
	遮	二〇三
	遯	二〇三
	遵	二〇三
	遷	二〇三
	選	二〇三
	遺	二〇三
邑	鄦	二〇五
	鄧	二〇五
	鄭	二〇六
	鄰	二〇六
酉	醇	二〇六
	醉	二〇六
金	鋭	二〇九
	銷	二〇九
	鋪	二一一
	鋏	二〇九
	鋳	二一一
隶	隷	一五八
門	閭	二一三
	閲	二一三
阜	隣	二〇六
雨	霄	二一九
	震	二一九
	霊	二二〇
革	鞍	二二〇
頁	頟	二二三
	頻	九
食	餅	二二五
	養	二二四
	養	二二四
	餌	二二四
	餓	二二四
	館	二二五
馬	駐	二二六
	駒	二二六
	駕	二二六
	駘	二二六
髟	髭	二二八
	髮	二二八
門	鬧	二二八
鬼	魄	二二九
	魅	二二九
魚	魯	二二九
	魴	二二九
鳥	鴇	二三一
	鴈	二三一
	鴉	二三一
麥	麩	二三四
黍	黎	二三四
齒	齒	二三六

十六画

部首	字	页
人	儒	一三
冫	凝	一六
刀	劑	一九
	劒	一九
力	勳	二一
又	叡	二五
口	器	三一
	噫	三二
	噴	三二
囗	圜	三三
土	墾	三七
	壁	三七
	壇	三七
	壞	三七
	壤	三七
大	奮	四〇
女	嬴	四三
	嬢	四四
子	學	四五
宀	寰	四八
寸	導	四九
巛	巢	四四
广	廩	五八
廾	彝	七七
弓	彊	六〇
心	憙	六八
	憩	六八
	憲	六八
	憲	六八
	憤	六九
	懷	六九
戈	戰	七〇
	戲	七〇
手	擁	七七
	擅	七七
	擇	七七
	操	七八
	擧	七三
	擔	七八
	據	七八
攴	數	七九
	整	八〇
日	暨	八四
	曆	八五
	曇	八五
	曉	八五
木	樵	九七
	樸	九七
	樹	九七
	樽	九七
	橋	九七
	橘	九七
	機	九七
	橐	二三三
	横	九七
	樫	二三七
欠	歙	九九
止	歷	一〇〇
水	澣	一一四
	澤	一一四
	澹	一一四
	港	一一〇
	激	一一四
	濁	一一四
	濂	一一四
	濃	一一四
	濄	一〇九
	瀀	一〇七
火	熹	一一八
	熾	一一八
	燈	一一八
	燎	一一八
	燐	一一八
	燒	一一八
	燓	一一六
	燕	一一八
犬	獘	一二三
	獣	一二三
	獧	一二三
	獨	一二三
	獸	一二三
	獲	一二三
玉	瑠	一二五
	璃	一二五
瓜	瓢	一二五
瓦	甍	一二六
皿	盥	一三一
	盦	一三一
	盧	一三一
目	瞋	一三三
石	磨	一三五
	磨	一三五
	磬	一三五
示	禦	一三七
禾	穅	一四〇
	穆	一四〇
	積	一四〇
	穎	一四〇
	穏	一四〇
竹	築	一四五
	築	一四五
	篝	一四五
	篤	一四五
米	糖	一四七
糸	縈	一四八
	縛	一五三
	縞	一五三

					网		羊	羽	肉	至	臼	舟	艸											
縢	縣	縛	縱	繁	罵	罷	義	翰	膳	臻	興	艜	蔽	蕃	蕉	蕨	蕩	蕪	蕫	蕭	薄	薦	薪	薫
一五三	一五三	一五三	一五三	一五三	一五四	一五四	一五五	一五六	一六二	一六三	一六三	八七	一七一	一七一	一七一	一七三	一七三	一七三	一六九	一七三	一七三	一七三	一七三	一七三

	虫			行		衣		見	言															
薬	融	螘	螢	衞	衡	褒	褻	親	諛	諜	諡	諦	諧	諫	諭	諭	諱	諷	諸	諺	諾	謀	謁	謂
一七三	一七六	一七六	一七六	一七七	一七八	六九	一七八	一八一	一八五	一八五	一八五	一八五	一八六	一八六	一八六	一八六	一八六	一八六	一八六	一八六	一八六	一八六	一八六	一八六

		豕		豸	貝			赤	足			車				辛	辵						
諴	謡	豫	豬	貓	賭	賫	頼	赭	踰	踵	蹄	輯	輸	輻	輸	辨	遲	遵	遷	選	遺	遼	避	還
一八四	一八七	一八九	一八九	一九〇	一九二	一九一	一九三	一九三	一九五	一九五	一九五	一九八	一九八	一九八	一九八	一九八	二〇三	二〇三	二〇三	二〇三	二〇三	二〇三	二〇四	二〇四

酉				金											門		阜		隶	隹	雨			
醍	醎	醐	醒	鋸	鋼	錄	錐	錠	錢	錦	錫	錯	録	鍊	閻	闌	隨	險	隷	雕	霏	霑	霓	霖
二〇七	二三三	二〇七	二〇七	二一〇	二一〇	二一〇	二一〇	二一〇	二一〇	二一〇	二一〇	二一〇	二一〇	二一〇	二一三	二一三	二一六	二一六	二一七	二一八	二一九	二一九	二一九	二一九

青	革	頁						食			馬		骨	魚			鳥			黑		龍	龜
靜	鞘	頭	頰	頸	頹	頻	頼	餐	餓	餘	駭	駮	骸	鮎	鮑	鮒	鴛	鴨	鳴	黔	默	龍	龜
二二〇	二二一	二二三	二二三	二二三	二二三	二二三	一九三	二二四	二二四	二二五	二二六	二二六	二二八	二二九	二二九	二三〇	二三二	二三二	二三八	二三四	二三四	二三六	二三六

十七画

人		力		又	土					女			子	山		弓	彳		心					
償	優	勵	勶	叢	壐	壑	壓	壕	嬪	嬰	嬴	孺	嶸	嶺	嶽	彌	徽	徽	懇	懇	應	憐		
三	三	二	一七	五四	一二五	二七	二七	一二四	四三	四四	四三	四五	五三	五三	五三	六〇	六二	六二	六八	六八	六九	六八		

戈	手			攴		日	木							毛		水								
戲	擊	擢	擬	斂	嚴	曐	橿	檀	檞	檏	檜	櫃	檢	氈	氊	濕	濛	濟	濠	濡	濤	濫	濯	濱
七〇	七七	七八	七八	八〇	三	八三	九七	九七	八八	九七	九八	九五	九八	一〇一	一〇一	一一四	一一四	一一四	一一四	一一五	一一五	一一五	一一五	一一五

火				爪		爿	牛	犬		玉	瓦	疒		皿	目				矢	石	示		禾	
營	燥	燦	燭	爵	爵	牆	犧	獸	獲	環	甑	療	癈	盪	瞽	瞬	瞳	睡	矯	磯	禪	禩	穗	種
一一八	一一八	一一八	一一八	一九八	一一九	一二〇	一二一	一二三	一二三	一二五	一二六	一二九	一二九	一三一	一三三	一三三	一三三	一三三	一三四	一三五	一三七	一三六	一四〇	一三九

穴	竹		米		糸										羊	羽		耳					肉	
窶	節	篠	糟	糠	縫	縮	縱	縹	總	績	繁	繆	縮	繊	羲	翳	翼	聯	聰	聲	聳	聴	膺	膽
四八	一四五	一四五	一四七	一四〇	一五三	一五三	一五三	一五三	一五三	一五三	一五三	一五三	一五三	一五三	一五五	一五六	一五六	一五八	一五八	一五八	一五八	一五八	一六二	一六二

部首	字	页
	臂	一六三
	臑	一六三
臣	臨	一六三
艮	艱	一六四
艸	蕗	一七三
	薀	一七三
	薄	一七三
	薇	一七三
	薉	一四〇
	薊	一七三
	薔	一七三
	薙	一七三
	薜	一七三
	薦	一七三
	薨	一七三
	薪	一七三
虫	蝕	一七六
	螭	一七六
	螽	一七四
	蟄	一七六
衣	褻	一八〇
	襍	一二八
見	覧	一八一
言	[illegible]	一八三
	謌	九九
	謎	一八六
	謔	一八六
	謗	一八六
	謙	一八七
	講	一八七
	謇	一三一
	謝	一八七
	謠	一八七
	謹	一八七
谷	谿	一八九
	豁	一八九
豆	豐	一八九
	豪	一八九
貝	賸	一九三
	購	一九三
	賽	一九三
走	趨	一九四
足	蹇	一九五
	蹈	一九六
	蹉	一九六
	蹋	一九五
	蹌	一九六
	蹏	一九五
車	輿	一九八
	轅	一九八
辵	遠	二〇四
	避	二〇四
	邁	二〇四
	邂	二〇四
	還	二〇四
酉	醜	二〇七
金	鍊	二一〇
	鍛	二一〇
	鍵	二一〇
	鍬	二一〇
	鍪	二一〇
	鍼	二一〇
	鍾	二一一
門	闇	二一三
	闊	二一三
	闌	二一三
阜	隰	二一六
	隱	二一六
隶	隸	二一七
隹	雖	二一八
雨	霜	二一九
	霞	二一九
革	鞠	二二一
韋	韓	二二一
頁	[illegible]	二二八

十八画

部首	字	页
	顆	二二三
食	餞	二二五
	餅	二二五
	館	二二五
馬	駿	二二六
骨	髀	二二八
	鬴	二〇八
魚	鮨	二三〇
	鮪	二三〇
	鮫	二三〇
	鮭	二三〇
	鮮	二三〇
鳥	鶇	二三二
	鴻	二三二
	鵂	一六三
黍	黏	一四六
黑	黛	二三四
	黜	二三四
	點	二三四
	黻	二三五
齊	齋	二三五
齒	齡	二三六
龠	龠	二三六
人	億	一三
儿	競	一四
又	叢	二五
口	嚚	二九
土	壘	三七
广	廖	四八
彐	彝	六〇
戈	戴	七〇
手	擧	一六三
	擿	七六
	擴	七八
	擷	七八
攴	敱	七九
斤	斷	八一
日	曙	八六
	曜	八六
木	檻	九八
	櫂	九八
止	歸	一〇〇
火	燹	一一七
	燾	一一九
	燿	一一九
爪	爵	一一九
犬	獵	一二三
玉	璧	一二五
	璿	一二五
瓦	甕	一二六
疒	癖	一二九
目	瞻	一三三
	瞼	一三三
	瞽	一三三
	瞿	一三三
石	礎	一三六
示	禮	一三七
禾	穢	一四〇
	穡	一四〇
	穫	一四〇
穴	竄	一四一
竹	簡	一四五
	簡	一四五
	糧	一四七
糸	繇	一五〇
	織	一五三
	繕	一五三
	繪	一五三
	繞	一五三
	繡	一五三
	繭	一五三
羊	羴	一五五
羽	翹	一五六
	翻	一五六
	翼	一五六
耳	職	一五八
	聯	一五八
臼	舉	一六三
	舊	一六三
艸	薰	一七三
	蕹	一七三
	藻	一七三
	藉	一七三
	藍	一七三
	藏	一七三
	藤	一七三
	藩	一七三
虫	蟬	一七六
	蟲	一七六
行	衝	一七七
衣	襟	一八〇
襾	覆	一八〇
見	観	一八一
角	觴	一八一
言	警	一八七
	謫	一八七
	謬	一八七
	謳	一八七
	謹	一八七
豸	貘	一九〇
貝	贅	一九三
	贈	一九三
足	蹙	一九六
	蹟	二〇〇
身	軀	一九六
車	轉	一九八
辵	邃	二〇四
	邇	二〇四
	邈	二〇四
酉	醪	二〇七
	醫	二〇七
	醬	二〇七
金	鎌	二一一
	鎔	二一一
	鎖	二一一
	鎜	一九六
	鎭	二一一
	鎸	二一一
	鎮	二一一
門	闕	二一三
	闘	二一八
隹	雙	二一八
	雛	二一八
	雜	二一八
	雞	二二三
	難	二一八
革	鞭	二二一
韋	韙	一五一
頁	題	二二三
	額	二二三
	顏	二二三
	顔	二二三
	類	二二三
	顓	二二三
風	颺	二二三
香	馥	二二五
馬	騎	二二六
	騏	二二六
	騷	二二七
	験	二二七
鬼	魏	二二九
魚	鯁	二三〇
	鯉	二三〇
鳥	鵝	二三二
	鵜	二三二
	鵞	二三二
	鵠	二三二
	鵤	二三八

部首	字	页
麻	麿	二三八
黑	黟	二三四
	黠	二三四

十九画

部首	字	页
土	壚	三七
	壞	三七
女	嬾	四四
宀	寶	四八
	寴	一八一
	寵	四八
尸	屢	五一
广	廬	五八
心	懲	六九
	懷	六九
手	攀	七八
方	旜	八一
日	曡	一二八
	曟	八四
木	櫓	九八
	櫛	九八
	櫟	九八
水	瀨	一一五
	瀞	一一五
	瀧	一一五
	瀨	一一五
	瀅	一一四
	瀬	一一五
火	爆	一一九
片	牘	一二〇
牛	犢	一二一
玉	璽	一二五
	瓊	一二五
	環	一二五
田	疆	一二八
	疇	一二八
疒	癡	一二九
	應	六九
目	矇	一三三
示	禰	一三七
	禱	一三七
禾	穩	一四〇
	穫	一四〇
穴	竆	一四一
竹	簫	一四五
	簾	一四五
	簿	一四五
	簿	一四五
糸	繩	一五三
	繪	一五三
	繫	一五三
	繭	一五三
	繰	一五三
网	羅	一五四
羊	羶	一五五
	羹	一五五
肉	臘	一六二
色	艷	一六九
艸	藝	一七三
	藤	一七三
	藥	一七三
	藩	一七三
	藪	一七三
	藺	一七四
虫	蟹	一七七
	蟻	一七六
衣	贏	一七九
	襞	一八〇
	襤	一八〇
言	譏	一八七
	證	一八七
	譌	一八七
	譔	七七
	識	一八七
	譚	一八五
	譜	一八七
	警	一八七
貝	贈	一九三
	贊	一九三
足	蹲	一九六
	蹴	一九六
	蹶	一九六
	蹻	一九六
車	轍	一九八
辛	辭	一九八
	邊	二〇四
邑	[illegible]	二〇五
金	鏑	二一一
	鏡	二一一
	鏤	二一一
門	關	二一三
阜	隴	二一七
隹	離	二一八
	難	二一八
雨	霧	二一九
	霪	二一八
非	靡	二二〇
韋	韜	二二一
音	韻	二二一
頁	願	二二三
	顛	二二三
	類	二二三
	顙	二二三
風	颿	二二五
骨	髓	二二八
魚	鯖	二三〇
	鯛	二三〇
	鯤	二三〇
	鯨	二三〇
	鯰	二二八
鳥	鵬	二三一
	鶉	二三三
鹿	麒	二三三
	麓	二三三
	麗	二三三
麥	麴	二三四
龍	龏	二三六
	龐	二三六

二十画

部首	字	页
力	勸	二二
口	嚴	三三
土	壤	三七
女	孃	四四
宀	寶	四八
山	巖	五三
心	懸	一五三
手	攘	七八
支	斅	八〇
	斆	八〇
日	曦	八六
月	朧	八七
木	櫨	九八
水	瀾	一一五
牛	犧	一二一
犬	獻	一二三
玉	瓏	一二五
疒	癢	一二九
立	競	一四二
竹	籃	一四五
	籌	一四五
	籍	一四五
糸	繼	一五三
	纂	一五三
网	羅	一五四
肉	臚	一六一
艸	藻	一七三
	蘆	一七三
	蘇	一七三
見	覺	一八一
角	觸	一八一
言	警	一八七
	譬	一八八
	譯	一八八
	議	一八八
	譱	三〇
	護	一八八
	讓	一八八
貝	贍	一九三
	贏	一九三
走	趮	一九四
足	躁	一九四
辵	邇	二〇四
邑	酆	二〇五
酉	醴	二〇七
	醸	二〇七
禾	釋	二〇七
金	鐳	一九
	鐘	二一一
	鐙	二一一
門	闡	二一三
雨	霰	二一九
	露	二二〇
音	響	二二一
風	飄	二二四
香	馨	二二五
馬	騫	二二六
	騰	二二七
	騶	二二七
	騷	二二七
	騰	二二七
門	鬪	二二八
魚	鰌	二三〇
	鰍	二三〇
	鰈	二三〇
	鰐	二三〇
鹵	鹹	二三二
黑	黥	二三五
	黨	二三五
齒	齡	二三六

二十一画

部首	字	页
口	囂	三三
	躡	三三
囗	圞	三三
又	夔	三八
宀	寥	三八
尸	屬	五一
山	巍	二三九
弓	彊	六〇
心	懼	六九
手	攤	七七
	攜	七八
	攝	七八
木	櫻	九八
	欅	九八
水	瀰	一〇五
	灌	一一五
	瀷	一一三
火	爛	一一九
王	靈	一三〇
竹	籓	一四五
	籔	一四八
糸	續	一五三
	纏	一五三
艸	蘜	一六八
	蘭	一七四
虫	蠡	一七七
	蠢	一七七
見	覽	一八一
言	譴	一八八
	護	一八八
	譽	一八八
	讒	一八八
走	趯	一九四

部首索引

一画		
一		一
丨		二
丶		二
丿		二
乙		二
亅		三
二画		
二		三
亠		四
人	亻	四
儿		一三
入		一四
八		一四
冂		一五
冖		一五
冫		一六
几		一六
凵		一七
刀	刂	一七
力		一九
勹		二一
匕		二一
匚		二二
匸		二二
十		二二
卜		二三
卩	㔾	二三
厂		二四
厶		二四
又		二五
三画		
口		二五
囗		三三
土		三三
士		三七
夂		三八
夕		三八
大		三八
女		四〇
子		四四
宀		四五
寸		四八
小		四九
尢	尣·兀	五〇
尸		五〇
屮		五一
山		五一
巛	川	五三
工		五四
己		五四
巾		五四
干		五六
幺		五六
广		五七
廴		五八
廾		五九
弋		五九
弓		五九
彐	⺕·彑	六〇
彡		六〇
彳		六一
忄	（心）	六三
扌	（手）	七一
氵	（水）	一〇三
犭	（犬）	一三一
阝	（邑）（右）	一二四
阝	（阜）（左）	一二四
四画		
心	忄·⺗	六三
戈		六九
戶		七〇
手	扌	七一
支		七六
攴	攵	七六
文		八〇
斗		八〇
斤		八一
方		八一
无	旡	八二
日		八二
曰		八六
月		八六
木		八七
欠		九六
止		九九
歹	歺	一〇〇
殳		一〇〇
毋		一〇一
比		一〇一
毛		一〇一
氏		一〇三
气		一〇三
水	氵·氺	一〇三
火	灬	一一五
爪	爫	一一九
父		一一九
爻		一一九
爿		一一九
片		一二〇
牙		一二〇
牛	牜	一二〇
犬	犭	一三一
尣	（尢）	五〇
王	（玉）	一一三
礻	（示）	一一六
罒	（网）	一二四
罓	（网）	一二四
冈	（网）	一二四
耂	（老）	一五六
月	（肉）	一五八
艹	（艸）	一六四
辶	（辵）	一九九
五画		
玄		一一三
玉	王	一一三
瓜		一一五
瓦		一一六
甘		一一六
生		一一六
用		一一六
田		一一七
疋	⺪·𤴓	一一八

疒		一二九
癶		一三〇
白		一三〇
皮		一三〇
皿		一三〇
目	罒	一三一
矛		一三三
矢		一三四
石		一三四
示	礻	一三六
内		一三八
禾		一三八
穴		一四〇
立		一四一
歺	(歹)	一〇〇
氺	(水)	一〇三
罒	(网)	一五四
衤	(衣)	一七八
六画		
竹		一四三
米		一四六
糸		一四七
缶		一五四
网	罒 罓 ⺳ 冂	一五四
羊	⺶	一五四
羽		一五五
老	耂	一五六
而		一五七
耒		一五七
耳		一五七
聿		一五八
肉	月	一五八
臣		一六二
自		一六二
至		一六二
臼	臼	一六三
舌	舌	一六三
舛		一六三
舟		一六四
艮		一六四
色		一六四
艸	艹	一六四
虍		一七四
虫		一七四
血		一七七
行		一七七
衣	衤	一七八
襾	覀	一八〇
七画		
見		一八〇
角		一八一
言		一八一
谷		一八八
豆		一八九
豕		一八九
豸		一八九
貝		一九〇
赤		一九三
走		一九四
足	⻊	一九四
身		一九六
車		一九六
辛		一九八
辰		一九九
辵	辶	一九九
邑	阝(右)	二〇四
酉		二〇六
釆		二〇七
里		二〇七
八画		
金		二〇八
長		二一三
門		二一三
阜	阝(左)	二一四
隶		二一七
隹		二一七
雨		二一八
青		二二〇
非		二二〇
九画		
面		二二〇
革		二二〇
韋		二二一
韭		二二一
音		二二一
頁		二二一
風		二二三
飛		二二四
食	飠	二二四
首		二二五
香		二二五
十画		
馬		二二五
骨		二二八
高		二二八
髟		二二八
鬥		二二八
鬯		二二八
鬲		二二八
鬼		二二九
十一画		
魚		二二九
鳥		二三一
鹵		二三三
鹿		二三三
麥		二三三
麻		二三四
十二画		
黃		二三四
黍		二三四
黑		二三四
黹		二三五
十三画		
黽		二三五
鼎		二三五
鼓		二三五
鼠		二三五
十四画		
鼻		二三五
齊		二三五
十五画		
齒		二三六
十六画		
龍		二三六
龜		二三六
十七画		
龠		二三六